21世纪经济管理新形态教材·工商管理系列

国际企业管理

彭 玲 古广胜 ◎ 主编

清华大学出版社
北京

内 容 简 介

国际企业管理是顺应企业国际化和经济全球化的需要而建立和发展起来的一门学科。本书系统阐述了国际企业管理的基本知识和系统理论，包括国际企业管理概论、基本理论、经营环境、战略管理、国际市场进入方式、跨文化管理、营销管理、人力资源管理、组织管理、生产与运营管理、财务管理等内容。本书既关注理论，又结合实践。

本书适合高等院校国际经济与贸易、工商管理及相关专业的本科生、研究生使用，也可以作为企业管理人员自学用书。

本书封面贴有清华大学出版社防伪标签，无标签者不得销售。
版权所有，侵权必究。举报：010-62782989，beiqinquan@tup.tsinghua.edu.cn。

图书在版编目（CIP）数据

国际企业管理/彭玲，古广胜主编. —北京：清华大学出版社，2022.1
21世纪经济管理新形态教材. 工商管理系列
ISBN 978-7-302-58974-7

Ⅰ. ①国… Ⅱ. ①彭… ②古… Ⅲ. ①跨国公司-企业管理-高等学校-教材 Ⅳ. ①F276.7

中国版本图书馆CIP数据核字(2021)第173208号

责任编辑：刘志彬
封面设计：汉风唐韵
责任校对：王荣静
责任印制：刘海龙

出版发行：清华大学出版社
网　　址：http://www.tup.com.cn，http://www.wqbook.com
地　　址：北京清华大学学研大厦A座　　　　　邮　　编：100084
社 总 机：010-83470000　　　　　　　　　　　邮　　购：010-62786544
投稿与读者服务：010-62776969，c-service@tup.tsinghua.edu.cn
质 量 反 馈：010-62772015，zhiliang@tup.tsinghua.edu.cn
课 件 下 载：http://www.tup.com.cn，010-83470332

印 装 者：北京嘉实印刷有限公司
经　　销：全国新华书店
开　　本：185mm×260mm　　　　印　张：18.5　　　　字　数：372千字
版　　次：2022年3月第1版　　　　　　　　　　　印　次：2022年3月第1次印刷
定　　价：55.00元

产品编号：091085-01

前言

伴随着中国开放型经济的深入发展，经济开放度的不断提高，我们不仅要"引进来"，还要"走出去"，不仅要大力发展对外贸易业务，还要大力发展对外直接投资，从根本上来说，中国企业的国际化及如何进行国际化经营成为理论界和业界面临的重大研究课题。我国在企业日益国际化的过程中，需要熟悉国际商业环境，掌握国际企业活动规则、企业国际化经营理论及国际企业职能管理知识的高层次的国际企业管理复合型人才。本教材是在这一形势下编写的。

国际企业管理课程涉及国际商务活动的各个方面，包括国际企业环境分析、企业国际化经营战略、国际企业职能管理等内容。本教材在已有研究的基础上，结合多年的教学和科研积累的经验进行了编写。本教材在内容编写上力求国际企业管理知识结构体系的完整性、系统性，与此同时，重视相关知识的基础性、理论性和应用性，并与时俱进，吸收了一些前沿性研究成果。在教材的体例和形式上，运用现代信息技术，在正文中插入小知识或小案例的二维码。此外，在各章后附有复习思考题、案例分析和即测即练试题，以帮助读者更好地掌握和运用相关知识。

本书由彭玲副教授和古广胜副教授共同编写，在编写过程中参考了有关国际企业管理的一些研究成果，并得到清华大学出版社的大力支持，在此深表谢意！限于编者的学术水平和实际经验，书中难免存在不足之处，恳请各位专家和广大读者不吝赐教。

编者
2021 年 8 月 12 日

目录

第一章 国际企业管理概述 ··· 1

引入案例 ··· 1
第一节 国际企业的内涵与类型 ··· 2
第二节 企业国际化经营的基本动机和方式 ··· 6
第三节 国际企业的发展阶段和发展趋势 ··· 9
第四节 国际企业管理的内容和特点 ··· 13
本章小结 ··· 14
复习思考题 ··· 15
案例讨论 ··· 15
即测即练 ··· 15

第二章 企业国际化经营的基本理论 ··· 16

引入案例 ··· 16
第一节 国际贸易的基本理论 ··· 17
第二节 对外直接投资的基本理论 ··· 25
第三节 发展中国家对外直接投资的基本理论 ··· 32
本章小结 ··· 36
复习思考题 ··· 37
案例讨论 ··· 37
即测即练 ··· 37

第三章 国际企业环境分析 ··· 38

引入案例 ··· 38
第一节 国际企业环境分析概述 ··· 39
第二节 国际政治、法律环境 ··· 42
第三节 国际经济环境 ··· 48
第四节 国际文化环境 ··· 53

第五节　国际技术环境 ·· 57
　　本章小结 ·· 59
　　复习思考题 ·· 59
　　案例讨论 ·· 60
　　即测即练 ·· 60

第四章　国际企业战略管理 ·· 61
　　引入案例 ·· 61
　　第一节　国际企业战略管理概述 ·· 62
　　第二节　国际企业战略管理分析工具 ·· 66
　　第三节　国际企业战略模式的选择 ·· 78
　　本章小结 ·· 83
　　复习思考题 ·· 83
　　案例讨论 ·· 83
　　即测即练 ·· 84

第五章　国际市场进入方式的选择 ·· 85
　　引入案例 ·· 85
　　第一节　出口进入模式 ·· 86
　　第二节　契约进入模式 ·· 90
　　第三节　对外投资进入模式 ·· 93
　　第四节　国际战略联盟进入模式 ·· 98
　　第五节　国际市场进入方式的选择 ·· 99
　　本章小结 ·· 104
　　复习思考题 ·· 105
　　案例讨论 ·· 105
　　即测即练 ·· 105

第六章　国际企业跨文化管理 ·· 106
　　引入案例 ·· 106
　　第一节　跨文化管理概述 ·· 106
　　第二节　文化差异理论 ·· 109
　　第三节　国际企业文化冲突与整合 ·· 117

第四节　企业跨文化管理策略与模式 ··· 120
　　本章小结 ··· 124
　　复习思考题 ··· 125
　　案例讨论 ··· 125
　　即测即练 ··· 125

第七章　国际企业市场营销 ··· 126
　　引入案例 ··· 126
　　第一节　国际市场营销概述 ··· 129
　　第二节　国际营销计划的制订 ··· 133
　　第三节　国际营销产品策略 ··· 137
　　第四节　国际营销定价策略 ··· 146
　　第五节　国际分销渠道策略 ··· 155
　　第六节　国际市场促销策略 ··· 162
　　本章小结 ··· 171
　　复习思考题 ··· 172
　　案例讨论 ··· 172
　　即测即练 ··· 172

第八章　国际企业人力资源管理 ··· 173
　　引入案例 ··· 173
　　第一节　国际人力资源管理概述 ··· 175
　　第二节　国际企业人员的招聘、甄选与配备 ································· 177
　　第三节　国际企业人力资源的培训与管理开发 ······························· 184
　　第四节　国际企业人员的绩效考核与激励 ··································· 189
　　第五节　国际劳资关系管理 ··· 196
　　本章小结 ··· 199
　　复习思考题 ··· 200
　　案例讨论 ··· 201
　　即测即练 ··· 201

第九章　国际企业组织管理 ··· 202
　　引入案例 ··· 202

- 第一节 国际企业组织管理概述 ... 203
- 第二节 国际企业组织结构的类型 ... 206
- 第三节 国际企业组织结构的设计 ... 215
- 第四节 国际企业的控制和协调系统 ... 217
- 本章小结 ... 222
- 复习思考题 ... 223
- 案例讨论 ... 223
- 即测即练 ... 223

第十章 国际企业生产与运营管理 ... 224

- 引入案例 ... 224
- 第一节 国际企业生产系统 ... 225
- 第二节 国际企业生产系统的营运与控制 ... 230
- 第三节 国际企业采购管理 ... 235
- 第四节 国际企业技术选择与转让 ... 241
- 本章小结 ... 247
- 复习思考题 ... 248
- 案例讨论 ... 248
- 即测即练 ... 249

第十一章 国际企业财务管理 ... 250

- 引入案例 ... 250
- 第一节 国际企业财务管理概述 ... 251
- 第二节 国际企业融资管理 ... 255
- 第三节 国际企业营运资金管理 ... 263
- 第四节 外汇风险管理 ... 273
- 本章小结 ... 282
- 复习思考题 ... 283
- 案例讨论 ... 283
- 即测即练 ... 283

参考文献 ... 284

第一章

国际企业管理概述

【学习目标】

- 掌握国际企业、跨国公司等概念
- 了解国际企业的类型
- 理解企业国际经营的基本动机和方式
- 了解国际企业的各发展阶段
- 了解国际企业管理的知识体系

新兴市场的国际企业

全球商业最新的趋势是来自新兴市场,诸如印度、中国、巴西和俄罗斯的国际企业正在崛起。此外,非洲国家也不断出现成功的企业。这些新兴市场的国际企业正在利用创新战略与发达国家的同行进行有效的竞争。通常,在将产品销售到西方发达国家市场之前,新兴市场的国际企业会利用当地市场进行尝试。以印度和巴西的企业为例,2008年,印度最大的工业集团公司之一塔塔汽车公司收购了英国汽车制造商捷豹路虎,并为这家久负盛名的公司开发汽车。此外,总部设在巴西的世界著名支线飞机制造商——巴西航空工业公司(Embraer),利用当地的工程经验优势在全球范围内进行创新,目前正为国际市场生产轻薄小巧的快速喷气式飞机。发达国家的国际企业也开始关注来自中国和墨西哥的公司。例如,中国的汽车出口商奇瑞计划在中东、非洲和东欧建厂。2011年,中国主要的汽车出口商共出口近900 000辆汽车。此外,墨西哥的水泥供应商西麦斯(Cemex),也正在改进其商业模式以走向国际化。最近的研究趋势表明,非洲也正在出现新的国际企业。肯尼亚最受欢迎的移动电话公司Safaricom在内罗毕证券交易所上市,并在非洲撒哈拉以南首次公开发行股票融资超过8亿美元,这是一次巨大的融资。事实上,肯尼亚正在迅速成为非洲高科技中心,在过去的几年中,数以万计的创业公司如雨后春笋般涌现。此外,诸如塞特移动电话公司(Celtel)

等公司也凭借非洲人对手机的渴求获得发展。专家们一致认为,新兴市场与国际企业已成为或将要成为世界贸易的主要参与者。

资料来源:《经济学人》《哈佛商业评论》。

第一节 国际企业的内涵与类型

一、国际企业的内涵

国际企业(international enterprise)从广义上说,是指从事涉及国际范围内的产品、技术、劳务、信息、资金等经营活动的企业。国际企业一般有一个循序渐进的发展过程,一般先在国内开展国际商务活动,如进出口贸易等,企业发展壮大后走出国门实施跨国经营,即经过国际化过程成为跨国公司。当然也有例外,如天生国际化企业(born global firms),从成立之初就进入全球市场实施跨国经营。国际企业的业务主体是制造商、贸易商、服务商、承包商等。

国际企业与突破国界的商务活动密切相关,国际商务能蓬勃发展,国际企业起到了至关重要的作用。国际企业是将各国经济联系在一起的重要力量,国际企业管理就是将企业人力、物力、财力等生产要素进行有效的规划、组织协调、指挥和控制,形成有形资产和无形资产在国际间流动,其目的是获取企业利润。在过去的几十年中,世界上数以百万计的国际企业和数以万计的跨国公司参与国际竞争,并推动世界经济的发展。下面主要介绍国际企业的主体经营活动——国际商务,以及国际企业的主要代表类型——跨国公司。

(一)国际商务

国际商务(international business)是指两国或多国参与的全部商业交易活动的总称。它包括几乎任何形式的经济资源——货物、劳务、技术和资本等有形和无形资产的国际转移。从宏观视角可以将国际商务理解为国际(货物与服务)贸易、国际直接投资、相关支持及服务活动的集合。国际货物贸易主要是货物的进出口贸易;国际服务贸易有国际物流、国际货物运输保险、国际贸易融资等;国际直接投资通常意义上是指对外直接投资,即跨国投资建立子公司、分公司,拥有被投资公司跨国经营权;相关支持及服务活动,如进出口代理、进口报关、国际贸易及对外投资咨询与法律服务等。

从微观视角来看,国际商务应包括跨境交易(货物、服务进出口和股权、资产的跨国并购等)、海外运营及相关支持与服务活动的集合。例如,跨境电子商务实践的基本要素包括跨境交易、海外运营及相关支持与服务活动。

（二）跨国公司

1. 跨国公司（transnational corporation）的定义

对跨国公司定义权威界定大致有以下几种。

1968年哈佛大学商学院雷蒙德·弗农（Raymond Vernon）教授把跨国公司定义为："跨国公司就是一个母公司，控制着一大群在不同国家设立的公司，对不同国家的各个公司的人力和财力进行统筹，并且拥有共同的经营战略；它们共同的特点是规模巨大；它们具有广泛的地理分布，在本国以外的活动往往涉及两个以上国家。"

1973年联合国给跨国公司下的定义："跨国公司就是在它们总部所在的国家之外拥有或控制着生产服务设施的企业。这种企业不一定是股份或私人的公司，它们也可能是合营组织或国有企业。"

1984年，联合国在《跨国公司行为守则草案》中给跨国公司下了一个新的定义："跨国公司是指由在两个或两个以上国家的实体所组成的公营、私营或混合所有制企业。不论此等实体的法律形式和活动领域如何，其运行机制由一个或某几个决策中心做出，并且具有连贯性的政策和共同的战略；该企业中的各个实体通过所有权或其他方式结合在一起，从而一个或更多的实体得以对其他实体的活动产生有效的影响，特别是与别的实体共享知识、资源和责任。"具体来说一个跨国公司的基本条件是：①包括设在两个或两个以上国家的实体，不管这些实体的法律形式和领域如何；②在一个决策体系中进行经营，能通过一个或几个决策中心采取一致对策和共同战略；③各实体通过股权或其他方式形成的联系，使其中的一个或几个实体有可能对别的实体产生重大影响，特别是同其他实体分享知识、信息等资源，并且共同承担责任和风险。

从本质上说，联合国1973年和1984年关于跨国公司的定义，主要反映了企业战略和组织一体化对跨国公司的重要性。因此，对各个国别市场运营系统实施统一战略和组织一体化管理是跨国公司的一个显著特点。由于研究学者站在不同角度思考和判断问题，不仅造成跨国公司不同的定义，而且还有不同的称谓。如有人称跨国公司为多国企业（multinational enterprise）或多国公司（multinational corporation），也有人将跨国公司称为全球公司（global corporation），甚至有人称其为宇宙公司（cosmocorp）。1974年联合国将"transnational corporation"定为跨国公司的正式用语。

到1990年哈佛大学雷蒙德·弗农（Raymond Vernon）教授和小露易斯·T.威尔斯（Louis T. Wells）教授在《国际企业的经济环境》一书中共同提出了跨国公司的定义："在一个国家设立母公司，并在其他许多国家拥有一些分支机构，这些分支机构设在不同国家里，以共同的所有权纽带而相互联结；依赖于共同的资源组合，如货币信用、信息系统以及商标专利。这些不同国家的分支机构受控于某个共同的战略。"此定义较为全面地总结了跨国公司的内涵。

不同的定义和称谓反映出了跨国公司的复杂形态。可以看出从事国际商务活动的企业不一定是跨国公司，对外直接投资是跨国公司最明显的特征。国际企业包含了跨国公司，跨国公司是国际企业的典型代表和高级形式，所以跨国公司难以概括所有从事国际商务活动的企业，因此，本书用国际企业一词，这不仅符合研究规范，也符合各种文献中名称使用的惯例。

2. 跨国指数

跨国公司以全球市场为目标，在全球配置资源，通过实施全球化战略，在全球范围内获取对自己发展有利的条件和资源，最终为企业获取更高的利润。联合国跨国公司与投资司确定了利用跨国指数（transnationality index，TNI）来衡量跨国公司的跨国化水平，跨国指数被定义为国外销售额在总销售额中的比例、国外资产在总资产中的比例、国外雇员人数在总雇员人数中的比例的算术平均数。其公式如下：

$$跨国指数 = \frac{国外资产/总资产 + 国外销售额/总销售额 + 国外雇员数/总雇员数}{3} \times 100\%$$

式中，国外销售额与总销售额中的比例反映出企业商品走出国门参与国际竞争的程度，国外资产与总资产的比例反映出企业资本参与国际竞争的程度，国外雇员人数与雇员总人数的比例体现了跨国公司本土化及融入当地经济、社会的程度。跨国指数越高，公司的国际化水平也就越高。与服务业相比，制造业是较为容易实现国际化的产业，这是由于有形产品生产的可分割性，企业可以最大限度地利用国际分工的比较优势在全球范围内实现资源有效配置。

3. 跨国公司的组成

以跨国公司为代表的国际企业要利用全球范围的资源进行优化配置，开展经营活动，这客观上要求跨国公司在组织结构上必须为多个实体的组合体，这些实体之间按照分工协作的原则整合起来，形成一个有效运行的经营组织。绝大多数国际企业（以跨国公司为代表）一般包括三种基本单位，即母公司、子公司和分公司。

（1）母公司。母公司是指负责对外直接投资，并对接受投资的经济实体进行控制的公司。一般来说，母公司就是国际企业总部，它的所在国被称为母国。母公司是在其母国政府机构注册的法人组织，负责组织和管理国际企业海内外机构的全部生产经营活动。

（2）子公司。子公司是指经母公司直接投资设立的经济实体。子公司可以在国内设立也可以在国外设立，如果子公司在国外设立，其所在国就被称为东道国。子公司一般是在东道国政府机构注册的法人组织，在法律上独立于母公司，有公司名称、章程和组织结构。由于子公司是由母公司部分或全部投资设立，实际上其受到母公司管理和控制。

（3）分公司。分公司是母公司的分支机构，不是独立的法人组织。分公司使用母公司的名称和章程，在母公司的直接控制下开展经营活动，财产所有权完全属于母公司，没有自己的资产负债表，资产与负债要直接反映到母公司的资产负债表上。

二、国际企业的类型

国际企业有多种类型，按照不同的分类标准可以将国际企业划分为不同的类型。

（一）从投资领域和经营内容进行分类

（1）资源型国际企业。为获取本国所短缺的资源和原材料，直接投资于资源所在国进行生产经营的国际企业，以采矿业和石油开采业为主要业务。为了适应各国资源国有化的政策，企业大都以合资经营的形式。

（2）制造型国际企业。主要从事加工制造业的国际企业。生产诸如金属制品、钢材、机械及运输设备等产品，随着工业化程度的提高，国际企业有由轻工业向重工业转移的趋势。

（3）服务型国际企业。主要是指为生产和消费提供服务的国际企业，如营销、运输、银行、保险、会计、法律、咨询、商业等。

（二）从经营的价值取向进行分类

（1）民族中心型。也称为母国取向型，即以母国为导向的跨国经营企业。该类型企业所有决策主要考虑母公司的权益，经营中也优先考虑母公司的利益，对子公司直接套用母公司的经营方式，当地企业主管仍由母公司派遣。此类型企业对国外各子公司拥有较强的控制权，但对当地的市场和竞争对手认识不足。

（2）多元中心型。也称为东道国取向型，该类型企业所有决策以各东道国众多子公司的权益为主，决策权分散和下放给东道国的各子公司，不再集中于母国总部。多元中心型国际企业注重利用各东道国当地的资源，但缺乏对公司的全球发展利益的考虑。

（3）全球中心型。也称为世界取向型，该类型企业所有决策以世界范围内企业整体利益统筹考虑为依据，即从全球竞争环境出发进行决策。在经营中母公司与各子公司相互依存和配合协作行为加强，要求不管是母公司还是子公司，必须服从全球范围内的整体利益，考核业绩标准也要统一。全球中心型国际企业才可以说是真正的跨国公司，但也会因为企业能力和资源过于分散，产生许多人力资源管理与开发方面的问题。

（三）从专业分工角度进行分类

（1）水平型国际企业。国际企业基本上生产一种单一产品，母公司和子公司之间没有明显的专业分工，基本上都生产同种产品，经营同类业务。这类国际企业主要利用各国有利资源条件，通过内部转移技术、商标、专利等无形资产，扩大规模，有利于国际企业实现规模经济和专业化竞争优势。

（2）垂直型国际企业。在国际企业内部，母公司与子公司之间、子公司与子公司的业务具有关联关系。如矿业资源的国际企业，其拥有以勘探、开采、提炼、加工制造、市场营销等为主要业务的子公司，上游企业为下游企业提供产品和服务。垂直型国际企业主要特点是投资多、规模大、生产分工复杂、联系密切。主要优点是中间产品在企业内部转移，一个子公司的产出是另一个子公司的投入，可以减少交易成本，并且便于国际企业实施统一的全球发展战略。此类国际企业兴起于20世纪20年代，并于20世纪60年代得到迅速发展，是国际企业中一种重要类型。

（3）混合型国际企业。母公司与各子公司生产经营的产品不仅跨行业，而且没有关联性，业务范围广，如美国国际电报电话公司兼营旅馆业。混合型国际企业经营多种业务，有利于企业规模扩张，多元化经营还可增强抵御风险能力，但由于经营多种业务，业务的复杂性会给企业带来不利的影响。近20年，随着企业兼并浪潮，此种类型的企业发展较快。

第二节　企业国际化经营的基本动机和方式

一、企业国际化经营的基本动机

企业国际化是指国内企业从参与国际分工和经济全球化，逐渐发展成为跨国公司的进程。对于一个企业来讲，不管是国内经营还是国际化经营，其目的都是为了提高企业的经济效益。具体来说，企业国际化经营的基本动机包括寻求市场、扩大销售，获取资源、降低成本，经营多元化、降低风险，规避贸易壁垒等。

（一）寻求市场、扩大销售

根据市场营销学的基本原理，一个企业的销售状况将受到对其产品或劳务感兴趣的消费者人数和消费者购买力水平的影响。而当企业将其市场扩大到其他国家后，消费者人数必然会增加，在一般情况下，绝对的购买力水平也会增强，销售额也会随之增长。一般而言，较大的销售额也意味着较高的利润。这是因为，在单个产品利润较为固定的时候，其利润的总量与销售的数量成正比。此外，产量的增加导致单位产品的固定成本减少，从而使企业在扩大销售量的同时，获得更为丰厚的利润。因此，具有较强经济实力，特别是具有过剩生产能力的企业都会有跻身于国际市场的强烈愿望和动机，通过出口、对外直接投资形式占领国外市场，扩大产品的销售。国内市场较为狭小的企业一般在其成立初期就会有强烈向外的倾向，如瑞士的雀巢。改革开放后我国兴起并迅猛发展的家电企业，如海尔集团，在国内市场相对饱和以后，也会产生这一动机。

（二）获取资源、降低成本

企业跨国经营的另一个动机是获取东道国的优势资源，如丰富的原材料、劳动力、技术、商标等无形资产。其根本目的是降低成本，或获取无形资产，以增强企业竞争力，获取更高的利润。例如，在原材料或劳动力丰富的国家进行生产，显然可以大大降低原材料或劳动力成本；生产基地接近市场，可以更好地获取市场信息，了解市场，服务于市场，避免决策失误带来的损失，增加企业的竞争实力。另外，通过跨国并购建立子公司、分公司，可以获取被并购企业的先进技术、管理、商标、营销网络等无形资产，增强企业的竞争力。

企业跨国经营对于成本的贡献还体现在降低运输成本和环境成本等方面。国外设立生产基地的另一个成本优势是降低高昂的运输费用，特别是当产品的运输费用占销售价格比较高时，为了降低运输费用，企业可能放弃在国内扩大规模的经济优势，而将商品的生产转向目标市场国，通过运输费用的降低来提高利润率，改善企业的竞争力。此外，将生产转移到某些对生态和环境要求不高的国家，有助于企业花费较少的费用来维持生产。发达国家将很多高能耗、高污染企业纷纷转移到亚洲、非洲和南美洲国家的一个重要原因就是在本国生产的环境成本过高，而在发展中国家生产除了可以利用当地丰富的资源外，还可以降低废弃物排放、环境污染等方面的成本。

（三）经营多元化、降低风险

经营的多元化是指企业在不同国家（地区）和不同的行业开展经营活动。例如可口可乐公司目前在世界上的 200 多个国家和地区进行销售。在垂直多元化的经营中，钢铁企业可以向铁矿、煤矿经营方向发展，以维持原材料的稳定供应；石油企业可以向石油化工生产方向发展，创造更大的价值。又如，在混合多元化的经营中，工业企业可以向金融、房地产等其他行业扩展，以占领多个不同产业的市场。

经营多元化是企业为了谋求新的利润增长点，或为了避免生产、销售、利润大幅度波动，降低经营风险，甚至是为了更好地与竞争对手展开竞争而采取的经营策略。其主要的做法是在关联度不大的产业进行投资，或在不同的市场开展经营，企业进行国际化、分散投资。采取"不把鸡蛋放在一个篮子里"的措施不失为企业规避风险的一个好办法。很明显，企业过分集中在某个国家、某个地区或某个行业，一旦遇到风险，就会由于回旋余地不大而出现较大的损失。

（四）规避贸易壁垒

企业跨国经营，到具有市场潜力的国家投资兴办企业的另一个目的是绕过贸易壁垒，包括关税壁垒和非关税壁垒，避免关税成本和国际商务纷争，更好地抢占东道国市场。例如，20 世纪 80 年代日本的丰田、本田在美国建立汽车制造企业，就是希望规避贸易壁垒的战略措施。再如中国成衣企业在南美洲一些国家建厂，20 世纪 90 年代海尔集团到美国投资建立电冰箱生产厂，都可以视为是进一步打开美国市场，避免可能发生的贸易纷争而采取的跨国投资行为。

二、企业国际经营的基本方式

企业国际化的进程中可选择的国际经营方式主要有商品的进出口、服务的进出口和国际投资活动三大类型。企业可以根据自己的经营目标、资源条件和外部环境，选择恰当的经营方式开展国际商务活动。

（一）商品的进出口

商品进出口贸易也称国际货物贸易，由于进出口货物的可见性，往往又称为有形商品的进出口。对于绝大多数国家来讲，国际货物贸易是国际收支的主要来源，也是国际企业参与国际商务活动的主要方式，原因是国际企业的国际经营投资少，风险小。通常来说，商品的进出口活动是国际企业参与国际商务活动的第一步，也是国际企业参与国际市场竞争的首选经营方式。这是因为，企业如果选择进出口商进行代理，只需要承担较少的义务和风险，付出较小的代价。

（二）服务的进出口

世界性的服务进出口活动又称为国际服务贸易，是近几十年发展非常迅速的国际商务活动。与商品进出口活动相比，国际服务贸易具有无形的特点，服务的进出口往往又被称为无形的国际商务活动，其具体形式有国际工程承包、特许经营、管理合同、许可协议及外包等。进行国际服务贸易的企业通常是那些在企业国际化经营中取得成功，并占有一定市场的国际企业通过对外签订契约形式开展的国际商务活动。国际企业采用非股权形式，将商标、技术、营销和管理等无形资产采取许可证贸易形式，进行各种合同安排，国际企业对外是以许可方、代理商、承包商等身份获取收益。相对于货物出口而言，服务输出是具有更高层次的跨国经营活动，这是因为在这类活动中，企业更深入地参与到国际商务活动中，表现在国际企业或多或少地使自己的无形资产如商标、专利、专有技术、营销和管理诀窍等，以及人员（管理合同、交钥匙工程）都卷入了商务活动，国际企业相应获取的回报较大，回报时间要长，同时经营风险也增加了，比如，如果进行服务输出的国际企业不注意知识产权的保护，使专有技术、管理诀窍甚至商标等被不正当扩散，就可能造成竞争对手的增加，甚至失去市场。

（三）国际投资

国际投资活动包括对外直接投资（foreign direct investment，FDI）和对外间接投资（foreign indirect investment，FII）两种，都是跨国投资活动，国际投资活动通常指对外直接投资。对外直接投资是一种"股权投资"，虽然控股理论的理论值是50%以上，但随着股权的分散，在很多情况下，实际上低于50%的股份就可以达到对某企业控股的目的。对外直接投资的核心不是单纯的货币资本流动，而是要直接参加外国企业的经营管理。对外直接投资的主要方式有在国外开办工厂、建立贸易公司、开采矿产资源和其他资源、并购当地原有企业、与当地私人、团体合资兴办和经营企业等。对外直接投资通常是为了增加获得资源或市场的机会。跨国公司对被投资子公司或分公司拥有经营决策权和控制权，获得利润大，但同时要承担输送更多的资本、技术、人员到经营所在国的义务，因此企业需要承担更多风险，比如要承担大量投资于国外、投资回收期很长的资金风险，而且担负输出更多专业人员和转移技术等资产带来的风险。鉴于上述原因，对外直接投资往往被有实力和有国际商务经验的企业所采用，也往往是在国际企业获得货物、服务进出口贸易活动成功后采用。对外直接投资也是国际企业经营方式的最高级商务活动。

对外间接投资的最大特点是在进行投资时并不刻意追求对企业的控制权，它往往可以通过购买股票或债券的形式进行投资，通过分红或利息收取投资的回报。其特点是投资风险低。

第三节 国际企业的发展阶段和发展趋势

国际企业诞生于19世纪中期，成长于第二次世界大战之后。关税与贸易总协定（GATT）大大促进了世界范围内的贸易自由化和企业经营国际化。20世纪60年代之前，跨国公司几乎全是西方发达国家的大型垄断性企业。20世纪60年代以后，发展中国家的跨国公司开始出现并迅速发展。20世纪80年代以来，随着新技术革命的出现，国际分工的深化和经济全球化的发展势头更为迅猛。

一、国际企业的发展阶段

一般来说，由于国际商务环境存在着更大的风险，企业在其国际化过程中，为了获得丰厚利润，尽可能减少或避免风险，合理选择风险不同的国际商务活动，企业经营国际化也遵循着"商品出口—服务出口—直接投资"这样的发展过程，由浅入深地、分阶段地参与到国际化经营活动中去，这被称为国际企业发展的阶段性。通常，国际企业的发展分为以下四个阶段。

（一）间接的或被动的进出口阶段

企业初始国际化的经营活动往往是间接的，也就说没有直接与外商建立联系，而是依靠外贸进出口公司来安排开展进出口贸易活动，有的企业进出口贸易订单可能是被动接受。在国际劳务活动方面，企业也可能依赖专门经营劳务进出口业务的公司来完成。次数有限的、间接的国际商务活动，不需要企业设置专门的机构来处理业务工作，而是安排少量的专业人员协助专业公司处理需要进行的业务工作。

（二）直接的或主动的进出口阶段

在这一阶段中，企业依然以商品和劳务的进出口业务为主，但与第一阶段相比，企业已独立安排一些国际商务活动，已主动地、直接地寻找贸易伙伴，积极地扩大企业外向型的商务活动。

随着国际商务活动的增长，企业到国外巡视的人员逐渐增加，与有业务往来的外国公司保持接触，发展关系，了解市场，加强与贸易伙伴的沟通，熟悉贸易伙伴和贸易伙伴所在国的情况，为发展业务往来创造基本的条件。在这一阶段中，企业建立专门的进出口部门来处理外贸工作。但是，处于这个阶段的企业还是以国内的商务活动为主，还是一个内向性突出的企业。

（三）设立国外代理机构阶段

此阶段在海外设立代理机构，其特点是虽然企业仍然保持着基本的国内经营活动，但是它直接参与到国外的商品、劳务、生产、销售环节中去了，并已在国外设立了常设机构。例如，安排出口业务的企业已有常驻国外的代表或贸易代理处。从企业的组织形式看，企业设立国际部代替进出口部门，负责处理相应的国际商务事务。

（五）成熟的多国导向阶段

此阶段，企业已将战略目标从国内移向国外，随着企业国际化进程的加深，企业要同时面向国内和国外，寻求全球最佳经营效果。为适应这一变化，企业的经营方式也由单一形式发展到多种形式，组织结构也发生了巨大的变化，建立适应全球经营环境的全球性组织机构，以便领导和控制在全球许多国家和地区进行商务活动的子公司。

表1-1是对企业介入国际商务活动各个阶段特征的小结，它简明扼要地介绍了企业在国际化进程的各个阶段中经营目标、经营形式、经营地点、组织结构等方面的特点。

表1-1　国际企业的四个发展阶段的基本特征

	第一阶段	第二阶段	第三阶段	第四阶段
与国外市场接触的情况	间接地、被动地	直接地、主动地	直接地、主动地	直接地、主动地
国际性经营地点	国内	国内	国内和国际	国内和国际

续表

	第一阶段	第二阶段	第三阶段	第四阶段
公司的经营方针	以国内为主要经营目标	以国内为主要经营目标	国内优先兼顾国际	以国际经营为主要目标
国际性经营方式	商品和劳务的进出口	商品和劳务的进出口	商品、劳务进出口、国外投资	国外投资、商品和劳务进出口
组织结构	传统的国内组织结构	设置进出口部	设置国际部	建立全球性组织结构

二、国际企业的发展趋势

在不断变化的国际商务环境中，国际企业为适应环境的变化，表现出如下的发展趋势。

（一）基于价值链的国际分工深入发展

经济全球化的发展促进生产要素在全球范围内呈现更大规模的自由流动，从而使国际企业在全球进行生产布局成为可能，国际企业的全球经营战略正是此方面的突出表现。价值链是指包括从设计到中间产品、最终产品生产再到通过营销活动传输到最终消费者，以及其后的售后服务和使用后处理过程在内的有关产品或服务的所有业务活动。它描述的不仅是与生产和消费相关的过程，更是劳动所带来的价值增加过程。

经济全球化时代，将价值链增值过程的各个生产、经营环节按照其要素密集特征的差异性布局到全球各个不同国家，主要是节约生产成本、提升整个价值链经济效益的有效途径。一般来说，设计、研发等技术密集型环节，发达国家更具有优势，而发展中国家依靠劳动力成本优势或资源优势在加工制造或原材料供给等环节逐步提升影响力，至于市场营销、售后服务等环节受市场发育程度和经济收入水平的影响很大，发达国家的消费水平高，对营销服务的要求高，在这些环节竞争优势更为明显。因此，总体来看，发达国家在价值链的前端和后端更有优势，而发展中国家在加工、制造等价值链中间环节的地位日益重要。然而"微笑曲线"表明，价值链的中间环节是整个价值链中利润空间最小的部分，设计、研发、营销服务等前、后端部分才是价值增值的最主要部分。从这个意义上说，全球化的深入发展并不能改变旧经济秩序下"中心－外围"不平等关系，发展中国家要提高经济利润率，必须使分工不断向价值链中价值增值较大的环节移动。

（二）跨境电子商务的快速发展

互联网和信息技术的迅猛发展使企业易于国际化，如国际电子商务或跨境电子商务在国际贸易的应用使国际贸易更加便捷和高效。跨境电子商务是指利用现代通信技术、计算机网络技术，以电子数据传输方式完成从建立贸易关系、商务谈判、电子合同签订到租船订舱、报关、报验、申请许可证、配额及货款结算全过程的交易方式。简单地讲，跨境电子商务是利用电子商务运作的各种手段部分或全部地完成国际贸易的整个交易过程。跨境电子商务的产生与发展是国际贸易的客观需求，是IT产业快速发展以及各国政府政策支持和推动的必然结果。随着全球网络用户数量的迅速增加，以及企业、个人对电子商务认识的进一步深化，全球范围内的国际电子商务交易额急剧增长。中国海关总署最新数据显示，2018年，中国外贸进出口总值30.51万亿元人民币，比2017年增长9.7%，通过中国海关跨境电子商务管理平台零售进出口商品总额1 347亿元，增长50%，其中出口561.2亿元，增长67%，进口785.8亿元，增长39.8%。

（三）国际直接投资的快速增长

在过去的半个多世纪中，世界经济中的国际直接投资流量和存量都急剧增长，国际直接投资的增长速度远远超过了世界贸易和产出的增长速度。2016年，全球国际投资的存量超过了26万亿美元。同年，全世界国际企业的海外子公司创造了大约8.4万亿美元的增加值，其总产出约占全球GDP的11%。国际企业国外子公司的全球销售额2016年为37.5万亿美元，大约是全球跨境货物贸易和服务贸易总和的1/3。国际直接投资的增长速度超过世界贸易产出的原因主要有两个：第一，尽管30年来贸易壁垒总体上呈下降态势，但近年来贸易保护主义抬头，企业感到压力和担忧，把对外直接投资作为规避贸易壁垒的方法。第二，近年来，许多发展中国家的政治和经济变革对外国直接投资的增长起到了重要的促进作用。在亚洲、东欧和拉丁美洲的大部分地区取消对外国直接投资限制使得这些国家对国际企业的吸引力进一步上升。

（四）国际战略联盟的崛起

当前世界经济已进入全球竞争时期，为了获取和维持竞争优势，占据更大的市场份额，很多国际企业开始改变战略，寻求与其他企业甚至竞争对手的合作，实行风险共担，利益共享，实现了以合作促竞争，以合作求发展。在这种合作竞争的思想背景下，国际战略联盟和战略外包迅速发展。国际战略联盟可以使专业化生产和分工的程度提高，合作伙伴在零部件生产、成品组装等各个环节中的相对优势得以发挥，有利于国际企业推进成本领先战略，从而提高竞争能力。战略联盟还有助于形成垄断优势，例如世界最大的芯片生产商英特尔公司和世界最大的软件供应商微软公司结成的战略联盟等。除此之外，国际战略联盟还能够加强企业在国际市场的渗透能力，达到制约或削弱竞争对手的目的。

（五）全球社会责任压力加重

跨国公司面临越来越大的社会责任压力，虽然全球各国家政府都欢迎外国公司直接投资，但是这些企业也承担社会责任，如环境保护等方面的来自国际社会和联合国发起的全球契约，同时承受来自媒体和公众严格的监督。2012 年的《世界投资报告》称，国际企业社会责任激增，包括单个国际企业社会责任准则和产业层面的社会责任准则。因此，现在国际企业非常清楚地意识到企业行为对经营所在地的社会和国家的影响，它们需要注意诸如气候变化、环境恶化和污染、工厂的生产条件等问题。无视企业伦理和企业社会责任会给企业带来风险，使国际企业在国内和国际市场上都遭到抵制，声誉和效益遭受严重损失。然而，遵守企业社会责任准则和标准也对很多企业提出相当大的挑战，特别是对发展中国家的中小型企业提出更多挑战，比如使用超出现行规则的国际标准，接受东道国的市场通用惯例。不同的国际企业的相关要求各不相同，甚至相互矛盾。

第四节　国际企业管理的内容和特点

一、国际企业管理的学科基础及内容

国际企业管理是顺应企业国际化和经济全球化的需要而建立和发展起来的一个新学科，其基础学科包括管理学、法学、经济学、社会学、心理学、政治经济学、国际经济学、国际贸易、工商管理、计算机和网络等。

国际企业管理学科的设置，经历了从管理学与经济学分设，到从一般企业管理中独立出来的过程。20 世纪中叶以来，随着国际工商业的蓬勃发展，从事国际工商业活动的企业数量和规模迅速成长，大批企业在世界范围内开展跨国经营活动，成为国际经济舞台上的主角。国际化经营的实践要求企业管理的研究有相应的发展，于是，一门新的学科——国际企业管理（或称国际商务）就诞生了。

国际企业管理是管理学的一个分支，它研究在复杂多变的国际环境下，企业走向国际化的理论依据、发展过程、经营战略、管理方式等。

国际企业管理的内容体系大致分为国际环境和国际企业运营两个部分。前者包括国际贸易制度环境、国际投资制度环境、国际税务制度环境、国际金融制度环境、国别制度（及政策）环境等内容。后者以战略、组织、职能作为主要模块，主要包括国际企业的战略与决策、国际企业组织架构设计、进出口、全球生产、国际营销、国际人力资源管理和国际财务管理等内容。

二、国际企业管理的特点

国际企业管理不同于一般的企业管理，也不只是一般企业管理的简单延伸和发展，它具有相对的独立性，具有如下特点。

（一）国际环境的复杂性

一般来说，国际环境比国内环境更为复杂，包含更多的不可控因素。东道国的政治、经济、文化等差异因素，特别是文化差异会导致企业管理中的混乱和冲突，使决策的执行和统一行动变得异常复杂，即使建立了跨文化的企业文化，这种差异和困难在一定程度上仍会继续存在。

（二）经营风险增大

从事国际工商业活动的企业除了要承担国内企业应承担的风险外，还要承担因跨国经营可能招致的其他风险，如汇率风险、政治风险、远途运输风险等，而这些风险更难以预测。

（三）经营方式的差异性

由于国家间存在着政治、法律和文化等方面的差异，在国内适用的管理方式在海外企业中就不一定适用。因此，跨国经营的企业在人事、财务、营销和生产诸方面应根据各国的具体情况采用相应的管理方式、决策程序和策略手段。

国际企业管理学科的产生是世界经济发展的必然结果。国际企业管理课程的设置以及培养的从事国际化经营和管理的专门人才，对中国企业走向国际经济舞台、开展国际化经营具有重要意义。目前，中国企业参与国际工商业活动的深度、广度和复杂程度都是改革开放前无法比拟的。随着改革开放的进一步深入和社会主义市场经济的建立，以及中国会计制度逐渐与国际惯例接轨，在今后一段时期内，中国将有大批企业走向国际经济舞台，实行国际化经营，为开拓国际市场、利用国外资源、加速社会主义现代化建设服务。

本 章 小 结

1. 国际企业从广义说，是指从事涉及国际范围内的产品、技术、劳务、信息、资金等经营活动的企业。国际商务是指两国或多国卷入的全部商业交易活动的总称。凡从事国际商务活动的企业都可以理解是国际企业，国际企业的发展过程一般来说有一个循序渐进的过程，国际企业的高级形式就是跨国公司，不同的定义和称谓反映出了跨国公司的复杂形态。可以看出从事国际商务活动的企业不一定都是跨国公司，对外直接投资是跨国公司最明显的特征。

2. 跨国指数被定义为国外销售额在总销售额中的比例、国外资产在总资产中的比例、国外雇员人数在总雇员人数中的比例的算术平均数。跨国指数可以用来衡量跨国公司的跨国化水平。

3.国际企业进行国际化的基本动机有寻求市场、扩大销售，获取资源、降低成本，经营多元化、降低风险，规避贸易壁垒等。

4.国际企业可选择的经营方式主要有商品的进出口、服务的进出口和国际投资活动三大类型。企业可以根据自己的经营目标、资源条件和外部环境，选择恰当的经营方式开展国际商务活动。通常，国际企业的发展阶段分为四个阶段。第一阶段为间接的或被动的进出口阶段，第二阶段为直接的或主动的进出口阶段，第三阶段为设立国外代理机构阶段，第四阶段为成熟的多国导向阶段。

5.国际企业管理是顺应企业国际化和经济全球化的需要而建立和发展起来的一个新学科。国际企业管理的内容体系大致分为国际环境和国际企业运营两个部分。国际企业运营主要由国际企业各职能管理模块构成。

1.请分析说明企业国际化经营的基本动机。
2.请分析论述国际企业的发展趋势。

第二章

企业国际化经营的基本理论

【学习目标】

- 理解绝对优势理论、比较优势理论和要素禀赋理论
- 掌握国家竞争优势理论的主要内容
- 掌握垄断优势理论、内部化理论、产品生命周期理论和国际生产折中理论的主要内容
- 了解列昂惕夫之谜和贸易理论的发展
- 了解发展中国家的对外投资理论的主要内容

中国(上海)自贸区临港新片区正式设立

新华社北京 2019 年 8 月 6 日电 国务院印发《中国(上海)自由贸易试验区临港新片区总体方案》(以下简称《总体方案》),标志着临港新片区正式设立。增设上海自贸试验区新片区不是简单的原有自贸试验区扩区,也不是简单的现有政策平移,是全方位、深层次、根本性的制度创新变革。在贸易保护主义持续蔓延的当下,中国开放再加码,不仅推动国内经济高质量发展,也将为世界经济发展注入信心和活力。

1. 定位高。临港新片区制度创新求变。《总体方案》内容包括五大部分,体现了坚持贯彻高质量发展的要求、坚持对标国际高标准、坚持以风险防控为底线三方面特点,在制度设计方面有不少的创新和提升。临港新片区强调要打造"更具国际市场影响力和竞争力的特殊经济功能区"。通过加快建立与国际通行规则相衔接的制度体系,对改革试点内容提出更高的发展标准。因此,它的创新体现为定位更高、更明确。临港新片区进一步强调服务和融入长三角一体化发展战略,它的战略任务也更加丰富。在监管方式方面,临港新片区将建设洋山特殊综合保税区,作为海关特殊监管区域的一种新的类型,也是促进内外贸市场一体化发展的有益探索。

2. 政策新。一大拨"特殊政策"将落地。在《总体方案》中,建立以投资贸易自由化为核心的制度体系是重要环节。方案要求,在适用自由贸易试验区各项开放创新

措施的基础上，支持新片区以投资自由、贸易自由、资金自由、运输自由、人员从业自由等为重点，推进投资贸易自由化便利化。上海市委、市政府在地方事权范围内，研究制定了支持新片区建设的特殊政策。上海制定的新片区特殊支持政策，主要聚焦于管理权限、资金支持、人才吸引、土地规划、住房保障等方面，很多政策的力度还是比较大的。比如，赋予了新片区更大的改革自主权。又比如，在打造更具吸引力的人才发展环境上，主要聚焦吸引国内和国际各方面的人才，一共提出了12条政策，包括人才"居转户"年限从原来的7年缩短到5年，对于核心人才，进一步缩短到3年。另外，在资金方面，上海将设立新片区专项发展资金，5年出资总规模不少于1 000亿元。在备受关注的金融制度创新方面，在临港新片区将试行更加开放、更加便利、更加自由的金融政策，打造金融开放创新的新高地。具体表现：一是进一步提升贸易投资的便利化水平。二是有序推进各项金融开放创新的措施，有效激发市场活力。三是进一步健全金融法治环境，优化营商环境。《总体方案》还提出，实施具有国际竞争力的税收制度和政策。对新片区内符合条件的从事集成电路、人工智能、生物医药、民用航空等关键领域核心环节生产研发的企业，自设立之日起5年内减按15%的税率征收企业所得税。

资料来源：央广网、中国日报网。

第一节　国际贸易的基本理论

国际贸易理论是国际企业管理的基础理论，影响着国际企业管理的思路，尤其是对政府的政策制定有很大的影响。国际贸易理论可以帮助我们理解企业在什么地方具有生产并销售某种产品的竞争力，也可以帮助我们理解并预测政府会制定什么样的贸易政策，以及这些政策会对企业竞争力产生怎样的影响。

重商主义（mercantilism）并不是严格意义上的国际贸易理论，但它是最早有关国际贸易的思想。重商主义出现于16世纪，那时黄金和白银是最重要的财富形式，各国尽可能积累更多的财富。重商主义认为出口可以使一国从国外获得金银货币，从而使国家富有。因此，只有对外贸易才是获得和增加货币的源泉，而要从对外贸易中获得货币，关键是保持国际贸易的顺差，即在国际贸易中坚持少买多卖的原则，最终使货币流入本国。基于这样的理念，重商主义者一贯主张政府干预政策以便实现对外贸易的顺差。他们建议政策的目标应该是出口最大化、进口最小化，可以通过关税和配额限制进口，并对出口进行补贴。

总体而言，重商主义解释了国家希望获得贸易顺差的原因，即便在今天，仍有许多人认为贸易顺差是有益的，他们推崇一种叫新重商主义的观点，这种观点将政治势力等同于经济势力，将经济势力等同于贸易顺差。工会（努力保护本国居民的就业机会）、农民（希望提高作物价格）和某些生产厂商（非常依赖出口）都倾向支持新重商主义。然而重商主义会损害进口企业的利益,尤其是那些进口原材料和零部件用于生产成品的企业。重商主义还损害了消费者的利益,因为限制进口会缩小他们可以购买的商品的选择范围。进口限制引起的产品短缺可能会导致价格提高、通货膨胀。

重商主义的缺陷是将贸易看成了零和博弈(指一个国家获益会导致另一个国家受损),这就使斯密和李嘉图有条件去解释该理论的目光短浅,并证明国际贸易是正和博弈,即所有国家都能获利。重商主义的缺陷致使重商主义随着对外贸易的发展逐渐退出历史舞台。

一、绝对优势理论

亚当·斯密(Adam Smith)是古典经济学派的主要奠基人之一,也是国际分工和国际贸易理论的创始者。他在 1776 年发表的《国民财富的性质和原因的研究》(简称《国富论》)中,批判了重商主义的贸易保护主义,提出国家间生产的绝对成本差异是国际贸易产生的原因,并在分析绝对成本的基础上提出国际分工理论以及自由贸易理论。不仅从绝对成本角度阐释了国际分工和国际贸易,而且为自由贸易政策奠定了理论基础。

斯密认为分工可以提高劳动生产率,增加国民财富。他认为社会劳动生产率的巨大进步是分工的结果。他以制针业为例说明其观点。分工前,一个工人每天至多能制造 20 枚针;分工后,平均每人每天可制造 4 800 枚针。每个工人的劳动生产率提高了几百倍。由此可见,分工可以提高劳动生产率,增加国民财富。

斯密认为,分工的原则是成本的绝对优势或绝对利益。分工既然可以极大地提高劳动生产率,那么每个人专门从事他最有优势的产品的生产,然后彼此交换,对每个人都是有利的。他以家庭之间的分工为例说明了这个道理。他说,如果购买一件物品所花费用比在家内生产所花费用少,就应该去购买而不要在家内生产,这是每一个精明的家长都知道的格言。裁缝不为自己做鞋子,鞋匠不为自己裁衣服,农场主既不打算自己做鞋子,也不打算缝衣服。他们都认识到,应当把他们的全部精力集中用于比邻人有优势的职业,用自己的产品去交换其他物品,会比自己生产一切物品得到更多的利益。

斯密由家庭推及国家,论证了国际分工和国际贸易的必要性。他认为,适用于一国内部不同个人或家庭之间的分工原则,也适用于各国之间。国际分工是各种形式分工中的最高阶段。他主张,如果外国的某种产品比本国生产的要便宜,那么最好是用在本国有利的生产条件下生产的另一种产品去交换外国的该种产品。他举例说,在苏格兰可以利用温室种植葡萄,并酿造出同国外一样好的葡萄酒,但要付出比国外高 30 倍的成本。他认为,如果真的这样做,显然是愚蠢的。每一个国家都有其适宜于生产某些特定产品的绝对有利的生产条件,如果每一个国家都按照其绝对有利的生产条件(即绝对生产成本低)去进行专业化生产,然后彼此进行交换,对所有国家都是有利的，世界的财富也会因此而增加。

国际分工的基础是有利的自然禀赋或历史条件。各国的自然禀赋或历史条件不同，这就为国际分工提供了基础。有利的自然禀赋或历史条件可以使一个国家生产某种产品的成本绝对低于别国而在该产品的生产和交换上处于绝对优势地位。各国按照各自的有利条件进行分工和交换，将会使各国的资源、劳动和资本得到最有效的利用，将会大大提高劳动生产率和增加物质财富，并使各国从贸易中获益。因此，斯密的国际贸易理论被称为绝对成本说或绝对优势理论。

斯密的绝对优势理论第一次提出国际分工思想，这对解释国际贸易产生的原因以及后来的企业国际化分工都奠定了理论基础。但斯密绝对优势理论以一国生产某种产品成本绝对低廉为贸易发生的先决条件，它无法回答一个在所有产品上都不具有绝对优势的落后国家或一个在所有产品上都具有绝对优势的先进国家是否会发生对外贸易活动，以及贸易对双方是否都有利？大卫·李嘉图的比较优势理论解释了这个问题，并对国际贸易理论做出更确切的描述，形成了古典国际贸易理论的基本框架。

二、比较优势理论

大卫·李嘉图（David Ricardo）是英国产业革命深入发展时期的经济学家。他继承和发展了斯密的绝对优势理论，在1817年出版的其主要著作《政治经济学及其赋税原理》，提出了比较优势理论。

1815年英国政府为维护土地贵族阶级利益而修订实行了"谷物法"。"谷物法"颁布后，由于限制谷物进口，引起英国粮价上涨，地租猛增，它对地主贵族有利，而严重地损害了产业资产阶级的利益。昂贵的谷物，使工人货币工资被迫提高，成本增加，利润减少，削弱了工业品的竞争能力；同时，昂贵的谷物，也增加了英国各阶层的粮食开支，而减少了对工业品的消费。"谷物法"还使外国以高关税阻止英国工业品出口。为了废除"谷物法"，工业资产阶级采取了多种手段，鼓吹谷物自由贸易的好处。而地主贵族阶级则千方百计维护"谷物法"，认为既然英国能够自己生产粮食，根本不需要从国外进口，反对在谷物上自由贸易。这时，工业资产阶级迫切需要找到谷物自由贸易的理论依据。

李嘉图在1817年出版的《政治经济学及赋税原理》中提出了著名的比较优势原理（law of comparative advantage）。他认为，英国不仅要从外国进口粮食，而且要大量进口，因为英国在纺织品生产上所占的优势比在粮食生产上优势大。故英国应专门发展纺织品生产，以其出口换取粮食，取得比较利益，提高商品生产数量。

比较优势理论是在绝对优势理论的基础上发展起来的。根据比较优势原理，一国在两种商品生产上较另一国均处于绝对劣势，但只要处于劣势的国家在两种商品生产上劣势的程度不同，处于优势的国家在两种商品生产上优势的程度不同，则处于劣势的国家在劣势较轻的商品生产方面具有比较优势，处于优势的国家则在优势较大的商品生产方面具有比较优势。两个国家分工专业化生产和出口其具有比较优势的商品，进口其处于比较劣势的商品，则两国都能从贸易中得到利益。这就是比较优势原理。也就是说，两国按比较优势参与国际贸易，通过"两优取其最优，两劣取其次劣"，两国进行国际分工并进行贸易都可以提升福利水平。

我们以两个国家、两种商品为例，通过定量分析说明了比较优势理论。如表2-1所示：

表2-1 比较优势分析（分工前的生产情况）

商品	A国	B国	合计
小麦（10千克）	1（劳动小时）	6（劳动小时）	20（千克）
布匹（1米）	2（劳动小时）	4（劳动小时）	2（米）

表2-1中，B国生产小麦和布匹的劳动成本都高于A国，即B国在小麦和布匹生产上都处于劣势。然而，B国生产小麦的劳动生产率只有A国的1/6，而生产布匹的劳动生产率是A国的1/2，因此，B国在布匹的生产上具有比较优势。A国在生产小麦和布匹上都具有绝对优势，但生产小麦的绝对优势大于布匹的绝对优势，因此，A国在生产小麦上具有比较优势。根据比较优势理论，两国进行专业化分工，A国只生产小麦，B国只生产布匹，如表2-2所示。

表2-2 比较优势分析（分工后、交换前的生产情况）

商品	A国	B国	合计
小麦（10千克）	3（劳动小时）	0	30（千克）
布匹（1米）	0	10（劳动小时）	2.5（米）

可见，在劳动投入总量不变的情况下，小麦的产出增加了10千克，布匹的产量增加了0.5米，国际分工使劳动生产率提高，两国产品的总产出增加了。

假定A国用10千克小麦用来交换B国的1米布匹，那么交换后两国消费两种产品情况如表2-3所示。

表2-3 比较优势分析（交换后两国的消费情况）

商品	A国	B国	合计
小麦/千克	20	10	30
布匹/米	1	1.5	2.5

可见交换后，A国在布匹消费数量不变的情况下，可以多消费10千克的小麦，而B国在小麦消费数量不变的情况下，可以多消费0.5米的布匹，两国都能从国际分工和国际贸易中获得好处。

李嘉图的比较优势理论与斯密的绝对优势理论一样，只以劳动作为成本大小的依据，而没有考虑其他稀缺资源对成本的影响。

古典经济学家们相信劳动和其他生产要素在一个国家内是流动的，但在国家之间是不流动的。在他们的眼中，一个国家市场本身可以实现纯粹自由竞争、资源有效配置，从而使劳动者实现充分就业。相比于绝对优势理论，比较优势理论更符合现实，因为在有着 200 多个国家和地区的世界中，一国怎样确认自己绝对地优于其他国家，从而决定其专业化的产业呢？比较优势理论表明，即便不具备绝对优势，只要某产业的相对效率高于其他产业，进行专业化生产和国际贸易就有利可图。同时，比较优势理论比绝对优势理论更深入地指出，国际贸易是一种正和博弈，各参与方均能获得经济利益。因此，该理论为鼓励自由贸易政策提供了强大的理论支持。

比较优势理论对一个国家或地区发展对外贸易、进行合理的专业化分工有积极的指导意义。但在实际运用中，一定要做到"扬长补短"而不是"扬长避短"。在努力发挥本国、本地区比较优势的同时，要意识到自身的不足，努力克服竞争劣势，不断增强自身的竞争力，获得竞争优势。

三、要素禀赋理论

要素禀赋理论是由瑞典经济学家埃利·F. 赫克歇尔（Eli F. Heckscher）1919 年在其《对外贸易对国民收入的影响》的论文中首先提出的，后来由其学生伯尔蒂尔·G. 俄林（Bertil G. Ohlin）在 1933 年出版的《域际贸易与国际贸易》一书中补充发展系统创立了的国际贸易理论，简称赫–俄理论（H-O 理论）。因为它吸收了新古典经济学的思想，更接近资本主义国际贸易的实际，对各国的对外贸易政策有一定的指导意义，因此，被称为新古典国际贸易理论。

要素禀赋理论从要素禀赋，即各个国家所拥有的各种生产要素如劳动力、土地、资本的相对丰裕程度这个角度解释国际贸易。认为各国间要素禀赋的相对差异以及生产各种商品时利用这些要素的强度的差异是国际贸易的基础，认为不同的国家拥有不同的资源禀赋，不同的商品生产需要不同的生产要素配置，而不同的资源禀赋产生不同的要素成本。一种要素越丰裕，其成本越低。正因如此，一国应该出口密集使用本国相对丰裕的生产要素所生产的产品，进口密集使用本国相对稀缺的生产要素所生产的产品。

俄林认为，同种商品在不同国家的相对价格差异是国际贸易的直接基础，而价格差异则是由各国生产要素禀赋不同，要素相对价格不同决定的，所以要素禀赋不同是国际贸易产生的根本原因。俄林在分析、阐述要素禀赋论时是一环扣一环，层层深入的。他认为：

（1）国家间的商品相对价格差异是国际贸易产生的主要原因。在没有运输费用的假设前提下，从价格较低的国家输出商品到价格较高的国家是有利的。

（2）国家间的生产要素相对价格的差异决定商品相对价格的差异。在各国生产技术相同，因而生产函数相同的假设条件下，各国要素相对价格的差异决定了各国商品相对价格存在差异。

（3）国家间的要素相对供给的差异决定要素相对价格的差异。俄林认为，在要素的供求决定要素价格的关系中，要素供给是主要的。在各国要素需求一定的情况下，各国不同的要素禀赋对要素相对价格产生不同的影响：相对供给较充裕的要素的相对价格较低，而相对供给较稀缺的要素的相对价格较高。因此，国家间要素相对价格差异是由要素相对供给或供给比例来决定的。

通过严密的分析，俄林得出了结论：一个国家生产和出口那些大量使用本国供给丰富的生产要素的产品，价格就低，因而有比较优势；相反，生产那些需大量使用本国稀缺的生产要素的产品，价格便贵，就不利于出口。各国应尽可能利用供给丰富、价格便宜的生产要素，生产廉价产品输出，以交换别国价廉物美的商品。简言之，劳动丰富的国家出口劳动密集型商品，而进口资本密集型商品；相反，资本丰富的国家出口资本密集型商品，进口劳动密集型商品。例如，美国长期出口农产品反映出它拥有非常丰裕的大片可耕地。中国出口劳动密集型产品，如纺织品和鞋类，反映出中国拥有相对丰裕的劳动力。要注意，要素禀赋是相对的，而不是绝对的，比如一国可能比另一国拥有更大绝对量的土地和资源，而相对丰裕的只是其中的一种。

与古典贸易理论相似，俄林的国际贸易学说也有若干假定，如：①在国际流动中没有运输成本；②完全竞争；③充分利用所有生产要素；④没有技术创新；⑤生产要素在国家之间完全不流动。俄林的这些假定常常受到批判。

要素禀赋理论从要素丰裕程度解释国际贸易产生的原因和产品的价格，从而进一步丰富和发展了国际贸易理论，是国际贸易理论中最有影响力的理论之一，并得到很多经验检验。美国拥有大量的资本，似乎它应该出口资本密集型产品。20世纪50年代，美国学者里昂惕夫（Wassily W. Leontief）经验检验的结果与要素禀赋理论相悖。尽管美国拥有足够的资本，它却在出口劳动密集型产品，进口资本密集型产品。这就是所谓的里昂惕夫之谜或里昂惕夫悖论（Leontief paradox）。对于里昂惕夫之谜，人们作了很多推测和解释。一个解释是无数因素决定着一个国家进出口的情况；另一个解释是美国的劳动力通常技术含量较高，这使美国在出口药物和软件等知识密集型产品和服务方面具有显著优势。也许里昂惕夫悖论的主要贡献在于它揭示了国际贸易的复杂性是无法用某一个理论完全解释清楚的。

四、国家竞争优势理论

随着贸易实践的发展，呼唤着更具统一性和说服力的国际贸易理论的出现。美国哈佛商学院的迈克尔·波特（Michael Porter）1990年出版了《国家竞争优势》一书，书中提出的国家竞争优势理论,简称为钻石理论(也称"波特菱形理论"),从全局高度和行业的角度,发展了传统比较优势理论,实现了从比较优势到竞争优势的飞跃。

(一)国家竞争优势理论的主要内容

波特认为,决定一个国家某个产业的竞争优势不是某个比较优势因素,而是一组因素,归结为生产要素、需求条件、相关及支持产业和企业战略、结构和同业竞争这四个方面因素的相互作用,并把这些因素描绘为一个"钻石"模型,此外,波特还在钻石模型内加入了政府和机遇两个重要变量(见图2-1)。波特的钻石模型表明一个国家的特定产业要取得国际竞争优势,关键在于以上四个基本因素以及机遇和政府两个辅助因素的整合作用。

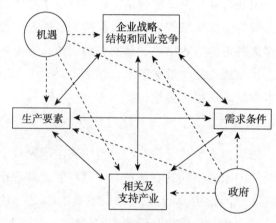

图 2-1 波特钻石理论模型

1. 生产要素

生产要素是指一个国家对特定行业竞争所必需的生产要素状况,包括自然资源、人力资源、知识资源、资本资源和基础设施。波特将生产要素划分为初级要素和高级要素两大类。初级要素是指一个国家先天拥有的要素,包括自然资源、气候、地理位置等;高级要素则是指政府、企业或个人通过投资发展而创造的要素,如通信基础设施、复杂和熟练劳动力、科研设施以及专门技术知识等。波特认为,高级要素对竞争优势具有更重要的作用。初级要素可以为一国提供一些初始的优势,这些优势随着在高级要素方面的投资得到加强和扩展。反过来讲,初级要素方面的劣势地位会形成一种向高级要素方面投资的压力。日本便是具有这种现象的一个最明显的例子,作为一个严重缺乏耕地和自然矿产资源的国家,日本通过国民教育投资,创造了丰富的高级人才要素。事实上,日本拥有的庞大的工程师队伍,这是日本在制造行业取得成功的关键。

2. 需求条件

波特特别强调国内需求在提高国家竞争优势中所发挥的作用。一般来说,企业对最接近它们的顾客的需求反应最敏感，因此，国内需求的特点对塑造本国产品的特色，产生技术革新和提高质量的压力起着尤其重要的作用。波特认为，如果一国内的消费者是精明而挑剔的，会给本国企业带来压力，迫使它们努力使产品达到高质量标准，并进行产品创新，有助于该国企业提高竞争能力，从而赢得国家竞争优势。

3. 相关及支持产业

相关及支持产业是指国内供应商和关联辅助产业状况。相关产业和支持性产业状况对一个国家某一行业的竞争优势具有重要影响，在国内拥有具备国际竞争力的供应商和关联辅助性行业，是一个行业能够取得国家竞争优势的重要条件。波特在研究中发现，一个国家内成功的行业往往趋向聚集，形成关联行业集群。如德国的纺织和服装行业就是这样的一个关联行业集群，它包括从高质棉、羊毛、合成纤维、缝纫机针的生产加工，到范围广阔的纺织机械领域。供应商和关联辅助行业在高级生产要素方面投资的好处将逐步聚集到主体行业中来，从而有助于该行业取得国际竞争中的有利地位。如瑞典在制造组装金属产品（滚珠轴承、切割工具等）领域依靠瑞典自身特种钢工业处于领先的技术力量来取得优势地位。

4. 企业战略、结构和同业竞争

国内企业的战略、结构和竞争状况是波特模型中决定国家竞争优势的另一个重要因素。波特认为，不同的国家有不同的管理理念，这些管理理念产生了不同的企业战略和行为模式。从长期看，企业的行为特点会帮助或妨碍形成一国的竞争优势。另外，一个行业中存在激烈的国内竞争与该行业保持竞争优势二者之间存在密切的联系。激烈的国内竞争引导企业努力寻求提高生产与经营效率的途径，促使它们成为更好的国际竞争企业。国内竞争给企业带来创新、改进质量、降低成本、通过投资提升高级生产要素等一系列压力，这一切都有助于产生具有世界竞争力的企业。

波特将这四方面因素构成一个"钻石"体系，并认为当一个国家中某行业或行业内部门的钻石体系处于最佳状态时，该行业的企业取得成功的可能性最大。机遇和政府，这是另外两个能够对国家竞争优势产生重要影响的辅助因素。

机遇可以使四大因素发生变化。波特指出，对企业发展而言，形成机遇的可能情况大致有几种：基础科技的发明创造、传统技术出现断层、外因导致生产成本突然提高（如石油危机）、金融市场或汇率的重大变化、市场需求的剧增、政府的重大决策、战争。机遇其实是双向的，它往往在新的竞争者获得优势的同时，使原有的竞争者优势丧失，只有能满足新需求的企业才能抓住发展机遇。

政府对国家竞争优势有相当重要的影响。波特极力强调，政府可以对钻石模型中四大因素中的任何一个产生积极或消极的影响。比如政府的教育政策会影响到该国人力、知识资源要素，政府购买会创造本国市场的需求，政府的产业政策可以培育和影响某个行业的关联和辅助性行业和产业集群情况，政府的资金市场法规、税收政策等手段可以影响企业战略和行业企业之间的竞争。国家竞争优势理论系统地阐述了政府在提高竞争优势中所发挥的作用。波特认为，政府在提高国家竞争优势中应起一种催化和激发企业创造欲的作用。政府政策成功的关键既不是越俎代庖，也不是无所作为，而在于为企业创造一个有利于公平竞争的市场化的宏观环境。政府对国家竞争优势的作用主要在于对四大关键因素的引导和促进上。

当一个产业长期得到发展，必然带动相关支持产业、行业协会、学术团体等的发展，进而在特定的区域内形成产业集群，一个国家的成功、人民生活水平的提高并非来自某个产业的成功，而是来自纵横交错的产业集群，因此产业集群是"钻石体系"的结果和表现。

（二）国家竞争优势理论的简要评述

波特提出的国家竞争优势理论弥补了传统国际贸易的不足，对国际贸易理论的发展作出了贡献。第一，波特的国家竞争优势的决定因素系统，为分析各国竞争优势的基础及长远发展潜力提供了一个非常有用的分析工具。第二，强调动态的竞争优势和各国在获得竞争优势方面的主观能动性。波特认为一个国家的繁荣和竞争优势不是靠继承获得的，也不是既定的，而是通过创造得来的。第三，波特钻石理论指出国内需求与国际竞争优势的因果关系。国内买主的结构、买主的性质、需求的增长、需求结构的变化都对一国的竞争优势产生决定性的影响。此外，国家在确定本国具有竞争潜力的行业和促进这些行业获得竞争优势上能够发挥积极作用。国家可以通过制定正确的战略、把握机遇，提高一国的竞争能力或决定因素。

第二节 对外直接投资的基本理论

对外直接投资（foreign direct investment，FDI），也称国际直接投资，是国际企业产生和发展的前提。当今社会，国际资本来源和流向日趋多元化，使得跨国直接投资活动迅猛发展。从20世纪60年代开始，西方经济学家围绕对外直接投资动因、投资流向和投资决策等问题提出了一系列的对外直接投资理论。

一、垄断优势理论

垄断优势理论产生于20世纪60年代，是最早研究对外直接投资的独立理论。1960年美国学者斯蒂芬·H.海默（Stephen H. Hymer）在麻省理工学院完成的博士论文《国内企业的国际化经营：对外直接投资的研究》中，率先将传统产业组织理论的垄断理论用于分析跨国对外直接投资领域，提出了企业的垄断优势理论。此后，他的导师，麻省理工学院教授查利斯·P. 金德尔伯格（Charles P. Kindleberger）在20世纪70年代对海默提出的垄断优势进行补充和发展，形成了最终的垄断优势理论。它是一种阐明当代国际企业在海外投资具有垄断优势的理论。

垄断优势理论主要是回答了一家国际企业的分支机构为什么能够与当地企业进行有效竞争，并且能长期生存和发展下去。海默认为，国际企业要在跨国经营中战胜竞争对手，并从中获得利润，一是必须具备一种或多种当地企业所缺乏的独占性的垄断优势，二是不完全市场的存在，使企业拥有和保持这些优势，从而获得垄断利润。由此可见，该理论的两个核心点就是市场不完全和垄断优势。

市场不完全是理论的前提和基础。海默认为，国际直接投资是市场不完全性的产物，所谓市场不完全是指市场上存在着不完全竞争，包括产品市场和生产要素市场的不完全竞争，比如在产品和要素市场上存在大量的买者和卖者，然而他们交易的产品和生产要素具有差异性。此外，规模经济和政府干预形成的市场不完全竞争。比如少数卖主和买主能够凭借控制产量或购买量来决定和影响市场价格的现象，关税和非关税壁垒的存在，等等。由于上述因素形成的市场不完全竞争，导致企业形成自己的垄断优势，并通过对外直接投资参与国际市场，获得垄断利润。

金德尔伯格认为国际企业的垄断优势表现在四个方面。

（1）产品市场垄断优势。包括产品性能差别、特殊销售技术和销售网络、控制市场价格的能力等。

（2）生产要素垄断优势。如经营管理技术、融通资金的能力、掌握专利技术与专有技术等。

（3）规模经济的优势。表现在生产、采购和销售各方面，通过横向一体化与纵向一体化结合能降低成本，取得比其竞争者高的利润。

（4）利用政府干预形成的垄断优势。国际企业可以利用对外直接投资的方式避开关税壁垒和贸易限制，同时，还可以利用东道国优惠产业和税收政策获得垄断优势。

国际企业正是由于存在上述四种垄断优势，国际企业才能减少海外投资的附加成本，以抵消与当地企业竞争中的不利因素，确保跨国经营活动有利可图。

垄断优势理论突破了以完全竞争为前提的传统国际贸易理论，以市场不完全竞争为基础，提出市场不完全性是企业获得垄断优势的根源，垄断优势是企业对外直接投资的动因。垄断优势理论的提出，标志着国际企业理论的诞生，因此，海默也被一些西方学者誉为"国际企业理论之父"。海默的研究将国际企业研究从流通领域转到生产领域，突出了知识资产和技术优势在形成国际企业中的作用，奠定了研究对外直接投资的理论基础。但是垄断优势理论也有其局限性，该理论是以美国技术实力雄厚的制造业国际企业为研究对象，无法解释发达国家不具备垄断优势的中小企业，特别是广大发展中国家的一些企业也加入了对外直接投资的行列。

二、产品生命周期理论

产品生命周期理论是美国哈佛大学教授雷蒙德·弗农（Raymond Vernon）1966年在其《产品周期中的国际投资与国际贸易》一文中首次提出的。产品生命周期（product life cycle，PLC），是产品的市场寿命，即一种新产品从开始进入市场到被市场淘汰的整个过程。费农认为，产品和人的生命一样，要经历形成、成长、成熟、衰退这样的周期。而这个周期在不同的技术水平的国家里，发生的时间和过程是不一样的，存在较大差距，它反映了同一产品在不同国家市场上的竞争地位的差异，从而决定了国际贸易和国际投资的变化。为了便于区分，费农把这些国家分成创新国（一般为最发达国家）、一般发达国家（如西欧）、发展中国家。费农认为，垄断优势理论还不足以说明企业在出口、技术许可和国外子公司生产之间的选择，其理论是静态的，应该将企业的垄断优势和产品生命周期、区位因素结合起来，从动态的角度考察企业的海外投资行为。他把产品生命周期划分成三个阶段，即产品的创新阶段、成熟阶段和标准化阶段。

1. 产品的创新阶段

在产品的创新阶段，需要具有技术优势及研发成本相对丰裕的发达国家进行，即创新国可以利用其拥有的技术垄断优势，开发新产品。从生产角度来看，技术不成熟，有待改进和完善，从需求角度来看，顾客对产品尚处在了解和试用阶段，因此，一般选择在本国生产，并且生产规模小，主要满足国内市场需求，当生产发展一定水平后，有少量产品出口到其他发达国家。在这方面，美国、英国、日本等发达国家具有明显的垄断优势。新产品往往在这些国家出现，这些国家就成为创新国。在这个阶段创新国是产品净出口国。

2. 产品的成熟阶段

在产品的成熟阶段，产品技术趋于完善，技术开始被扩散，竞争对手出现，成本因素变得越来越重要，对外直接投资比产品出口更为有利，一般创新国会选择与本国有相似需求偏好的国家进行投资，当地生产、当地销售，或出口到第三方国家，一方面避开贸易壁垒，另一方面扩大市场份额，防止潜在的竞争者。

3. 产品标准化阶段

在产品标准化阶段，产品生产和技术均已标准化，技术被竞争者完全掌握，成本和价格因素在市场竞争中起了决定性作用。因此，创新国和其他发达国家为了进一步降低成本，开始在发展中国家大量投资生产，再将其生产的产品返销到母国或第三国市场。创新国成为净进口国。这样就完成了一个产品生命周期。

弗农创立的国际直接投资的产品生命周期理论反映了20世纪50—60年代美国制

造业对外直接投资的情况，较好地解释了美国对欧洲国家和其他洲的一些发展中国家的直接投资。作为一种投资理论，弗农从企业垄断优势和特定区位优势相结合的角度深刻揭示了出口企业转向直接投资的动因、条件和转换过程。创新国的企业在产品达到成熟期以后，向国外直接投资，把垄断优势和区位优势结合起来，通过国际企业这种载体将投资国的比较优势扩大，提高国际竞争能力。当然，产品生命周期理论也有其局限性，它不能解释非标准化产业，如石油生产部门的对外直接投资，也无法解释不具备技术产品垄断优势企业的对外投资的现象，而且也不能解释一般发达国家向最发达国家投资，以及发展中国家对外直接投资的现象。

三、内部化理论

前面已经阐明，特定的技术和知识等所形成的垄断优势，促使企业对外直接投资，导致企业的跨国经营。但是为什么企业不把这些技术和知识当作商品在国际市场，即外部市场出售，而要转让给自己的海外附属企业，即内部市场呢？内部化理论回答了这个问题。这一理论主要由英国学者皮特·J.巴克利（Peter J. Buckley）和马克·C.卡森（Mark C. Casson）于1976年在《多国企业的未来》一书中提出，加拿大学者艾伦·M.拉格曼（Alian M. Rugman）在1981年进一步完善，以发达国家国际企业为研究对象，沿用了美国学者科斯的新厂商理论和市场不完全的基本假定，建立了国际企业的内部化理论，也称为市场内部化理论。

（一）内部化理论的思想渊源

内部化理论的基础是20世纪30年代的科斯定理。1937年罗纳德·H.科斯（Ronald H.Coase）在发表的《厂商的性质》文中提出了市场交易内部化的设想，该文指出由于市场失灵等市场属性不完善，往往缺乏效率，导致企业的交易成本增加，企业将各种交易纳入企业内部进行，组织内部交易费用低于外部市场交易成本。借用这一理论，巴克利、卡森提出了内部化理论。科斯定理适用于当地或国内的多工厂企业，如集团公司，而内部化理论是这一定理在国际范围的应用，即指国际企业的内部化经营。科斯定理内部化针对的是所有产品，而内部化理论针对的是在国际企业内部交易的中间产品。中间产品不只是实物形态的原材料、半成品，也包括体现在技术、专利权、人力资本中的各种知识。

（二）内部化理论的基本内容

内部化理论认为，由于市场的不完全性，企业所拥有的原材料、零部件及知识、技术、商誉等中间产品在外部市场中定价困难，市场交易成本高，难以保证公司获得最大限度的利润，因而将这些中间产品置于共同的所有权的控制下，在国际企业内部所属企业间进行贸易，这样就构建了企业的内部市场，以内部市场来替代原来的外部市场组织交易。当企业内部化超越国界时，就形成对外直接投资经营。

内部化理论的假定前提是，在不完全竞争的市场条件下，追求利润最大化的企业经营目标不变；当中间产品市场不完全时，促使企业在国际企业所属企业间的内部市场进行交易，以代替外部市场进行交易。

内部化理论把市场的不完善归结为市场机制内在的缺陷，并从中间产品的特性与市场机制的矛盾来论证内部化的必要性，认为内部化降低了企业跨国经营的交易成本，提高了交易效率，从而为企业实现利润最大化目标奠定了基础。企业特定因素中的组织管理能力也直接影响市场内部化的效率，因为市场交易内部化也是需要成本的，内部化成本主要包括管理费用和未能实现最优资源配置的损失。内部化理论强调的是企业管理的重要性，要求不断提高企业的协调和管理能力，使成本最小化，保持跨国经营的优势。

（三）市场内部化的动因

内部化理论认为企业实施内部化的主要动因如下。

（1）降低交易成本。通常企业在外部市场进行交易的成本较高，形成一种内部化动机，即交易在企业内部市场开展，而不是外部市场，从而减少交易了交易成本。

（2）避免中间产品市场不完全。企业在跨国经营的过程中，面临各种市场障碍，如关税、配额、税收、资本汇出限制、汇率政策和政府干预等。由于存在这些"市场不完全"，交易中无法保证企业获益，使其产生创造内部市场的强烈动机。

（3）运用转移价格手段。国际企业运用转移价格手段是实行内部化的重要动机之一，运用转移价格以达到多方面的目的，比如规避外汇管制、纳税减少、转移资金。

正是由于存在内部化的动机，企业才进行对外直接投资的跨国经营活动。但是，国际企业内部化过程是否产生，最终取决于内部化的净收益是否能达到决策者对预期收益水平的要求。内部化通过使企业的优势增加来产生利益，但同时也要付出代价，特别是实行跨国生产时交通、通信、控制等成本都会增加，另外，还涉及因政治风险和歧视等而付出的代价。从增量分析角度，卡森曾证明不论内部化的收益与成本孰大孰小，只要内部化成本小于市场交易成本，内部化即可实施。

（四）内部化理论的简要评价

内部化是建立在交易成本基础之上的解决国际企业形成动因的一种理论，它既是对科斯开创的企业理论的一种发展，也是西方国际直接投资理论研究的转折点。其主要有三点贡献。

（1）研究国际企业的角度发生了变化。垄断优势理论主要是从市场不完全竞争和寡占的角度分析发达国家对外直接投资的动机和决定因素，而内部化理论则从企业国际分工、不同国家企业之间的产品交换形式和国际生产组织形式等角度来研究国际直接投资的动机和行为。通过在对中间产品市场缺陷的论述中加入了与交易成本相联系的内容，内部化理论进一步延伸了海默的垄断优势理论。

（2）内部化理论解释了国际企业对外直接投资的动因。市场的不完全导致外部市场交易成本的上升，通过市场的内部化来降低交易成本，只要内部化的利益超过外部市场的交易成本和为实现内部化而付出的成本，企业就拥有内部化的优势，可以实现跨国经营。内部化理论从利益和成本的角度解释了国际直接投资的动因，适用于分析企业跨国投资和经营。

（3）内部化理论不仅可以解释发达国家的对外投资行为，也可以说明发展中国家为什么要开展对外投资。许可合同会造成技术优势丧失，内部化可以避免因其所带来的成本负担，可以减轻因贸易壁垒所带来的出口销售的额外成本，并且可以利用转移价格在全球范围内实现利润最大化。

内部化理论说明了企业为什么要将技术、知识等中间产品在内部转让，而不通过外部市场转让给其他企业。然而，它未能充分说明企业为什么不在国内进行生产，然后将产品出口，而要到国外去投资生产，对复杂多变的国际投资和跨国经营也缺乏具体的分析。此外，内部化理论没有对国际直接投资的地理分布和区域分布的原因进行分析，从而遭到那些重视区位因素的西方学者的批评。

四、国际生产折中理论

从 20 世纪 50 年代起，西方经济学者从各个侧面为企业投资决策提供了各种理论依据。英国里丁大学教授约翰·J. 邓宁（John J. Dunning）采取折中主义的方法，将所有权、区位和内部化等综合起来考虑，提出了一种能系统解释企业国际经营主要形式的理论，即国际生产折中理论。邓宁在 1976 年发表的代表作《贸易、经济活动的区位与多国企业：折衷理论的探索》一文中提出该理论内容，并在 1981 年出版的《国际生产与国际企业》一书中系统阐述，并发表了诸多论文，形成了完整的国际生产折中理论。邓宁吸收了垄断优势理论、内部化理论、区位优势理论等理论观点，提出较为概括性和综合性的国际生产折中范式。

（一）国际生产折中理论的主要内容

国际生产折中理论认为，国际企业开展对外直接投资必须具备三个条件：所有权优势、内部化优势和区位优势。

1. 所有权优势

所有权优势也称垄断优势或竞争优势，是指一国企业拥有或能够得到别国企业没有或难以得到的生产要素禀赋、技术创新能力、无形资产及规模经济等方面的优势。所有权优势主要表现为独占和特有的无形资产，如技术、商标、管理、融资能力等所产生的优势，以及企业规模经济所产生的优势。

2. 内部化优势

内部化优势是指拥有所有权优势的企业为避免市场的不完全性，而把企业的优势保持在企业内部所获得的优势。内部化的根源在于外部市场失效，邓宁把市场失效分为结构性市场失效和交易性失效两类，结构性市场失效是指由于东道国贸易壁垒所引起的市场失效，交易性市场失效是指由于交易渠道不畅或有关信息不易获得而导致的市场失效。企业只有通过内部化，使其拥有的各种所有权优势能够在企业内部自由转移，并且能够跨越一定距离进行配置。这显然是开展对外直接投资的必要条件。

3. 区位特定优势

区位优势是指东道国特有的、不可移动的要素禀赋优势，以及社会环境等方面的有利条件。企业只能适应和利用这些优势。它包括两个方面：一是东道国不可移动的要素禀赋所产生的优势，如自然资源丰富、地理位置、巨大的市场潜力、劳动力成本等；二是由于东道国的政治、经济制度、政策法规等形成的优势，从而影响了国际企业对外投资的流向、厂址选择及国际生产体系的布局。

三种优势的不同组合决定了企业国际化经营的方式。"折中理论"进一步认为，所有权优势、区位优势和内部化优势的组合不仅能说明企业是否具有对外直接投资的优势，而且还可以帮助企业选择国际化经营的方式。国际生产折中理论说明了国际企业经营方式选择的决策因素。邓宁的生产折中理论认为，在企业达到所有权优势和内部化优势这两个必要条件，又在某一东道国具有区位优势时，该企业就具备了对外直接投资的全部条件，对外直接投资才能成为企业国际化经营方式的选择，也就是说只有同时具备三种优势，才有条件进行对外直接投资。这种关系可以概括为：

所有权优势 + 内部化优势 + 区位优势 = 对外直接投资

如果企业具备所有权优势和内部化优势，但在东道国不具备区位优势，则可以在国内生产产品，再出口到国外，那么出口贸易成为企业国际化经营的最有利方式。如果企业仅具备所有权优势，由于不能在企业内部对之加以利用，就只能通过技术许可的方式将优势转让，那么采取技术许可方式进入国际市场最为方便可行。表2-4为企业国际化经营方式选择。

表 2-4　企业国际化经营方式选择

企业国际化经营方式	所有权优势	内部化优势	区位优势
对外直接投资	√	√	√
出口贸易	√	√	×
技术许可	√	×	×

注："√"表示具有某种优势；"×"表示不具有某种优势。

（二）国际生产折中理论的简要评价

国际生产折中理论是目前国际上有关研究国际企业的理论中最具影响的理论，它借鉴和综合了以往国际直接投资理论的精华，较为全面地分析了企业发展对外直接投资的动因和决定因素，高度的概括性和广泛的涵盖性得到了理论界的普遍认同，因而被称为对外直接投资理论"通论"。其主要贡献：一是继承了海默垄断优势理论的核心内容，吸收了巴克利内部化理论的观点，增添了区位优势因素，弥补以前国际投资理论的片面性；二是引入了所有权、内部化和区位优势三个变量因素来对投资决策进行分析，较好地解释企业选择参与国际经济活动方式的理论依据，创建了一个将国际贸易、对外直接投资和国际协议安排三者统一的理论体系。

国际生产折中理论也有很多不足之处：该理论综合了几乎所有对外直接投资理论，缺乏一个统一的理论基础；国际生产折中理论将所有权、内部化和区位优势三个因素等量齐观，缺乏逻辑性和主次之分；邓宁虽然力图使国际生产折中理论与以前的理论相比更具动态性，但与他后来提出的投资发展周期相比，其动态性还有很大的欠缺；国际生产折中理论不能解释发展中国家的对外直接投资。

第三节　发展中国家对外直接投资的基本理论

此前介绍的对外直接投资理论主要以发达国家的国际企业作为研究对象，认为国际企业的竞争优势主要来自企业对市场的垄断、产品差异、高科技和大规模投资，以及高超的企业管理技术，而发展中国家的国际企业并不具备上述优势。因此，20 世纪70 年代中期开始，一些学者逐渐关注发展中国家对外直接投资理论的研究，提出了许多有价值的理论和观点。发展中国家对外直接投资理论所要回答的核心问题是：发展中国家的企业为什么要向海外投资？为什么这种国际企业在与发达国家的国际企业的竞争中能够生存并日益发展？

一、小规模技术理论

小规模技术理论是由美国哈佛大学教授刘易斯·T. 威尔斯（Louis T.Wells）1977

年在《发展中国家企业的国际化》一文中提出,并在 1983 年出版的《第三世界国际企业》一书中详细阐述了发展中国家对外直接投资竞争优势的来源。小规模技术理论被学术界认为是研究发展中国家国际企业的开创性成果。威尔斯认为,发展中国家国际企业拥有的小规模制造技术,虽然无法与发达国家的先进技术相比,但是确有其竞争优势。

威尔斯认为,发展中国家国际企业的竞争优势来自于低生产成本,这种低生产成本与母国的市场特征紧密相关。他主要从以下三方面分析了发展中国家国际企业的竞争优势。

1. 拥有为小市场需要服务的劳动密集型小规模生产技术

低收入国家商品市场的一个普遍特征是需求量有限,大规模生产技术无法从这种小市场需求中获得规模效益,许多发展中国家正是开发了满足小市场需求的生产技术而获得竞争优势。而这种小规模技术往往是劳动密集型的,生产时有很大灵活性,适合小批量生产,由于长期使用这些技术,生产成本往往较低。这个特点使得发展中国家的国际企业在国外占据优势。

2. 在国外生产民族产品

发展中国家对外投资主要是为服务于国外同一民族团体的需要而建立。对外投资生产当地同一民族居民所需要的产品,反映了发展中国家的企业有能力制造和销售同民族居民所需要的产品,而其他企业不具备这种优势。根据威尔斯的研究,以民族为纽带的对外投资在印度、泰国、新加坡、马来西亚等国投资中占有一定比例。

3. 产品低价营销战略

一般发达国家的营销策略是投入大量的广告费,树立产品形象,而发展中国家国际企业则花费较少的广告支出,采取低价营销策略。与发达国家国际企业相比,生产成本低、物美价廉是发展中国家国际企业形成竞争优势的重要原因,也是抢占市场份额的重要武器。

小规模技术理论被西方理论界认为是发展中国家国际企业研究中的早期代表性成果。威尔斯把发展中国家国际企业竞争优势的产生与这些国家自身的市场特征结合起来,在理论上给后人提供了充分的分析空间,对于分析经济落后国家企业在国际化的初期阶段怎样在国际竞争中争得一席之地是颇有启发的。但从本质上看,小规模技术理论是技术被动论。威尔斯显然继承了弗农的产品生命周期理论,认为发展中国家所生产的产品主要是使用"降级技术"生产在西方国家早已成熟的产品。此外它将发展中国家国际企业的竞争优势仅仅局限于小规模生产技术的使用,可能会导致这些国家在国际生产体系中永远处于边缘地带和产品生命周期的最后阶段。该理论很难解释一些发展中国家的高新技术企业的对外投资行为,也无法解释当今发展中国家对发达国家的直接投资日趋增长的现象。

二、技术地方化理论

技术地方化理论与小规模技术理论是在同样的背景下提出的，在发展中国家对外投资现象日益普遍的情况下，很多西方学者都意识到传统的对外直接投资理论已经解释不了这一现象，他们开始对发展中国家进行大量的调研，探求新的理论以解释发展中国家企业的对外投资行为。英国经济学家拉奥（Sanjaya Lall）在对印度国际企业的竞争优势和投资动机进行了深入研究之后，在1983年出版了《新国际企业：第三世界企业的发展》一书，提出了关于解释发展中国家国际企业对外直接投资行为的技术地方化理论。

拉奥所讲的技术地方化，是指发展中国家国际企业可以对外国技术进行消化、改进和创新，从而使得产品更适合自身的经济条件和需求。正是这种创新活动给引进的技术赋予了新的活力，给引进的企业带来新的竞争优势，使发展中国家企业在当地市场具有竞争优势。拉奥认为，发展中国家能够形成和发展自己独特优势，主要取决于以下四个因素。

第一，在发展中国家，技术知识当地化是在不同于发达国家的环境下进行的，这种新的环境往往与一国的要素价格及其质量相联系。

第二，发展中国家生产的产品适合于它们自身的经济条件和需求。发展中国家企业通过对进口技术和产品进行一定程度的改造，使它们的产品能够更好地满足当地或邻国市场的需要，这种创新活动能够形成竞争优势。

第三，发展中国家企业竞争优势不仅来自于其生产过程和产品与当地的供给条件和需求条件紧密结合，还来自创新活动中所产生的技术在小规模生产条件下具有更高的经济效益。

第四，从产品特征看，发展中国家企业往往能开发出与名牌产品不同的消费品，特别是当东道国市场较大，消费者的品位和购买能力有很大差别时，来自发展中国家的产品仍有一定的竞争能力。

拉奥的技术地方化理论以发展中国家的国际企业为研究对象，为发展中国家进行对外投资提供了新的理论支持。该理论的重要意义在于，它不仅指出了发展中国家技术及其产品对当地市场的适应性，还强调技术创新对增强企业国际竞争能力的重要作用。在拉奥看来，企业的技术吸收过程是一种不可逆转的创新活动，正是这种创新活动给企业带来新的竞争优势。虽然拉奥的技术地方化理论对企业技术创新活动的描述是粗线条的，但是它把发展中国家国际企业研究的注意力引向微观层次，以证明落后国家企业以比较优势参与国际生产和经营活动的可能性。此外，该理论还强调要根据东道国市场特征的不同开发出不同的产品，以便形成独特的竞争优势，这对我们发展对外直接投资是有启迪意义的。

三、技术创新产业升级理论

20世纪80年代中期以后，发展中国家对外直接投资出现了加速增长的趋势，特别是一些新兴工业化国家和地区的对外直接投资投向了发达国家，并成为当地企业有力的竞争对手。如何解释发展中国家对外直接投资的新趋势，是国际直接投资理论界面临的重要挑战。英国里丁大学教授约翰·A.坎特威尔（John A. Cantwell）和他的博士生帕斯·E.托兰惕诺（Paz E. Tolentino）在20世纪90年代初期共同提出了技术创新产业升级理论，用以解释20世纪80年代以来发展中国家对经济发达国家的直接投资加速增长的趋势。

坎特威尔和托兰惕诺主要从技术累积论出发，解释发展中国家的对外直接投资活动，从而把这一过程动态化、阶段化了。他们提出了两个基本命题。

第一，发展中国家产业结构的升级，说明了发展中国家企业技术能力的稳定提高和扩大，这种技术能力的提高是一个不断积累的结果。

第二，发展中国家企业技术能力的提高是与对外直接投资的增长直接相关的。现有的技术能力水平是影响其国际生产活动的决定因素，同时也影响发展中国家国际企业对外投资的形式和增长速度。

在上述两个命题的基础上，该理论的基本结论是：发展中国家对外直接投资的产业分布和地理分布是随着时间的推移而逐渐变化的，并且是可以预测的。

坎特威尔和托兰惕诺认为，从历史上看，技术积累对一国经济发展的促进作用，在发达国家和发展中国家没有本质上的区别，技术创新仍然是一国产业、企业发展的根本动力。与发达国家相比，发展中国家企业的技术创新并没有很强的研发能力，主要是掌握和开发现有的生产技术。新兴工业化国家的竞争优势表现在工业产品、轻工业消费品（如纺织、服装、鞋帽、玩具及电子产品）上，这些企业的技术最初来自外国技术的进口，生产经验的积累使技术适合当地的需求，并且能够进行技术创新，这种创新优势又随着管理水平、市场营销水平的提高而得到加强。因此，发展中国家国际企业的技术积累过程是建立在特有的学习经验基础上的。

坎特威尔和托兰惕诺还分析了发展中国家国际企业对外直接投资的产业特征和地理特征。根据他们的研究，发展中国家国际企业对外直接投资受其国内产业结构和内生技术创新能力的影响。在产业分布上，首先是以自然资源开发为主的纵向一体化生产活动，然后是进口替代和出口导向为主的横向一体化生产活动。从海外经营的地理扩展看，发展中国家国际企业在很大程度上受"心理距离"的影响，其对外直接投资遵循以下的发展顺序：首先是在周边国家进行直接投资，充分利用种族联系；然后，随着海外投资经验的积累，种族因素的重要性下降，逐步从周边国家向其他发展中国家扩展；最后，在经验积累的基础上，随着工业化程度的提高，产业结构发生了明显变化，开始从事高科技领域的生产和开发活动，并为获得更先进复杂的制造业技术，开始向发达国家投资。

技术创新产业升级理论是以技术积累为内在动力，以地域扩展为基础的。随着技术积累固有的能量的扩展，对外直接投资逐步从资源依赖型向技术依赖型发展，而且对外投资的产业也逐步升级，其构成与地区分布的变化密切相关。该理论解释了 20 世纪 80 年代以来发展中国家，尤其是新兴工业化国家对外投资的结构由发展中国家向发达国家、由传统产业向高技术产业流动的轨迹，对于发展中国家通过对外投资来加强技术创新与积累，进而提升产业结构和加强国际竞争力具有普遍的指导意义，受到了西方经济理论界的高度评价。

本 章 小 结

1. 亚当·斯密的绝对优势理论以一国的成本绝对低廉为贸易发生的先决条件。大卫·李嘉图发展了斯密的理论，提出了比较优势理论，认为即使一个国家各个行业的生产都缺乏效率，没有成本绝对低廉的产品，但是只要集中力量生产成本相对低廉或不利程度相对小从而相对效率高的产品，通过国际贸易也能获得经济利益即比较利益。

2. 赫克歇尔和俄林指出要素禀赋是贸易的基础，一个国家或地区如果利用其相对丰裕的生产要素去生产某种商品，通过交换就能得到比较利益。

3. 迈克尔·波特的国家竞争优势理论指出一个国家的产业是否能在国际上具有竞争力，取决于该国的国家竞争优势，而国家竞争优势来自于要素条件、需求条件、相关的供应商和支持性产业、竞争状况、机会和政府六种因素的相互作用。

4. 对外直接投资理论是从理论上解释了国际企业对外直接投资的动机、条件和流向，也可简单地称国际企业理论。海默的垄断优势理论指出，一企业之所以对外直接投资，是因为其拥有比东道国同类企业更有利的垄断优势。弗农的产品生命周期理论指出，产品生命周期分为创新、成熟和标准化三个阶段，国际企业的对外直接投资与产品生命周期有关。巴克莱、卡森提出的内部化理论认为由于市场的不完全，企业将中间产品内部化，以降低交易成本，实现企业利润最大化目标。邓宁吸收了垄断优势理论、内部化理论等理论观点，提出较为概括性和综合性的国际生产折中理论，该理论认为开展对外直接投资必须具备三个条件，即具有所有权优势、内部化优势和区位优势。"折中理论"进一步认为，三种优势的组合不仅能说明企业是否具有对外直接投资的优势，还可以帮助企业选择国际化经营的方式。

5. 发展中国家的国际企业不具备垄断优势。其为什么会向海外投资，并且能在对外直接投资中生存和日益发展呢？威尔斯的小规模技术理论认为，发展中国家正是开发了满足小市场需求的生产技术而获得竞争优势，利用小规模技术生产产品的成本往往较低，这个特点使得发展中国家的国际企业在国外占据优势。拉奥的技术地方化理论指出发展中国家企业通过对进口技术和产品进行一定程度的改造，使它们的产品能够更好地满足当地或邻国市场的需要，这种创新活动能够形成竞争优势。坎特威尔和托兰惕诺共同提出了技术创新产业升级理论，主要从技术累积论出发，解释发展中国家的对外直接投资活动，发展中国家企业技术能力的稳定提高和产业升级是一个不断积累的结果。

1. 简述亚当·斯密的绝对优势理论的要点。
2. 运用比较优势理论阐述自由贸易的合理性。
3. 简要叙述波特的国家竞争优势理论的主要内容。
4. 简要说明海默的垄断优势理论的主要内容。
5. 简要说明巴克莱和卡森的内部化理论的主要内容。
6. 简要叙述弗农的产品生命周期理论的主要观点，并解释该理论对发展中国家企业对外投资有何借鉴意义。
7. 试用邓宁的国际生产折中理论说明国际企业如何选择不同的国际化方式。
8. 简要分析发展中国家的企业对外直接投资的竞争优势的来源。

第三章

国际企业环境分析

【学习目标】

- 掌握国际企业环境分析的主要内容和目的
- 理解国际政治法律环境的构成要素及其影响
- 理解国际经济环境的构成要素及其影响
- 掌握国际文化环境的构成要素及其影响
- 了解国际技术环境的构成要素及其影响

中海油公司收购美国优尼科石油公司的失败

中国海洋石油总公司（简称中海油）是中国最大的海上油气生产商，是中国国务院国有资产监督委员会直属的大型国有企业（中央企业）。中国海洋石油总公司在美国《财富》杂志公布2018年度世界500强排行榜中排名第87名。自1982年成立以来，中海油由一家单纯从事油气开采的上游公司，发展为主业突出、产业链完整的综合型能源集团。

美国优尼科（Unocal Corporation）成立于1890年，是一家以原油和天然气勘探为主的老牌公司。2005年初，优尼科公司由于经营不善准备挂牌出售。在优尼科公司挂牌15天后，中海油宣布计划以130亿美元对优尼科进行收购，并向优尼科提交了"无约束力报价"的收购要约。然而，全球股市的上涨，优尼科股价也不断创出新高，中海油内部对这次收购价格产生了分歧，并延长了正式发出收购要约的时间。随后，美国第一大石油公司雪佛龙公司宣布以160亿美元收购优尼科（同时接受16亿美元的负债）。由于雪佛龙提高了报价，中海油陷入了非常被动的境地，不得不提高报价，重新发出185亿美元的新收购要约。同年7月20日，优尼科董事会决定接受雪佛龙公司和中海油的报价要约，并推荐给股东大会。

在中海油并购优尼科案中，雪佛龙指责中海油从国家控制的银行得到了低息贷款，从而使中海油对优尼科的收购价增加了10美元/股。雪佛龙的游说得到了美国外国投资委员会的重视，在美国外国投资委员会看来，"中海油是一家香港上市公司，70%的股份归未上市的母公司所有，母公司的全部股份则为一个中央政府所有"。尽管优尼科公司的国际石油产量并不供应美国市场，而且其在美国本土的石油产量仅占到美国总石油消费量的1%，但是出于政治和战略角度考虑，美国需要遏制我国石油的储备战略，放慢我国的石油储备步伐。此外，中海油并购优尼科期间，伊拉克战争还没有结束，世界原油及成品油价格创历史最高水平。此时，美国国会正在讨论修订《2005年国家能源法案》（2005年8月8日颁布），该法第125条附加条款规定："美国能源部必须与国土安全部、国防部协调一致调查收购企业所在国的经济成长、军备扩充、能源需求以及在世界各地争取油源的行动，由此来决定收购企业所在国围绕能源安全的活动是否对美国经济和国家安全造成负面影响。"美国能源部、国土安全部、国防部有为期4个月的调查期限，并于调查之后3个星期内作出决定。该项立法将中海油置于巨大困境之中：一是过长的调查期限，将使中海油失去并购的主动权；二是这种针对我国石油企业并购的突击立法，使中海油面对的法律风险大幅增加。这些国际政治、经济环境组合在一起，导致了美国将该项并购案与国家安全联系起来，2005年7月30日，美国联邦贸易委员会宣布对中海油的收购计划启动国家安全审查程序，迫使中海油退出与雪佛龙的竞争。2005年8月4日，中海油正式对外宣布撤回对优尼科公司的收购要约。2005年8月12日，雪佛龙公司以183亿美元现金加股票的价格收购优尼科公司，从而正式为优尼科竞购大战画上了句号。

资料来源：廖鸿程，刘德标. 企业境外法律风险防控[M]. 北京：人民法院出版社，2016。

第一节 国际企业环境分析概述

国际企业经营环境是国际企业经营过程中各种外部不可控因素的总和。这些因素在不同程度上独立于企业而存在，给企业带来机会和威胁。从某种意义上说，企业的兴衰存亡就取决于企业是否能够适应其所在的经营环境。跨国经营使国际企业所面临的环境更加多元化、复杂化，因而企业认知环境的重要性就更为突出。从地域空间来看，跨国经营环境由母国环境、东道国环境和国际环境三部分构成，在这里以东道国环境作为经营环境分析的重点。

一、国际企业环境分析的意义

（一）有利于国际企业制定发展战略

企业管理理论告诉我们，企业经营决策的根本目的是谋求企业外部环境、企业内部条件、企业经营目标三者之间的动态平衡。这三个综合性因素互相促进、互相制约、互为因果。在这三个因素之间，企业的外部环境是最为重要和企业最难掌控的因素。对于在国际市场开展经营管理活动的企业而言，面临的环境因素更复杂、更具有挑战性。国际企业进行战略决策归根到底是要适应和服从外部环境的变化，要根据外部环境的变化调整自身的条件，必要时还要顺应环境的变化调整公司的经营目标，以实现三者之间的动态平衡。因此，国际企业制定发展战略，要充分调研考量企业外部环境，同时结合企业内部条件制定相适应的企业战略目标，并随着环境的变化而调整战略目标，满足三者之间动态平衡的要求。

（二）有利于制定正确的国际营销策略

国际企业通过对环境考察分析，深入了解目标市场的消费需求，从而制定满足国际市场需求的策略。另外，当东道国环境发生变化，通过调研正确识别市场环境所带来的可能机会和威胁，从而调整国际企业的营销策略以适应环境变化。

（三）有利于及时调整国际生产活动

影响国际生产方式选择的环境因素主要包括子公司所在国的政治风险、国有化风险、价格控制风险、市场需求和竞争条件等。国际企业通过对环境的调研可选择或调整在东道国生产方式，比如，当东道国政治风险等较高时应采取分散的生产方式，缩小在东道国的生产规模和依赖程度，反之则采取中心式生产方式，使子公司达到一定的规模经济。

二、国际企业环境的构成

国际企业环境总体上可分为内部环境和外部环境。内部环境即企业的内部条件，是由组织结构、资源状况和企业文化等要素构成。外部环境，即通常所谓的企业经营环境，依据外部环境因素对国际企业经营影响的直接程度划分，国际企业经营环境可以划分为宏观环境和微观环境。国际企业环境构成如图3-1所示。

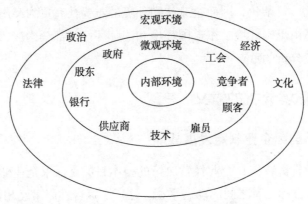

图3-1　国际企业环境的构成

（1）微观环境，又称工作环境，主要是指对国际企业目标的实现或经营活动直接产生影响的外部环境因素，也称为直接环境因素。包括国际企业面对的竞争对手、客户、供应商、股东、雇员、政府、金融机构、地方社团、工会等。

（2）宏观环境，又称社会环境，是指那些对国际企业活动没有直接作用而又能够经常对企业决策产生潜在影响的一般要素，也称间接环境要素。

宏观环境主要包括与整个企业环境相联系的政治、法律、经济、文化和技术等因素。依据环境因素所涉及的领域，可以划分为政治、法律环境，经济环境，技术环境和文化环境等，这些环境内容之复杂、构成要素之广泛、变化之频繁、不可控程度之高，都是国内环境无法比拟的，国际企业的经营活动离不开这些环境的影响，因此，国际企业进行投资和经营时要严密调查、认真对待宏观外部环境因素，一般要对政治、法律环境，经济环境，文化环境和技术环境逐一研究分析，通常称为 PEST 分析方法，如图 3-2 所示。

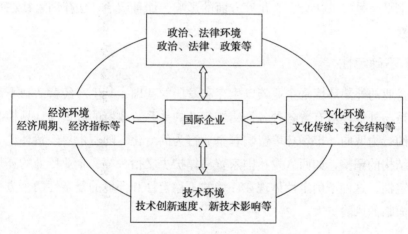

图 3-2　宏观环境的 PEST 分析法

三、国际企业环境的特征

与国内企业所依存的环境相比，国际企业的环境内容丰富，涉及广泛，更为复杂，呈现如下特征。

（一）不可控性

国际企业所处环境所拥有的外在的、不以管理者意志为转移的因素，对企业经营活动的影响具有强制性和不可控制性。一般来说，经营管理部门无法摆脱和控制经营环境，特别是社会环境，企业难以按自身的意愿随意改变它，如政治、法律因素，文化因素等。但是，企业可以主动适应环境的变化和要求，制定并不断调整经营战略。

（二）复杂差异性

企业的国际化经营与国内经营相比，其最大不同就在于经营环境发生了深刻变化，不同的国家或地区之间宏观环境存在着广泛的差异，而且随着企业国际经营地域的扩大和进入市场区域的增多，环境复杂性也会随之增加。各国的政治体制、经济状况、文化传统及生活方式等存在差异，而这些差异又会影响各国的供应商、生产商、消费者和雇员等，企业为适应不同的环境及其变化，必须采取各有特点和针对性的经营策略。

（三）相关性

外部环境诸因素之间相互影响、相互制约。某一因素的变化会带动其他因素的相互变化，形成新的经营环境。例如，宏观环境中的政治、法律因素或经济政策的变动，会影响一个行业竞争者的数量，从而形成不同的竞争格局。又如，市场需求不仅受消费者收入水平、爱好、社会、文化等方面的影响，而且政治、法律因素往往也会成为决定性因素。

（四）不确定性

国际企业的外部环境是企业赖以生存和发展的基础，其生产经营活动不是孤立进行的，而是与外部环境有着各种各样错综复杂的关系。政府的政策与计划控制程度制约着企业的行为取向，市场环境影响着企业行为的变化。随着世界经贸环境和全球范围内产业结构的调整，如西方发达国家贸易保护主义抬头等，企业所处的环境开始呈现出不确定性，这种不确定性体现在环境的不稳定性和环境的复杂性两个方面，因而国际企业面临的风险更大。

第二节 国际政治、法律环境

不同国家或地区的政治、法律环境各不相同，国际企业母国政治、法律环境有可能与东道国的政治、法律环境有着很大的差别。政治环境因素的变化历来被认为是对国际商务活动影响最大、破坏性最强的因素。法律环境是由各种国内法规、外国法规和国际法规共同构成。不同法律体系，决定了不同的法律制度，对国际企业经营活动的影响也不尽相同。法律环境是国际企业经营管理者面临的最为复杂的环境因素之一。

一、国际政治环境

政治环境是指国际企业在不同国家开展经营活动所面临的政治体制、政治稳定性、政府角色与效率、政府干预等影响因素的总和。

（一）政治环境的构成因素

1. 政治制度

所谓的政治制度是指国家政权的组织形式及其有关的制度，如国际上存在着民主制和集权制两种基本的政治制度。世界各国有着不同类型的政治体制，但并不能简单地以政治体制的类型来判定政治环境的优劣。对于国际企业而言，重要的是判定一种政治体制国家是否能够维持稳定的政治环境。

2. 政治稳定性

政治的稳定性直接影响企业中长期战略决策与计划的制定与实施。在考察一国的政治稳定性时，应特别注意政权的更迭、政府政策的稳定性和政治冲突三个方面。

（1）政权的更迭。执政党的变换通常引起商业环境的变化，如果这种变化不激烈，那么国际企业只须调整其经营方针。如果变化剧烈，那就无法进行有效调整。

（2）政府政策的稳定性。东道国政府政策稳定性和连续性，也是决定跨国经营状况的重要因素。如果所在国政府的政策变化是渐进且可以预见的，企业有足够的时间进行调整和适应；如果政策经常发生剧烈的变化，就会导致跨国经营的困难。

（3）政治冲突。政权的更迭、政党对立、民族对立、宗教对立、文化分裂等，造成东道国发生战争、政变、动乱、恐怖活动和罢工等政治冲突。各种政治冲突都会对国际企业经营带来不利影响，这需要引起国际企业的足够重视。

3. 政府的角色与效率

政府角色是指政府在国民经济生活中扮演什么角色、以什么方式参与以及在多大程度上参与经济活动。有的国家政府直接参与大量的经济活动；而有的国家市场自由化程度高，政府更多的只是起到制定各种规则、维护公平竞争环境的作用。另外，对于政府机构来说，如果不能为政清廉和富有效率，将会增加企业的经营成本，严重影响企业的生产经营活动。腐败行为、官僚作风会扰乱正常的经济秩序，严重影响到竞争的公平性，最终导致对公众利益的损害。

4. 政府干预

东道国政府采取一些政策措施对国际企业进行干预，是国际企业经常面临的一种客观现实。按照对国际企业影响的范围和程度，政府干预一般可以分为以下几种类型。

（1）价格控制。当东道国面临发生或已经发生严重的通货膨胀时，政府往往会对一些重要的产品和物资实行价格控制，如采取最高限价措施。这种措施会直接影响国际企业的产品销售和赢利状况。

（2）关税或非关税壁垒。东道国政府为了减少商品进口或调整商品进口结构，会对进口商品采取关税或非关税控制,如对某些限制进口的商品征收较高的关税,或对进口商品的种类和数量进行限制。关税提高会增加国际企业商品的成本,从而影响产品的销售和企业经营利润。进口限制不仅会影响国际企业通过商品进口进入国际市场,而且会迫使已在东道国进行直接投资的国际企业采用当地的配套产品。

(3)外汇管制。外汇管制就是东道国政府对所有贸易和非贸易外汇收入及支出进行控制,这种情况经常发生在东道国出现国际收支赤字或外汇短缺时。外汇管制不仅影响国际企业投资利润的汇出,而且直接影响国际企业的经营活动。

(4)对国外直接投资的鼓励和限制政策。东道国对国外直接投资的鼓励政策,如减少税收,对特定行业投资给予优惠等。也存在对国外直接投资的限制政策,比如在就业、股权、国产化程度方面给予限制,以促进本国行业的发展。

(5)国有化政策。国有化政策是国际企业在国际经营中可能遇到的最大的政治风险。国有化政策可以分为没收和征用两种情况。没收就是东道国将外国投资企业的资产或外国企业在合资企业中的股份收归国有,征用就是东道国在接管外国企业时给予一定程度的补偿。无论哪一种形式,国有化政策都会对国际企业产生重大影响。国有化政策作为一种最激烈的管制措施,东道国政府一般不会轻易采用它。

(二)政治风险及其防范

政治风险是指由于东道国政治环境突然或直接发生变化,而使外国企业或投资者在经营管理上处于劣势地位或遭受经济损失的可能性。

1. 政治风险的类型

对于国际企业而言,构成政治风险的因素包括东道国发生政治独立事件、政治体制改变、社会稳定状况改变、发生战争或武装冲突等。这些因素中的任何一个一旦发生,都会对国际企业产生直接重大影响。政治风险主要有以下几种类型。

(1)国有化风险。国有化风险是指东道国对外国企业资产可能没收或征用,从而使企业带来经济损失的可能性。国有化风险是政治风险中影响较大的一种风险。

(2)战争风险。包括内战、骚乱以及与政治因素有关的恐怖事件等所导致的风险。

(3)转移风险。东道国政府通过外汇管制等措施,使国际企业无法将投资所得利润汇回母国,或转移到其他国家,影响国际企业正常经营活动。

2. 政治风险的防范措施

对国际企业来说,政治风险具有突发性的特点,国际企业不能影响这种风险发生的可能性,只能采取措施减少这种风险对企业的影响程度。企业对政治风险的防范,主要可以采取以下三种措施。

(1)对政治风险进行评估和管理。对政治风险的评估管理可以分为三个时期。第一,投资前期,偏重投资的可行性评估,即根据调查材料,分析各种影响因素,评估投资前的政治风险，作出投资决策。第二，投资中期，根据经营过程中产生的种种影响投资安全和收益的事件及因素，随时进行调整，包括投资分散化、共同投资、投资方式调整、当地化、经营策略调整等以取得预期目标。第三，投资后期，根据生产经营中威胁自身安全的风险因素，主动撤回投资，尽可能多地收回资本和利润。

（2）保险。国有化风险、战争风险、转移风险等不可抗拒的政治风险往往可以通过保险获得补偿。国际企业按规定投保后，万一因风险发生给投资人造成损失，保险机构就按合同支付保险金。这样的保险机构有美国的海外私人投资公司（OPIC）、英国的出口信贷保证部（ECGD）、中国人民保险公司（PICC）等。

（3）国际金融机构和外国政府参与。利用某些国际金融机构以及支持企业的外国政府参与经营，以求得企业自身的安全。比如，来自国际金融公司的贷款和政府提供了一定程度的保险，有利于防范连续性的政治风险。

二、国际法律环境

一般来说，影响国际企业的经营的法律环境是由企业的母国法律、国际法律和东道国法律共同构成的。各国法律环境直接制约国际企业的行为方式。因此，正确认识各国法律环境差异对国际企业顺利开展国际商务活动具有重要的意义。

（一）世界主要的法律体系

所谓法律体系或法系，就是根据各国的法律特点和历史渊源，对法律进行的分类，通常把具有一定特点的某一国的法律同仿效这一法律的其他国家的法律划为同一法系。不同的法系决定了不同的法律环境，对企业国际化经营活动的影响也不尽相同。目前，世界上的法律体系主要有民法法系、普通法系等。

1. 民法法系

民法法系来自于罗马法，是世界上最普遍采用的法律体系，又称为成文法。民法法系的主要特点是强调成文法的作用，法律体现为一套系统的、条理化的、详尽法律条文作为法官判决的依据，其法律条文要能包括所有可能的法律事实和状况。实行民法法系的各国在法律领域共性较强，但在法律条文的解释上，各国因用意的不同，也会产生偏差，因此在实行民法法系的国家，明确的法律条文非常重要。法国、德国是典型代表。

2. 普通法系

普通法系源于英国的法律制度，特点是强调判例的作用，而把成文法看成是对判例的补充或修正。因此，在实行这种法律制度的国家，真正生效的不是法律条文本身，而是以判例法为主要形式，是经过法院判例予以解释的法律规则。目前，这种法律体系主要存在于英国、美国、加拿大、澳大利亚、新西兰、爱尔兰、印度、巴基斯坦、马来西亚、新加坡等。

（二）国际法律体系的调节原则

由于国际经营活动涉及不同的国家法律体系，这就需要一些协调机制来调节各种国际法律纠纷。有以下四种调节原则。

1. 主权原则

主权原则认为政府有权决定是否采用他国法律条文来约束自己。以此推断，这意味着除非他国同意，一国的法律制度不能被用于调节他国公民的侵权行为或对其施加刑罚。例如，即使美国的法律主张公平对待工作场所的所有雇员，但在日本工作的美国公民不能以美国的法律条款对日本雇主在提供公平机会方面的不当行为提起公诉。

2. 属地原则

属地原则强调每个主权国家都具有在它的司法管辖领域内进行裁判的权力。如果一个美国企业在中国从事经营活动的过程中触犯了中国的相关法律规定，中国政府有权根据本国法律规定对其做出相应的法律制裁。

3. 保护原则

保护原则强调每个主权国家都有对危害其国家安全的行为进行裁判的权力，而不管这种危害行为发生在何处。例如，一家出售美国政府卫星系统蓝图机密的法国公司将会受到美国司法管辖。

4. 礼义信条

虽然礼义信条不属于法律范畴，但是很多人视其为一种对国际法律、组织以及政府间相互尊重的良好习惯。也就是说，各国政府必须尊重一个主权国家根据其法律体系对自己的公民进行的审判，这是世界各国政府之间的基本信条。

（三）国际商务活动中的主要法律法规

1. 知识产权保护法

《与贸易有关的知识产权协议》（简称 TRIPS）是世界贸易组织的三大法律文件之一，在乌拉圭会谈中首次被加入 GAH-WTO 体系中，这表明知识产权已经成为制约和影响国际商务活动的重要法律环境因素之一。知识产权指权利人对其创作的智力劳动成果所享有的专有权力，包括版权、商标权、专利权等。保护公司的知识产权就是保护公司的经营资源和竞争力，保护知识产权已成为各国政府的普遍共识，但在不同的国家中，知识产权保护法的内容却有很大的不同。在实施判例法的国家，知识产权所有者是通过"使用"界定的；而在实施成文法的国家，知识产权所有者则通过"注册"确定。目前，除美国、澳大利亚等少数国家在商标专用权采用发明使用取得商标专用权制度外，绝大多数国家都采用注册取得商标专利权制度，因此就出现了"麦当劳""狗不理"等商标被日本公司抢先在日本注册，"同仁堂""竹叶青""凤凰"商标被韩国、印度尼西亚公司抢先注册的现象。如果企业不了解或者无视相关的知识产权法规，生产和出口未经合法授权的产品，就会受到制裁，从而使自己遭受重大损失。

2. 反不正当竞争法

反不正当竞争法是通过约束市场中的厂商行为来保护消费者权益。最有代表性的包括三个方面的立法：一是反垄断和竞争法。其立法的基本原则是厂商的竞争行为不能损害和侵犯消费者利益，并通过规范厂商的竞争行为来保护消费者权益，如美国的《反托拉斯法》等。二是有关厂商责任的法规。如《产品责任法》《卫生管理法》《商标管理法》《契约法》等，此种法规对厂商在市场中应当承担的责任给予明确的法律规定，从而约束厂商按照法律规定自觉地维护消费权益。三是针对特定消费领域中消费者权益的保护、厂商经营的规范而制定的法律规定，如美国的《公平信用法》、英国的《消费信贷保护法》、日本的《食品卫生法》等。

3. 劳动法

1919 年，国际劳工组织成立，该组织所制定的宣言、章程、公约、建议书以及其他劳动文件被统称为国际劳动法。其中，《国际劳工公约》和《国际劳工组织建议书》是劳动立法的主要文件形式。《国际劳工公约》已构成国际法的一个独立部分，经过会员国批准后，它便在该国发生法律效力，成为该国劳动立法的一个依据和劳动法的形式之一。未经批准的公约和建议书可作为会员国制定劳动政策和劳动法律的参考。在这些公约和建议书的基础上，各国政府对劳工与招聘雇用条件都有程度不一的立法。有的国家禁止成立工会或严格管理工会，有的国家则在法律上赋予工会很大的权力。国际企业必须遵守东道国的劳动法，平等对待所雇用的职工。

（四）国际企业解决争议的途径

国际企业之间在国际商务活动中遇到争议或纠纷时，一般可依次选择协商、调解、仲裁或诉讼等手段来解决。

1. 协商

协商是指在纠纷发生后当事人双方进行友好磋商，双方都做出一定的让步，在彼此都认为可以接受的基础上达成和解协议。在许多情况下，双方当事人遇到纠纷，一般都会先进行谈判协商，因为协商解决的好处是无须经过的司法诉讼程序，省去仲裁和诉讼的麻烦和费用，且能继续保持良好的合作关系，灵活性也较大。

2. 调解

调解是由第三者从中调停，促进双方当事人和解。调解可以在交付仲裁前进行，也可以在仲裁过程中结合仲裁交叉进行。通过调解达成和解后，即可不再求助于仲裁。

3. 仲裁

仲裁也称"公断"，是指双方当事人自愿将他们之间发生的争议提交给双方都认可的第三方进行裁决，以求解决争议。在自愿仲裁的情况下，争端双方可请常设仲裁机构进行仲裁，仲裁产生的裁决主要依靠当事人自觉履行。目前，各国大多都设有解决国际经济贸易的仲裁机构，此外，国际性或区域性组织也成立了国际常设仲裁机构。如英国伦敦仲裁院、美国仲裁协会、瑞典斯德哥尔摩商事仲裁院、国际商会仲裁院等。

4. 诉讼

若争议双方不能通过协商、调解或仲裁解决问题，还可通过诉讼解决纠纷。诉讼与仲裁不同，它涉及一国的司法管辖权，对某一案件是否享有管辖权，需有法律规定，而不能由当事人选定。争议当事人可向东道国法院、母国法院或第三国法院提请诉讼，诉讼活动产生的判决具有国家强制执行效力。

第三节 国际经济环境

经济环境是国际企业经营环境的一个重要组成部分，它对国际企业的经营活动和产品销售有着非常大的影响。简单地说，国际经济环境就是国际上各种经济要素和变量的总和。可以从两个方面对其分析：一是从世界经济整体来说的国际经济环境，简称世界经济环境，是由经济全球化、区域经济一体化、国际经济组织等要素构成；二是从单个国家角度看待的国际经济环境，通常指东道国经济环境。本节主要对东道国经济环境的评估要素进行论述。

一、国际经济制度

与政治制度同样重要的是经济制度。经济制度指社会经济层次的资源配置制度，包括市场经济制度、计划经济制度、混合经济制度三种基本类型。经济制度不同意味着国家的资源配置制度和机制不同，这会导致在经济制度不同的国家进行跨国经济活动时面临更多的风险和冲突。

（一）市场经济制度

市场经济制度是指以价格机制配置资源的一种经济制度。在市场经济制度下，生产要素为私人所有，拥有生产要素的企业在利润驱动下决定生产的货物和服务及生产数量，市场价格由供需的相互作用来决定，价格成为配置稀缺资源的手段。市场不能自发实现的产品与服务（如道路、国防等）的供给需要政府的介入来实现。市场经济制度促进市场竞争并有效地配置资源，通过市场竞争的作用，激发企业不断推出新产品、开发更有效率的生产工艺、完善市场营销和售后服务，最终将会促进经济的发展和增长。

（二）计划经济制度

计划经济制度是指一国的生产要素都为国家所有，被政府控制，产品和服务的生产与分配数量、销售的价格都由政府制定。苏联就是典型的计划经济，其所有有关生产和分配的决策都由政府制定。计划经济曾作为一种重要的经济制度活跃于苏联等东欧国家以及中国、越南、古巴、朝鲜和老挝等国。20 世纪 90 年代开始，随着苏联等东欧国家的政治变革，世界上多数实行计划经济的国家纷纷转向以市场为基础的经济制度。其根本原因是，在计划经济中，人为制定的价格不能有效地配置资源，同时，私有制的缺位意味着厂商不具有剩余索取权，因此有效控制成本和积极创新的激励缺位。从长期看，计划经济不可能具有静态效率和动态效率，不能推动经济的繁荣增长。

（三）混合经济制度

混合经济介于市场经济和计划经济之间。在混合经济中，一部分经济领域让私人参与，并实行自由市场机制，而其他部门的国有企业和政府计划占有相当大的比重。当今世界上并不存在纯粹的市场经济制度或纯粹的计划经济制度，绝大多数国家实行的是混合经济制度。然而值得指出的是，不同国家所采取的混合经济制度在市场或计划作用的程度和范围上都有所区别，其核心是市场力量和计划力量的相对比重。

在混合经济制度下，政府拥有的经济资源比计划经济制度下少，政府主要控制那些被认为是对国家安全和长期政治稳定起重要作用的经济领域，通常包括铁路、石油、天然气、电力、矿产资源等行业。混合经济制度经常以经济转型这一动态的形式呈现。经济转型即指那些采用计划经济制度的国家向基于市场体制的经济模式转变过程。俄罗斯、越南在内的许多国家或地区正经历着这样的经济转型。

二、国际经济发展阶段

衡量一个国家经济发展水平，可以看这个国家所处的经济发展阶段。根据美国著名发展经济学家罗斯托在《经济成长阶段》一书中的分析，一个国家的经济发展过程一般要依次经历五个不同的阶段。

（一）传统社会阶段

这一阶段经济发展水平很低，国民经济以农业为主，国家经济活动以资源开发为主；生产方式以手工为主，缺乏对提高生产力有重大作用的现代科学技术；国民教育落后，居民的文化水平不高，劳动者的素质较低；国民的收入不高，居民的购买能力较低，消费需求以基本生活需要为主；基本建设投资不足，实现工业化所需要的基本设施不完善。

（二）起飞前阶段

这一阶段是起飞前的过渡阶段，现代科学技术和方法开始被应用，农业和工业生产、交通、通讯、电力等基础设施开始建立；教育和健康保健事业开始发展，人力资源素质有所提高。

（三）起飞阶段

这一阶段的特征是国民经济以较快的速度增长，生产手段现代化推动工业化进程加快，从而对机械设备等投资品有较大的需求；随着教育水平的提高，劳动者不断提高，人力资源得到充分的开发和运用；大规模的经济建设，使基础设施得到完善；居民的文化水平和科技素质有所改善，劳动生产率的提高，增加居民收入，促进了生活和消费水平迅速提高。

（四）成熟阶段

这是国民经济快速、稳定增长的阶段。经济活动的各个方面全面持续增长，居民的生活水平、消费购买力高涨，科学更加先进和现代化，反映在先进科技的机器设备及其体系在生产过程中得以广泛运用；尤其重要的是，在这一阶段，企业及其经济活动全面进入世界经济舞台，开始多方位地参与国际竞争。

（五）高消费阶段

这一阶段，改善和提高居民的生活质量成为社会关注的首要目标。第三产业迅速发展，社会服务网络非常发达；公共设施、社会福利制度日益完善。随着人均收入的提高，人们开始大量消费，特别是耐用品和社会服务成为消费热点。

罗斯托认为，在上述五个阶段中，处在前三个阶段的国家是发展中国家，人均收入在 300~500 美元，处在后两个阶段的国家为发达国家。显然，国际企业在处于不同经济发展阶段的国家中所面临的经济环境是不同的，其投资决策也会有很大变化。

三、国别经济环境指标

估计一国的商业吸引力并做出谨慎的投资和经营决策，需要管理者对一国的经济发展水平和经济潜力做出准确的评估。尽管并不存在评价一国经济环境和经济潜力的通用方法，但是利用经济指标评估经济环境的传统方法被实践证明是有效的。

（一）国民总收入及其系列指标

1. 国民总收入、人均国民总收入

国民总收入（gross national income，GNI）是指一个国家所有国民在一年内直接参与生产活动的各种生产要素收入的总和，包括国内生产和国外活动产生的收入。国民总收入是反映一个国家经济发展水平的重要指标，不同国家的国民收入会经常被比较。

人均国民总收入是国民总收入与人口之比。然而，如果忽略其他因素，仅仅将人均国民总收入作为判断经济发展的指标，也可能对管理者产生误导。为此，我们需要补充相关指标，以提高其使用有效性。

2. 国民总收入增长率

国民总收入是一个静态指标，而理解目前和预测未来的经济表现需要确定动态变化率。一般而言，国民总收入增长率是描述经济潜力的主要指标，如果国民总收入增长率超过（低于）人口增长率，说明生活水平在提高（降低）。国民总收入增长率强调可能的商机，例如，改革开放以来中国是全球增长最快的经济体之一，2003—2011年平均增长速度达到两位数。这种增长速度使中国摆脱贫困的速度和广度超过任何国家，因此吸引了大量外资。

3. 购买力平价

利用人均国民总收入并不能反映一个国家的真实的生活成本。诸如世界银行之类的机构往往通过当地购买力平价（purchasing power parity，PPP）调整人均国民总收入。购买力平价可以表明如果在外国购买的一篮子商品需要一单位外币，那么在本国购买同样的一篮子商品需要多少本币。按照购买力平价来评估人均国民总收入，可以使我们了解到一国消费者一单位收入的实际购买力。

从表3-1中我们可以清楚地了解到，尽管印度在2017年人均国民总收入是1 820美元，但以购买力平价调整后接近7 060美元，原因是印度的生活成本较低。这意味着，购买同样一篮子的商品在印度的支出远远低于美国。在挪威则不同，因为挪威生活成本高于美国，通过购买力平价计算的挪威2017年人均国民总收入由75 990美元降至63 530美元。

表3-1　以购买力平价调整过的2017年部分国家和地区GNI与调整前的GNI

国家和地区	调整后的人均GNI/美元	人均GNI/美元
卡塔尔	128 060	61 070
中国香港	64 100	46 310
新加坡	90 570	54 530

续表

国家和地区	调整后的人均 GNI/美元	人均 GNI/美元
美国	60 200	58 270
挪威	63 530	75 990
中国内地	16 760	8 690
印度	7 060	1 820

（资料来源：Word Bank 网站数据）

4. 人文发展指数

国民总收入及其在人均、增长率和购买力平价方面的调整对揭示国家之间经济发展水平差异方面起了很重要的作用。但是，仅仅关注货币数字可能使人们忽略人类能力和发展的潜在作用，而人类能力和发展有助于增加国民总收入。联合国人文发展指数（human development index，HDI）可以较全面评估各国的总体发展水平。人文发展指数包括三个方面。

（1）寿命。以出生人口的平均寿命衡量。

（2）教育。以成人识字率和小学、中学和大学的毛入学率衡量。

（3）生活水准。以购买力平价表示的人均国民总收入衡量。

根据各国人类发展指数的排名，联合国将各国人文发展水平分为四个层次，分别是极高发展水平、高发展水平、中等发展水平和低发展水平。

（二）其他关键经济特征指标

1. 通货膨胀

通货膨胀是指货币供应量或流通速度增加，而商品生产并没有随之增加，即货币数量相比商品数量而言相对过剩，以致货币贬值造成整体物价水平的持续上涨，通常由消费者物价指数（consumer price index，CPI）来衡量。鉴于通货膨胀影响利率、汇率、生活成本、公众经济信心等经济环境的诸多方面，乃至影响到政治环境的稳定，因此，在进入东道国市场前，企业应仔细了解当地通货膨胀的速度和水平，以避免进入通货膨胀率居高不下的国家市场。

2. 失业率

失业率是指失业人口占劳动人口的比率。劳动人口指所有具有工作意愿并可以提供有偿劳动的人，包括失业者和就业者。该指标旨在衡量闲置中的劳动力，是反映一个国家或地区失业状况的主要指标。一直以来，失业率被视为一个反映整体经济状态的重要指标。在一般情况下，失业率下降，代表整体经济健康发展；失业率上升，代表经济发展放缓、经济衰退。失业率较高的国家经济环境存在风险。

3. 汇率

汇率变动的方向与幅度是决定企业国际竞争力的重要指标。本币汇率贬值有利于出口，不利于进口，因为本币汇率贬值使本国出口商品的以外币表示的价格下降，进口商品的以本币表示的价格上升，所以国外消费者更多地购买相对便宜的进口商品，国内消费者则更多地购买相对便宜的本国产品；而本币汇率升值的效果恰好相反。同时，汇率变化也影响一国的海外投资，当投资国货币相对于东道国货币升值时，意味着一单位投资国货币能购买更多的东道国资产，因此，会促进企业对外直接投资；反之，则不利于企业对外直接投资。此外，在评估经济环境时，企业还必须将未来汇率变动的趋势考虑进去。

4. 国际收支

国际收支是指一个国家在一定时期内对外收入与支出的全部货币资金总额。国际收支不平衡一般呈现出两种状态：国际收支逆差和国际收支顺差。长期持续的国际收支不平衡会对一国经济在如汇率、进出口、通货膨胀、失业、经济增长方面产生诸多不利影响。因此，在决定是否在某国开展商务活动时，企业应当认真研究所在国的国际收支状况。

第四节 国际文化环境

一、文化的含义

不同国家之间的某些典型差异难以归入前面提到的三个方面。比如，日本人很有礼貌，澳大利亚人坦诚直率甚至毫不客气；红色对英国人意味着"危险"或"停止"，对中国人则意味着"吉祥""好运"。诸如此类，这就属于文化的差异。

文化涉及的内容非常广泛，包括风土人情、文学艺术、行为规范、价值观念、思维方式等。不同学者对文化的定义各有不同。著名的英国人类学家爱德华·泰勒（Edward Tylor）曾经在19世纪70年代，将文化定义为"就是由作为社会成员的人所获得的，包括知识、信仰、艺术、道德、法律、风俗及其他能力和习惯的复杂整体"。作为最早进行文化的管理学研究的学者之一，荷兰心理学家吉尔特·霍夫斯泰德（Geert Hofstede）将文化定义为"人类一群成员区别于另一群成员的共有思维方式"。

文化这一概念的内涵十分丰富，在本部分，它是指一定区域内人们所共同持有的思想、价值观和行为准则的总和，包括语言、教育、价值取向、宗教信仰、审美观念、风俗习惯等基本因素。国际企业的经营活动会受到因国家、民族、宗教和组织文化差异的影响，因此研究国际文化环境对国际企业经营具有重要意义。

二、文化环境的主要因素

在文化环境中，价值观是一个重要维度。一方面价值观形成了文化的基石，并且为社会准则的建立和评判提供依据，另一方面价值观是能够影响人们的思维和行动。行为准则是文化另一个重要的维度。行为准则是约束群众行为的社会规范，可以细分为风俗习惯和道德准则。一种文化的价值观和行为准则往往是社会中若干因素逐渐演化的产物。除了前面提到的政治和经济因素，还包括社会结构、宗教、语言、教育等因素（如图 3-3 所示）。

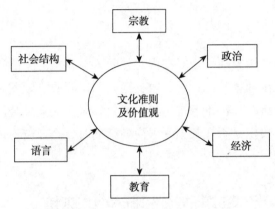

图 3-3　文化的决定因素

（一）价值观

价值观是指一定社会群体的成员判断某个现象或行为的好坏、善恶、真假、美丑、正误等的标准与观念。作为现象与行为判断的基本依据，价值观对人们日常生活的行为选择、消费习惯、工作态度等有着较大的影响。价值观提供了建立和支持某种社会准则的背景，价值观也经常能由一个社会的政治和经济制度反映出来。不同国家和地区的价值观存在差异，这种差异直接或间接地影响甚至阻碍国际企业经营活动的进行。因此，可通过两种方式来减少价值观差异的影响，即价值观的输出与理解当地的价值观。

1. 价值观的输出

当一国或一国企业能够将其价值观念成功地输入外国市场时，价值观差异对于国际经营活动的影响自然在很大程度上减弱了。事实上，无论是承办奥运会等国际赛事，还是出口影视作品，都可以作为价值观输出的手段。例如，有关美国题材的电影几乎都会展示到美式的宽敞住宅、大排量汽车和其他各种丰富多样的消费品，物质的极大丰富给观众留下了深刻的印象。久而久之，美国的消费观念会潜移默化地影响其他国家的消费者,淡化他们包括节俭在内的价值理念,使之乐于接受体现美式价值观念的美国产品。

2. 理解当地的价值观

一个国家受其传统价值观影响的文化体系可能会阻碍外国企业的商务活动。国际企业在从事经营活动过程中,要理解和融入东道国文化,生产和提供迎合当地价值观的产品和服务,这样才能在当地市场获得成功。

小案例 3-1 韩国就泡菜文化申遗

小案例 3-2 法国迪士尼乐园的困境

(二)行为准则

行为准则,也称规范,是指规定在特定情景下适当行为的社会准则和指南。行为准则可进一步分为风俗习惯和道德准则。风俗习惯是日常生活的传统惯例,是一些社会约定俗成的事,如在特定场合的穿着传统、社交礼仪以及不同国家对时间观念的态度等。它包括仪式和具有象征意义的行为,如日本人在与商业伙伴见面时行鞠躬礼以示尊重。道德准则是指普遍认同的,用来指导和支配人们行为的一系列准则,对于社会运行和社会生活至关重要。需要注意的是,在不同的社会道德既有共性,也有差异。例如,通奸、乱伦、食人肉等在不同的文化中都是不被接受的。然而,就酒的消费而言,不同文化间有很大差异。例如,饮酒在美国是被普遍接受的行为,而在沙特阿拉伯,饮酒者被看成是严重违反了道德,并将受到监禁的惩罚。道德比风俗习惯重要得多,因此违反道德会带来严重惩罚和敌意,也会破坏商务合作的达成,影响企业长期的利益。

(三)宗教

宗教被定义为具有神圣意义的共同信仰和仪式。宗教是人类社会发展到一定历史阶段出现的一种文化现象,属于社会意识形态。宗教对文化的形成与发展起着重要影响,同时,它也是文化的一种表现形式,两者在发展过程中密切联系在一起。当今世界上存在数千种宗教,有四大宗教的信徒较多,它们是基督教、伊斯兰教、印度教和佛教。国际企业的管理者必须了解东道国的宗教传统、主要宗教禁忌和宗教节日,这些会对企业家观念、企业制度和国际经济合作产生影响。

(四)语言

各国之间最明显的差异就是语言,语言是一种文化的明显特征之一。国际企业的经营活动需要语言来沟通。世界上的语言超过 3 000 种。世界上最大多数人的母语是汉语,其次是英语和印度语。但世界上使用最为广泛的语言是英语,其次是法语、西班牙语和汉语，并且英语成为国际商务活动中的通用语言。因为语言构成了人们理解世界的方式，所以它也构成了文化。在拥有多种语言的国家里，通常有多种文化，如加拿大有说英语的文化和说法语的文化。随着国际经济交往的增加，人口流动越来越频繁，流畅的交流与准确的沟通对从事国际化经营的企业非常重要。在国际化经营活动中，熟悉并掌握业务伙伴的语言文字和文化传统，不仅可以准确地了解对方希望转达的信息，而且可以从情感上缩短与对方的距离，从而有助于融洽关系、促成业务。如果不了解东道国的语言与文化传统，因与东道国沟通有障碍，就会在一定程度上增加国际企业管理的难度。在语言与文化传统相近的国家或地区，或者具有相对开放的社会文化背景的国家或地区开展国际经营活动，更有助于企业获得成功。

（五）教育

教育是一国经济发展和社会进步的重要途径。因为教育能够传授技能，改变人们的态度、行为，传承知识，使人们更多地回馈社会。这种交互效应促进了社会进步和社会现代化。从企业跨国经营的角度看，一国的教育水平与吸引直接投资的能力有着密切关系，影响着跨国投资者在投资水平、投资结构和投资项目上的选择。国际企业可以通过平均受教育年限或受教育程度来了解一个社会的人力资本潜力，能够通过衡量不同国家的教育水平来预期这些国家劳动者的素质和能力。不同国家教育的重点和优势存在着差异，一些国家的社会化教育体系只重视学术教育，而另一些国家，如德国力求保持职业教育和学术教育两者的平衡。如果国际企业从事高水平的研发工作，那么选择在具有高研发水平的国家建立公司是非常必要的。另外，一国的教育水平也显示应向该国卖出什么产品，使用文字来宣传产品对高文盲率的国家不会有太好的效果。

（六）社会结构

社会结构指一个社会的基本组织形式。不同国家的社会结构所存在的差异主要体现在两个方面。一方面是将个人或集体作为组织的基本单位，以及对个人或集体的重视程度。一些国家强调个体价值的实现，人们更加崇尚企业家精神、个体竞争力和创业精神，比如美国、瑞士等。另一些国家则强调集体，将集体价值放在优先的位置，人们更倾向于合作、相互照应，比如日本、中国等国家。另一方面是社会阶层化程度，或社会不平等程度，是指在社会中人们拥有获得资源和社会地位的特权程度。在社会不平等阶层化高的国家，少数人有权控制和使用重要的资源，这些少数人利用重要资源获取权来换取更多的权力，这反过来进一步固化了社会不平等。基尼系数是反映社会不平等程度的重要指标。许多国际企业主动避开在社会不平等程度高的国家开展业务，因为在这些国家很容易产生重要的伦理问题，比如说因低薪和雇用童工，许多国际企业饱受负面舆论的困扰。而且社会不平等程度越严重,越会导致员工自认为被剥削而情绪低落。因此,在社会不平等程度高的社会,人们很难把工作视为生活的重要内容。

第五节　国际技术环境

国际技术环境是指企业所面临的对国际化经营产生影响和制约作用的各种技术因素的集合。国际企业只有适应技术的变化,紧紧跟随技术潮流,才能在激烈的市场竞争中立于不败之地。因此,国际企业必须重视各国科技发展水平的研究与分析,掌握其发展变动趋势。国际企业对技术环境的分析应包括以下几个方面的内容。

一、基础性技术变革及趋势

国际企业必须清楚地意识到母国与东道国,尤其是东道国,存在的任何可能影响企业的新技术,或能给某些产业带来革新的基础性技术变革。这些技术变革意味着新材料的出现以及产品、工业和生产效率的改善,某些新的技术突破可能对许多产业都有重大影响。例如以通信和网络技术为支持的互联网技术的飞速发展,电子商务兴起且蓬勃发展,极大地改变了传统的商务运作模式,并对国际商务产生了重大影响。全新的商业模式如网上购物伴随着电子商务的发展而兴起,颠覆并打破了传统价值链,其塑造的产业变革使得原本处于传统产业链两端的生产者和消费者直接接触,并创造了众多平台以连接多方使用群体,从而改变人们的生活方式,比如,现在消费者可用信用卡付款,消费者通过互联网可以买到任何产品。如今,跨境电商不断发展,跨境贸易使消费者足不出户也能买到全球产品。例如,许多美国人通过亚马逊网站购书,这家公司已经将业务扩展到很多国家。技术的变革及发展趋势应作为企业调整经营战略和设计未来方向的指导。

二、技术研究与技术引进状况

技术研究分为基础技术研究与应用技术研究。大部分企业没有足够的能力和资源进行基础技术研究。推动基础技术进步的通常是政府、重要的研究院所和高等院校,以及某些创新能力极强的国际企业。企业应该了解所在国的技术研究状况,如政府鼓励开发的技术类型、科研机构和高等院校的研究水平和潜力、国家的研发基础设施和技术人力资源等。国际企业从事的主要是应用技术的研究。为了争取技术领先和缩短技术差距,有些企业积极地、更多地引进先进技术,并加以消化、吸收和创新。在全球技术贸易中,发达国家及其企业是主要的技术输出方,广大发展中国家及其企业是主要的技术输入方。引进技术对于发展中国家及其企业来说，可以增强薄弱环节，迅速提高生产水平，节省人力、财力、物力和时间。许多拥有高新技术的企业为了发挥拥有技术的效能，在适当时期也实行技术转让及技术输出。

国际企业获取应用技术的主要方式有三种：一是通过本土开发。国际企业充分利用本国现有的人力资源、实验设备和资金，以及成熟的市场等方面的优势开发应用技术，在掌握新的应用技术后，把其推广到国外的分支机构，实现技术优势的国际化。二是在国外建立研究所和实验室，以便利用当地的资源优势，降低开发成本，更好地把技术开发与满足国际化需求相结合。三是引进技术和实行技术转让，以便较快地提高产品性能、提高劳动生产率、提高产品的竞争力，在更大程度上发挥所拥有的技术的作用，回收技术开发费用。

三、技术变革的速度

当今社会，技术变革速度有加快的趋势。它表现为重大技术变革越发频繁，技术从发明到应用的周期大大缩短，同类技术更新换代的速度大大加快，技术的生命周期不断缩短。技术日新月异的变化是当代国际技术环境发展的重要特征之一。技术的变化不仅影响着企业的决策与经营，也改变着企业的管理理念和方法。新技术的出现能使一个行业或一个企业的传统优势地位发生变化；技术的变化能够改变企业的生产方式、企业的组织形式以及沟通方式，从而使企业必须更新管理模式，采用新的管理方法。在国际竞争中，许多国家与企业把技术作为获得竞争优势的最重要的途径。它们凭借技术优势，一方面加快对国内市场的开拓，另一方面努力将这种技术优势国际化，以保持自己在国际竞争中的优势地位。为了尽可能地保持这种优势和地位，它们往往会采取技术垄断或其他技术保护性措施。

四、相关技术法规

国际企业还需要了解母国和东道国的技术法规。一般而言，相关技术法规涉及技术开发和研究、技术引进与输出、知识产权保护等。这些法规对于创造良好的技术创新与传播环境而言很重要。

五、企业自身、竞争对手、供应商的技术能力

国际企业还应该了解企业自身、竞争对手、供应厂商的技术能力和特点，如企业具备什么样的生产技术和条件，生产效率如何，该行业出现了哪些新的制造程序；竞争者推出了哪些新产品和新服务；供应链伙伴可以提供哪些新产品和新服务等。这些信息是国际企业决定竞争战略的重要依据。

总之，国际企业在评估国际技术环境时，一是要评估自己的技术，二是要评估竞争对手的技术，三是要预测技术发展趋势。对国际技术环境的预测通常可以采用定性预测法，如专家预测法、德尔菲法等，以及定量预测法，如时序预测法和因果预测法等。

本 章 小 结

1. 依据外部环境因素对国际企业经营影响的直接程度划分，国际企业经营环境可以划分为宏观环境和微观环境。宏观环境主要包括与整个企业环境相联系的政治、法律环境，经济环境，文化环境和技术环境。微观环境主要是指对国际企业目标的实现或经营活动直接产生影响的外部环境因素，包括竞争对手、客户、供应商、股东、雇员、政府、金融机构、地方社团、工会等。国际企业的经营环境内容丰富、涉及广泛，更为复杂，具有不可控性、复杂差异性、相关性和不确定性等特征。

2. 不同国家或地区的政治、法律环境各不相同，政治环境因素的变化历来被认为是对国际商务活动影响最大、破坏性最强的因素。法律环境是国际企业经营管理者面临的最为复杂的环境因素之一。政治环境是指国际企业在不同国家开展经营活动所面临的政治体制、政治稳定性、政府角色与效率等影响因素的总和。由于国际经营活动涉及不同的国家法律体系，这就需要一些协调机制来调节各种国际法律纠纷，主要的调节原则有主权原则、属地原则、保护原则和礼义信条。

3. 经济环境是国际企业经营环境的一个重要组成部分，它对国际企业的经营活动和产品销售有着非常大的影响。评估一个国家的经济环境可以从经济制度、经济发展阶段、经济特征及其指标等方面进行考量。

4. 国际企业的经营活动会受到因国家、民族、宗教和组织文化差异的影响，因此研究国际文化环境对国际企业经营具有重要意义。文化环境的主要影响因素有价值观、行为准则，还包括社会结构、宗教、语言及教育等因素。

5. 国际企业必须重视各国科技发展水平的研究与分析，掌握其发展变动趋势。国际企业对技术环境的分析应包括基础性技术变革及趋势、技术研究与技术引进状况、技术变革的速度、相关技术法规和企业自身、竞争对手、供应商的技术能力等方面。

复习思考题

1. 为什么在国际经营过程中，企业经营的环境分析是十分重要的工作？
2. 简述国际企业经营环境的基本内容和特征。
3. 什么是政治风险？请简述政治风险的防范措施。
4. 简述国际企业之间在国际商务活动中遇到争议或纠纷时的解决途径。

第四章

国际企业战略管理

【学习目标】

- 掌握国际企业战略管理及其层次的内涵
- 掌握国际企业行业分析工具和价值链分析模型
- 掌握国际企业战略的制定工具 SWOT 分析模型
- 理解国际企业战略的执行工具麦肯锡 7S 模型
- 理解国际企业应对全球化—本土化两难困境的战略选择

宜家如何抵御经济低迷

宜家是世界最大的家具零售商,致力于销售经济型北欧风格家具。目前宜家在40多个国家和地区都有分店。从20世纪40年代早期创立开始,宜家就一直是经营成功的典范。

宜家的战略重点是向消费者提供物美价廉的家具。自2000年以来,宜家将产品的平均价格每年降低2%~3%。为了低价战略获得成功,宜家必须保持低成本。宜家降低成本的方式包括:使用低成本的制造流程,大批量采购原材料,通过扁平包装实现运输环节和储存环节产品体积的最小化,让消费者自行组装家具。

当经济环境变差时,即使是像宜家这样非常成功的国际企业,也面临挑战。2008年,世界大部分国家都处在经济衰退状态,宜家面临供需两方面的难题:一方面,宜家的供应商提高了价格;另一方面,宜家主要市场潜在消费者的需求在下降。尽管世界经济形势不容乐观,但宜家仍然坚持为消费者提供物美价廉家具的战略。宜家的一位高级管理者伊恩·沃林(Ian Worling)指出,宜家在21世纪初经营状况良好,成本有些偏高。为了应对不断上升的成本,宜家并没有减少商店的数量,而是将目标锁定在大多数消费者无法察觉到的四个方面。第一,宜家努力寻求降低运营成本,沃林认为,让员工出差时选择经济舱和住便宜酒店等带来的效果显著。第二,宜家通过提供更多种类、更低价格的产品来扩大销量和销售收入。第三,宜家深入研究供应链的每个环节以实现节约成本。第四，宜家鼓励最接近供应商的员工及最接近消费者的店员进行决策，此举有助于精简总部人力成本。

依靠在新兴市场销量的增长、成本的压缩和更低的利息，宜家在2012年初宣布利润增长了10.3%，利润额达到30亿欧元，与此同时，其产品的平均价格却比前一年下降2.6%。

在如今错综复杂的国际经营环境条件下，国际企业要成功地实现全球化经营，取得国际市场竞争中的有利地位，最终发展和壮大，就必须以战略管理作为企业经营管理的核心内容。因此，如何确定国际企业经营的战略目标，客观评估国际经营的战略环境，合理选择国际经营的战略类型，有效实施既定的战略，是国际企业在复杂多变的国际环境中生存和发展时要面对的重大问题。

第一节　国际企业战略管理概述

一、国际企业战略管理的内涵

（一）企业战略的含义

战略在英语中为"strategy"，本是一个军事学上的名词，意思是军事将领指挥军队作战时的全局性的谋略。它的原意尽管与军事活动密切相关，但目前已被广泛运用在政治、经济、科技、文化等各个领域。将"战略"引入企业经营管理的理论领域，并进行系统研究，是20世纪60年代开始的。

企业战略的定义有多种表述，一些学者将企业战略的概念用传统概念（或广义定义）和现代概念（或狭义定义）来分类。

企业战略的传统概念：美国哈佛大学教授迈克尔·波特是企业战略传统概念的典型代表，他认为"战略是公司为之奋斗的一些目标与公司为达到它们而寻求的途径的结合物"。波特的定义概括了20世纪60—70年代对企业战略的普遍认识。它强调公司战略的计划性、全局性和长期性。

企业战略的现代概念：加拿大学者明茨伯格（H. Mintzberg）的观点是企业战略现代概念的代表，他将战略定义为"一系列或整套的决策或行动方式"，整套行动方式既包括可以安排的，也包括临时出现的。明茨伯格的定义概括了20世纪80年代以来对企业战略的认识，相对于传统概念，现代概念更强调企业战略的另一方面属性，即应变性、竞争性和风险性。

企业战略的传统概念和现代概念的区别在于现代概念只包括为达到企业的目标而寻求的途径，而不包括企业达到目标本身。事实上，大部分战略是事先的计划和对突发事件的应对的组合。美国学者汤姆森认为："战略既是预先性的（预谋战略），又是反应性的（适应性战略）。"换言之，企业战略制定的任务包括设计一个初步计划，即预谋战略，然后随着事情的进展不断对它进行调整。一个实际的战略是管理者在公司内外各种情况不断暴露的过程中不断规划的结果。

（二）国际企业战略管理的概念

国际企业战略，是指国际企业在分析国际经营环境和内部条件的现状及其变化趋势的基础上，为了求得企业的长期生存与发展所做出的整体性、全局性、长远性的谋划及其行动方案。国际企业战略管理就是在全球竞争分析（包括外部环境和内部条件分析）的基础上，确立国际企业的战略模式、战略目标与经营方向，进行战略规划，并组织实施与控制的全过程。国际企业战略管理是对一个企业的未来发展方向制定决策和实施这些决策的动态管理过程。

同样，面对经济全球化的强烈冲击和错综复杂多变的外部竞争环境，国际企业不仅需要事先制定预谋战略，也需要适时调整其全球战略。国际企业只有在变化中不断调整发展战略，保持健康的发展活力，并将这种活力转变成惯性，再通过实施有效的战略不断表现出来，才能获得并持续强化竞争优势。

二、国际企业战略管理的层次

按照企业的管理层次，大型国际企业跨国经营战略可分为三个层次：公司层战略、业务层战略、职能层战略。

第一，公司层战略，又称总体战略，是企业最高层次的战略。在存在多个经营单位或多种经营业务的情况下，国际企业总体战略主要是指集团母公司或公司总部的战略。总体战略的目标是确定企业在未来一段时间的总体发展方向，协调企业下属的各个业务子公司和各职能部门之间的关系，合理配置企业经营所必需的资源，使各项经营业务单位相互支持，培育企业核心能力，实现企业的总目标。它主要涉及两个方面的问题：一是"应该做什么业务"，即从全局出发，根据外部环境的变化和企业的内部条件，确定企业的使命、任务、产品和市场领域。二是"怎样管理这些业务"，即在企业不同的战略事业单位之间如何配置资源及采取何种成长方向等，以实现公司整体的战略意图。

第二，业务层战略，又称竞争战略。大型国际企业一般从事多种业务或生产多种产品，建立战略经营单位（strategic business unite，SBU）更便于计划和控制。所谓战略经营单位代表经营一种业务或相关的业务组合，如下属各子公司等。由于它们所面对的外部环境，特别是市场需求有较大的差异，因此，各个子公司在经营过程中所采用的战略也不尽相同，有必要结合外部环境和内部条件制定本业务单位具体的竞争战略，每一个子公司有独特的使命和竞争对手。业务层战略是在公司战略的指导下，经营管理某一特定业务的战略计划，是公司战略的子战略，它处于战略结构体系中第二个层次。业务战略主要回答在确定的经营业务领域内,企业如何开展竞争;在一个具体、可识别的市场上,企业如何构建持续优势等问题。其侧重点在以下几个方面:贯彻使命、业务发展的机会和威胁分析、业务发展的内部条件分析、业务发展的总体目标和要求。

第三,职能层战略。其内容比业务战略更为详细、具体,其作用是使总体战略和业务战略的内容得到具体落实,主要涉及企业内各职能部门,如营销战略、财务战略、生产战略、人事战略、研发战略等。职能部门经理们考虑的是各职能部门工作的效率和效果,因此,其战略内容强调行动性,突出作业问题。此外,职能层战略对于进行的活动有高度的专一性。职能层战略是战略结构体系中的第三层次。

公司层战略、业务层战略和职能层战略构成国际企业战略体系,如图4-1所示。公司层战略倾向于总体价值取向,以抽象概念为基础,主要由国际企业高层制定。业务层战略主要是各战略经营单位(SBU)对某一业务的战略规划,由各子公司的领导负责。职能层战略主要涉及执行和操作问题,由各职能经理负责。

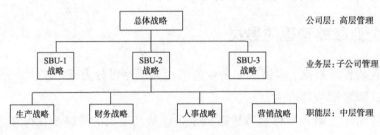

图 4-1 国际企业战略层次

三、国际企业战略管理过程

国际企业战略管理过程是环境分析、战略选择及评价、战略实施及控制等环节相互联系、循环反复、不断完善的一个动态管理过程。国际企业战略管理过程可大体分解为环境分析、战略模式和战略目标的确立、战略选择及评价、战略实施、战略控制五个步骤。

(一)环境分析

对企业的战略环境进行分析、评价,并预测这些环境未来发展的趋势,以及这些趋势可能对企业造成的影响及影响方向。战略环境分析包括企业外部环境分析和企业内部环境分析两部分。企业外部环境一般包括政治、法律因素,经济因素,技术因素,文化因素和企业所处行业中的竞争状况。分析目的是适时地寻找和发现有利于企业发展的机会,以及对企业来说存在的威胁,做到"知彼",以便在制定和选择战略中能够利用外部条件所提供的机会而避开对企业的威胁因素。企业内部环境是企业本身所具备的条件，企业内部条件分析重点是从企业的有形资源（包括人、财、物、设备等）与无形资源（包括技术、管理、营销、商标与商誉、企业文化等）入手，对企业的优势、劣势及潜力作出全面评估。分析目的是发现企业所具备的优势或劣势，以便在制定和实施战略时能扬长避短、发挥优势，有效地利用企业自身的各种资源。

（二）战略模式和战略目标的确立

企业战略模式、企业战略目标是在系统的外部环境与内部条件分析的基础上形成的，是战略规划的主要依据与指导思想。

（三）战略选择及评价

战略选择及评价过程实质是对战略进行探索、制定和选择的过程。一个跨行业经营的企业的战略选择应当解决两个基本的战略问题：一是企业的经营范围或战略经营领域，即规定企业从事生产经营活动的行业，明确企业的性质和所从事的事业，确定企业以什么样的产品或服务来满足哪一类顾客的需求。二是企业在某一特定经营领域的竞争优势，即要确定企业提供的产品或服务，要在什么基础上取得超过竞争对手的优势。

（四）战略实施

企业的战略方案确定后，必须通过具体化的实际行动，才能实现战略及战略目标。一般来说可以从三个方面来推进一个战略的实施：其一，是制定职能策略，如生产策略、研究与开发策略、市场营销策略、财务策略等。在这些职能策略中要能够体现出战略推出步骤、采取的措施、项目以及大体的时间安排等。其二，是对企业的组织机构进行设计，使其能够适应所采取的战略，为战略实施提供有利的环境。其三，是要使领导者的素质及能力与所执行的战略相匹配，即挑选合适的企业高层管理者来贯彻既定的战略方案。

（五）战略控制

战略控制是战略管理过程中不可忽视的环节。战略控制贯穿在战略实施的全过程中。在战略的具体化和实施过程中，为了进行控制，需要将实际成效与预定的战略目标进行比较，如二者有显著的偏差，就应当采取有效的措施进行纠正。当由于原来分析不周、判断有误，或是环境发生了预想不到的变化而引起偏差时，需要重新审视环境，制订新的战略方案，进行新一轮的战略管理过程。

四、国际企业战略管理的意义

国际企业所处环境复杂并且不断变化，如竞争白热化、需求个性化、经济全球化、科技高级化等。变化的国际环境，改变着企业创造价值的方式，并不断对组织提出新的要求，使企业不可能简单地因循守旧以获取成功。因此，为了更好地适应日新月异的国际环境变化，获得长远发展，国际企业必须要进行战略管理，其核心目的是建立和保持持久竞争优势。

制定国际企业经营战略意味着企业放眼世界市场和世界资源分布。跨国经营战略是为了以多国为基础来优化运作，而不是只将跨国运作看作多个相互独立的国家经营活动的简单组合。跨国经营战略为将各子公司在全球范围内联系在一起提供手段，把各分支机构和子公司联结起来，加强公司的统一性、合作性和协调性，强化公司在世界市场上的整体功能，使各子公司围绕总体目标相互配合，步调一致地在全球范围内开展生产经营活动，达成既定的经济目标。同时，跨国经营战略为企业协调和整合分散在各国的多项业务提供工具。通过对资源利用和产品销售的全球统一调配，提高资金、技术、人力和物力的使用效率，使资源得到合理配置，获得最大效益。

小案例 4-1　华为进入光网络设备市场

总之，国际企业战略是国际企业在生产经营活动中必不可少的一个环节，它的积极指导作用是十分明显的。一个成功的国际企业，必须有一套科学、合理，并且适合客观环境和经营特色的公司战略。

第二节　国际企业战略管理分析工具

国际企业战略管理过程中要使用各种定性和定量的分析方法，本节按战略管理过程的顺序简要介绍几种战略分析工具。

一、环境分析工具

（一）PEST 分析模型

PEST 分析模型用于分析企业外部宏观环境。分析的内容包括政治、法律环境，经济环境，文化环境和技术环境等四个方面的外部环境，其详细内容在前一章已经论述。PEST 分析是为了制定出适当的战略，达到利用机会、回避威胁或减轻威胁影响的目的。

（二）波特的五力模型

波特的五力模型用于分析企业外部微观环境或行业环境。波特五力模型是迈克尔·波特（Michael Porter）于 20 世纪 80 年代初提出。他认为行业中存在着决定竞争规模和程度的五种力量，这五种力量综合起来影响着产业的吸引力以及现有企业的竞争战略决策。五种力量分别为同行业内现有竞争者的竞争能力、潜在竞争者进入的能力、替代品的替代能力、供应商的讨价还价能力、购买者的讨价还价能力（如图 4-2 所示）。

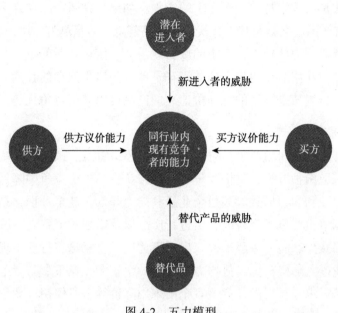

图 4-2　五力模型

1. 供应商议价能力

供应商的议价能力是指投入要素的供应者通过谈判从客户手中榨取利润的能力。供应商议价的能力越强，对生产企业的威胁就越大。供应商议价能力的强弱取决于供应商所在行业的市场条件和所提供产品的重要性。当供应商提供的投入要素的价值占总成本较大比例，对买者产品生产过程非常重要，或者严重影响买者产品的质量时，供应商的议价能力就强。

2. 购买者的议价能力

购买者主要通过压价和要求提供较高的产品或服务质量的方式，来影响行业现有企业的盈利能力。当购买者总数较少，且购买量较大或购买的基本上是一种标准化产品，并且市场供应充足时，购买者的议价能力就高。

3. 新进入者的威胁

一般来说，新进入者进入某一行业的诱因是该行业或该行业中某些企业正在赚取高于正常水平的利润。新加入者会一直想要加入到该行业，直到该行业的利润趋于正常水平。因此，新加入者会对行业内现有企业产生威胁。但新加入者对现有企业的威胁取决于进入障碍和原有企业的反击程度。如果进入障碍高,原有企业激烈反击,潜在的加入者就难以进入该行业,加入者的威胁就小。

4. 替代品威胁

替代品通常是新技术与社会新需求的产物。如果一种新产品在许多方面明显优于现有产品,现有产品就会被替代。替代品的价格越低,质量越好,用户转换成本越低,其所能产生的竞争压力就越强,产生的威胁就越大。值得注意的是,几种替代品可以长期共存。例如,在城市交通中,公共汽车、地铁与出租汽车的长期共存等。但是,替代品之间的竞争规律是不变的,即价值高的产品可以获得竞争优势。

5. 同业竞争者的竞争程度

行业中现有企业之间的竞争是对企业最直接、最直观、最重要的威胁因素。企业间的竞争一般采取两种方式:价格竞争和非价格竞争。价格竞争中降低价格、减小毛利率等行为会侵蚀利润,导致大多数企业赢利能力降低,甚至亏损,是最惨烈的竞争形式。非价格竞争主要包括广告战、引进新产品以及增加对消费者的服务等,主要是通过提高成本而减少利润。一般来说,出现下述情况将意味着行业中现有企业之间竞争的加剧:行业进入障碍较低,势均力敌竞争对手较多,竞争参与者范围广泛;市场趋于成熟,产品需求增长缓慢;竞争者企图采用降价等手段促销;竞争者提供几乎相同的产品或服务,用户转换成本很低;一个战略行动如果取得成功,其收入相当可观;行业外部实力强大的公司在接收了行业中实力薄弱企业后,发起进攻性行动,结果使得刚被接收的企业成为市场的主要竞争者;退出障碍较高,即退出竞争要比继续参与竞争代价更高。

根据波特的观点,以上五种基本竞争力量的状况及综合强度,决定着行业的竞争激烈程度,从而决定着行业中最终的获利潜力以及资本向本行业的流动程度,这一切最终决定着企业能否保持高收益的能力。如果五种基本竞争力量中有三种以上都强的话,一般认为该行业竞争激烈、获利潜力不大。一种可行战略的提出,首先应该确认和评价这五种力量,不同力量的特性和重要性因行业和公司的不同而变化。波特的竞争力模型的意义在于,五种竞争力量的抗争中蕴含着三类成功的战略思想,即低成本战略、差异化战略、集中化战略。

(三)价值链分析模型

价值链分析模型为企业内部优势和劣势分析提供了重要的科学手段。它是由美国管理学家迈克尔·波特 1985 年在《竞争战略》一书中提出的,运用价值链分析法揭示出企业之间竞争力的差异在于各自的价值链不同。价值链(value chain)是企业所从事的基本活动,如设计、生产、营销、储运及支持性活动的集合体。一个价值链显示了对于消费者来说的产品生产的整体价值,它是由价值活动和利润两部分组成。

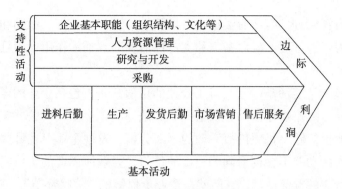

图 4-3 波特价值链模型

如图 4-3 所示,企业价值链上全部价值活动可以分为基本活动和支持性活动两大类。

1. 基本活动

企业的基本活动主要涉及如何将企业的输入有效地转化为输出,这部分活动直接与顾客发生各种联系。包括以下五种内容。

(1)进料后勤。与资源接收、储存和分配相关联各种活动,如原材料搬运、仓储、库存控制和车辆调度和向供应商退货等。进料后勤管理的管理效率决定了投入生产过程的原材料的数量、品种、规格、质量、时间和地点,关系到企业的正常运转。

(2)生产作业。与将投入转化为最终产品形式相关的各种活动,如机械加工、包装、组装、设备维护、检测等。生产活动对企业产品的性能、规格、标准、质量和生产成本起很大的决定作用。

(3)发货后勤。与集中、存储和将产品发送给买方有关的各种活动,如产成品库存管理、原材料搬运、送货车辆调度等,包括产品接受、储存和分销活动。

(4)市场营销。与提供买方购买产品的方式和引导它们进行购买相关的各种活动,如消费行为研究、广告、促销、销售队伍、渠道建设等。

(5)售后服务。与提供服务以增加或保持产品价值有关的各种活动,如安装、维修、培训、提供零部件等。

2. 支持性活动

基本活动以外的企业活动都属于支持性活动,支持性活动主要体现为一些内部管理活动。支持性活动可以分为以下几个方面。

(1)采购。指购买用于价值链中的生产要素投入的各种职能活动。采购既包括企业生产原料的采购,也包括支持性活动相关的购买行为,如研发设备的购买等。

(2)研究与技术开发。技术开发活动贯穿于企业的产品开发、设计以至企业价值链的全过程。企业技术研发部门一般起主导作用,但由于企业的任何活动都包括一定的技术成分,因此,有些技术开发活动也发生在其他部门。

（3）人力资源管理。与所有类型人员的招聘、选拔、培训、激励和报酬等相关的各种活动。人力资源管理不仅对基本和支持性活动起到辅助作用，而且支撑着整个价值链。

（4）企业基本职能活动。它支持了企业的价值链条，包括企业的全面管理、质量管理、财务活动、战略规划活动、质量控制、法律与工会活动、公共关系活动等。

通过对企业价值链上每项价值活动的逐项分析，发现企业存在哪些优势、劣势。企业价值链上的活动并不会创造同等程度的价值，企业所创造的价值实际上来自企业价值链上某些特定的价值活动，它们就是企业价值链的"战略环节"。实际上，有的活动环节不但不创造价值，还要增加成本，那些真正创造价值的活动和环节，是企业价值链上的战略环节。战略环节可以是价值链中的基本活动，也可以是支持性活动，只有抓住该关键环节，才能保持竞争优势。例如，耐克公司只是在设计创新、营销网络等关键活动上优势突出。随着世界经济全球化过程的加快，这一特点更为突出。此外，企业通过对价值活动的逐项分析，明确企业运行中可以提高价值或降低生产成本的环节。

二、战略的制定与选择工具

（一）战略制定的三阶段

企业战略并不是唯一的，一般企业根据需要会制定多个备选战略，从中挑选出最适合企业发展的战略。重要的战略制定技术可以被置于三阶段决策体系之中，帮助战略制定者确定、评价和选择战略。

1. 信息输入阶段

这是战略制定的第一阶段，该阶段收集与分析制定战略所需要输入的基本信息。信息输入方法要求战略制定者在战略制定过程的早期阶段识别重要信息并将其量化。在信息输入阶段就相对重要性对企业外部、内部环境因素进行必要的排序，可以使战略制定者更为有效地建立和备选战略。当然，在确定适当的权重和评分的过程中需要决策者具有丰富的经验和良好的直觉性判断。

2. 匹配阶段

第二阶段将企业内部资源和技能等因素与外部环境因素造成的机会和威胁匹配。战略制定系统中的匹配阶段可用 SWOT 模型和 GE 矩阵等分析工具。这些方法依赖于输入阶段得到的信息并将外部机会和威胁与内部优势和劣势进行匹配。匹配的基本原理如表 4-1 所示。例如，拥有过剩流动资金（内部优势）的企业可以通过收购信息产业的一个企业而得到年收入增长 20%（外部机会）的机会。当然在绝大多数场合，实际的外部和内部关系要复杂得多，这要求在战略制定中进行多重匹配。

表 4-1 为制定备选战略而将关键外部与内部因素进行匹配

关键内部因素	关键外部因素	所得战略
能力过剩（内部优势）	年收入增长 20%（外部机会）	收购信息产业公司
能力不足（内部劣势）	两个国外竞争者退出本产业（外部机会）	收购竞争者设施
员工士气低下（内部劣势）	劳动力减少（外部威胁）	加强员工福利
较强的研发能力（内部优势）	青少年人口的减少（外部威胁）	为成年人开发新产品

3. 决策阶段

第三阶段为决策阶段，从匹配分析得出的任何战略都可以被讨论，列出备选方案并加以选择。在战略决策的过程中，管理者可以通过一些管理工具对备选方案进行分析，并确定最终的企业战略。战略制定框架中所有的战略工具的使用，都要求将直觉性判断与分析性判断相结合。

（二）SWOT 分析模型

SWOT 分析就是系统地确认企业面临的优势（strength）和劣势（weakness）、机会（opportunity）和威胁（threat），并据此提出企业战略的一种有效方法。具体地讲，就是将与研究对象密切相关的各种主要的内部优势、劣势和外部机会、威胁等，通过调查列举出来，并依照矩阵形式排列，然后用系统分析的思想，把各种因素相互匹配起来加以分析，从中得出一系列相应的结论，而结论通常带有一定的决策性。运用这种方法，可以对研究对象所处的情景进行全面、系统、准确的研究，从而根据研究结果制定相应的发展战略。可以通过分析帮助企业把资源和行动聚焦在自己的强项和有最多机会的地方。进行 SWOT 分析时，主要有三个方面的内容。

1. 分析环境因素

运用各种调查研究方法，分析出公司所处的外部环境因素和内部环境因素。

（1）OT 分析。外部环境因素分析包括机会因素和威胁因素分析，即它们是外部环境对公司的发展直接有影响的有利和不利因素，属于客观因素。对外部环境的分析也可以有不同的角度。比如，可以利用的简明扼要的方法就是 PEST 分析，另外一种比较常见的方法就是波特的五力分析。其中，机会（O）因素，是公司的外部有利因素，具体包括新产品、新市场、新需求、外国市场壁垒解除、竞争对手失误等。威胁（T），是公司的外部不利因素，具体包括新的竞争对手、替代产品增多、市场紧缩、行业政策变化、经济衰退、客户偏好改变、突发事件等。

（2）SW 分析。内部环境因素包括优势因素和劣势因素，它们是公司在其发展中自身存在的积极和消极因素，属主观因素，在调查分析这些因素时，不仅要考虑到历史与现状，还要考虑未来发展问题。对公司的优劣势分析可以采用价值链的分析方法，在价值链的每一个环节与竞争对手进行详细对比，如产品是否新颖，制造工艺是否复杂，销售渠道是否畅通，以及价格是否具有竞争性等。具体来讲，优势（S），是公司内部有利因素，具体包括有利的竞争态势、充足的财政来源、良好的企业形象、技术力量、规模经济、产品质量、市场份额、成本优势、广告攻势等。劣势（W），是公司内部不利因素，具体包括设备老化、管理混乱、缺少关键技术、研究开发落后、资金短缺、经营不善、产品积压、竞争力差等。

2. 构造 SWOT 矩阵

将调查得出的各种因素根据轻重缓急或影响程度等排序方式，构造 SWOT 矩阵。在此过程中，将那些对公司发展有直接的、重要的、大量的、迫切的、久远的影响因素优先排列出来，而将那些间接的、次要的、少许的、不急的、短暂的影响因素排列在后面。把识别的所有优势分成两组，分的时候要判断它们是与行业中潜在的机会有关，还是与潜在的威胁有关。用同样的办法把所有劣势分成两组，一组与机会有关，另一组与威胁有关。

3. 制订行动计划

在完成环境因素分析和 SWOT 矩阵的构造后，便可以制订出相应的行动计划。制订计划的基本思路是：发挥优势因素，克服弱点因素，利用机会因素，化解威胁因素；考虑过去，立足当前，着眼未来。运用系统分析的综合分析方法，将排列与考虑的各种环境因素相互匹配起来加以组合，得出一系列公司未来发展的可选择对策。SWOT 分析有四种不同类型的组合：优势-机会（SO）组合、弱点-机会（WO）组合、优势-威胁（ST）组合和弱点-威胁（WT）组合，这四种组合匹配出相应的战略，如图 4-4 所示。

因素	优势S 列出优势	劣势W 列出劣势
机会O 列出机会	SO战略 利用优势，抓住机会 （发展型战略）	WO战略 克服劣势，利用机会 （扭转型战略）
威胁T 列出威胁	ST战略 利用优势，回避威胁 （多元化战略）	WT战略 克服劣势，避免威胁 （防御型战略）

图 4-4　SWOT 分析模型

SO 战略是一种发展企业内部优势与利用外部机会的战略，是一种理想的战略模式。当企业具有特定方面的优势，而外部环境又为发挥这种优势提供有利机会时，可以采取该战略。例如良好的产品市场前景、供应商规模扩大和竞争对手有财务危机等外部条件，配以企业市场份额提高等内在优势可成为企业收购竞争对手、扩大生产规模的有利条件。SO 战略总体上属于发展型战略。

WO 战略是利用外部机会来弥补内部弱点，使企业改劣势而获取优势的战略。存在外部机会，但由于企业存在一些内部弱点而妨碍其利用机会，可采取措施先克服这些弱点。例如，若企业弱点是原材料供应不足和生产能力不够，从成本角度看，前者会导致开工不足、生产能力闲置、单位成本上升，后者会导致一些附加费用。在产品市场前景看好的前提下，企业可利用供应商扩大规模、新技术设备降价、竞争对手财务危机等机会，实现纵向整合战略，重构企业价值链，以保证原材料供应，同时可考虑购置生产线来克服生产能力不足及设备老化等缺点。通过克服这些弱点，企业可能进一步利用各种外部机会，降低成本，取得成本优势，最终赢得竞争优势。WO 战略总体上属于扭转型战略。

ST 战略是指企业利用自身优势，回避或减轻外部威胁所造成的影响。如竞争对手利用新技术大幅度降低成本，给企业造成很大成本压力；同时材料供应紧张，其价格可能上涨；消费者要求大幅度提高产品质量；企业还要支付高额环保成本，这些都会导致企业成本状况进一步恶化，使之在竞争中处于非常不利的地位，但若企业拥有充足的现金、熟练的技术工人和较强的产品开发能力，便可利用这些优势开发新工艺，简化生产工艺过程，提高原材料利用率，从而降低材料消耗和生产成本。另外，开发新技术产品也是企业可选择的战略。新技术、新材料和新工艺的开发与应用是最具潜力的成本降低措施，它还可以提高产品质量，从而回避外部威胁影响。ST 战略总体上属于多元经营型战略。

WT 战略是一种旨在减少内部弱点，回避外部环境威胁的防御性技术。当企业存在内忧外患时，往往面临生存危机，降低成本也许成为改变劣势的主要措施。当企业成本状况恶化，原材料供应不足，生产能力不够，无法实现规模效益，且设备老化，使企业在成本方面难以有大作为时，就将迫使企业采取目标聚集战略或差异化战略，以回避成本方面的劣势，并回避成本原因带来的威胁。WT 战略总体上属于防御型战略。

SWOT 模型也是由麦肯锡提出，带有时代的局限性。SWOT 没有考虑到企业改变现状的主动性，企业是可以通过寻找新的资源来创造优势，从而达到过去无法达成的战略目标的。

（三）麦肯锡矩阵

麦肯锡矩阵（Mckinsey matrix）或称 GE 矩阵（General Electric matrix），是美国麦肯锡咨询公司首先采用的战略规划方法，因麦肯锡矩阵最先用在美国通用电气公司（GE）的战略规划上，因此，通常被称为 GE 矩阵。

1. 模型介绍

说到 GE 矩阵就一定要结合波士顿矩阵（BCG）一起比较讨论，因为 GE 矩阵可以说是为了克服 BCG 矩阵两个衡量指标过于简单的缺点而开发出来的。最大的改善就在于用了更多的指标来衡量两个维度。

针对波士顿矩阵所存在的问题，美国通用电气公司于20世纪70年代开发了新的投资组合分析方法——GE矩阵。相比BCG矩阵，GE矩阵也提供了产业吸引力和业务实力之间的类似比较，但不同于BCG矩阵只是单一指标，用市场增长率来衡量吸引力，用相对市场份额来衡量企业实力，GE矩阵使用数量更多的因素来衡量这两个变量，纵轴用多个指标反映产业吸引力，横轴用多个指标反映企业竞争地位，同时在每条轴上用两条线将每条数轴划分为高、中、低三个等级，这样坐标系就成为网格图。也由于GE矩阵使用多个因素，可以通过增减某些因素或改变它们的重点，适应某产业特殊性的要求。

2. 如何用模型来分析

如图4-5所示，GE矩阵的纵坐标表示行业吸引力，而影响行业吸引力的外部因素主要有市场增长率、市场规模、本行业平均利润率、行业市场竞争结构、行业的季节性与周期性特征、规模经济特征、对技术与资金的需求特征和宏观环境（政治、经济、法律、社会文化等）等。GE矩阵的横坐标表示企业竞争力，而影响此参数的内部因素主要有市场占有率、制造及研发能力、产品质量、价格竞争力、管理和营销技术、融资能力等。按行业吸引力和企业自身实力两个维度评估现有企业产品或业务，每个维度分高、中、低三级，分成九个格以表示两个维度上不同级别的组合。

绘制GE矩阵，需要找出外部（行业吸引力）和内部（企业竞争力）因素，然后对各因素加权，得出衡量企业内部因素和吸引力外部因素的数值。

第一，确定各因素。选择待评估业务（或产品）竞争力和行业吸引力所需的重要因素。在GE矩阵内部，分别称之为内部因素和外部因素。确定这些因素可以采取头脑风暴法或名义小组法等，关键是不能遗漏重要因素，也不能将微不足道的因素纳入分析中。

第二，估测内部因素和外部因素的影响，得出衡量吸引力和竞争力的数值。从外部因素开始，根据每一因素的吸引力大小对其评分。若一因素对所有竞争对手的影响相似，则对其影响做总体评估，若一因素对不同竞争者有不同影响，可比较它对自己业务的影响和重要竞争对手的影响。在这里可以采取五级评分标准（1＝毫无吸引力，2＝几乎没有吸引力，3＝中性影响，4＝有吸引力，5＝极有吸引力）。然后也使用5级标准对内部因素进行类似的评定（1＝极度竞争劣势，2＝竞争劣势，3＝同竞争对手持平，4＝竞争优势，5＝极度竞争优势）。进行内部因素评定时，应该选择一个总体上最强的竞争对手作为对比的对象。对内外部因素进行评分后，需要对各因素加权，使所有因素的加权系数总和为1，根据产业状况和企业状况定出产业吸引力因素和企业竞争力因素的分数或级数（五级），最后，用权重乘以分数，得出每个因素的加权数，并分别相加，得到整个产业吸引力和企业竞争力的数值。

第三，将每一项产品或业务标在 GE 矩阵上。在图上将每一产品或业务用圆圈来表示，圆圈面积代表该项产品或业务的市场规模，而圆圈中的扇形面积代表其市场占有率，而每一圆圈的圆心位置由该产品或业务的行业吸引力及企业竞争地位的数值决定。

通过对每一产品或业务在矩阵上的位置进行分析，公司就可以选择相应的战略举措。归结为一句很经典的话，就是"高位优先发展，中位谨慎发展，低位捞它一把"。图 4-5 中，1、2、4 象限中的产品或业务，处于"双高"（即行业吸引力高、企业竞争地位高）的态势，属于"拳头产品"，采取增长与发展战略，应优先分配资源，如上图中 A、B、D 三种产品或业务，应采取此战略，促使其继续发展。3、5、7 象限中的产品或业务，采取维持或有选择发展战略，保护规模，调整发展方向。如上图中 C、F 产品或业务，F 采取维持战略，C 可采取优先扶持使其进入高位区域。6、8、9 象限中的产品或业务，采取停止、转移、撤退战略，如图中 G、E 产品或业务，可采取此战略。E 还有一定收益产品或业务，最多可采取维持战略。具体的各个象限的发展战略如图 4-6 所示。

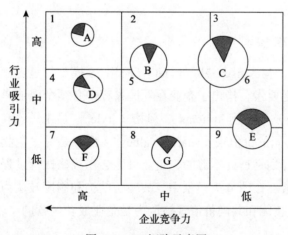

图 4-5　GE 矩阵示意图

行业吸引力	高	尽量扩大投资，谋求主导地位	市场细分以追求主导地位	专门化，采取购并策略
	中	选择细分市场大力投入	选择细分市场专门化	专门化，谋求小块市场份额
	低	维持低位	减少投资	集中于竞争对手盈利业务，或放弃市场
		高	中	低
		企业竞争力		

图 4-6　GE 矩阵战略选择

三、战略的实施与控制工具

在未来竞争中获得持续增长的最有力方法就是要认识、培育和开发使企业发展的核心能力,从根本上寻求获得长期竞争优势的正确途径。事实上,公司一旦明确了自身的战略,那么毫无疑问,公司所有的资源都必须服务公司的战略远景。对公司资源而言,我们无非要把握住其组织结构、财务、人力资源、制度这四个方面,关注并理解公司战略和文化之间的互动关系。显然,战略实施需要公司所有层次领导人都要理解,将那些热情地接受和支持这一新战略的领导人安排到关键的位置上,以各种可能的方式与人们交流变革的必要性,也就是说公司中的每一个人都需要与公司的新战略保持一致,并建立一套有利于反映和强化新战略的绩效衡量体系和报酬体系。

(一)价值链分析法

上一章已经讲过价值链分析模型。运用价值链的分析方法来确定企业优势环节,即战略环节,企业密切关注组织的资源状态,要求企业在战略实施时,在资源配置方面特别关注和培养在价值链的关键环节上获得重要的核心竞争力,以形成和巩固企业在行业内的竞争优势。

(二)麦肯锡 7S 模型

麦肯锡 7S 模型(Mckinsey 7S model),简称 7S 模型,是麦肯锡顾问公司研究中心设计的企业组织七要素,指出了企业在发展过程中必须全面地考虑各方面的情况,包括结构(structure)、制度(systems)、风格(style)、员工(staff)、技能(skills)、战略(strategy)、共同的价值观(shared values)。也就是说,企业仅具有明确的战略和深思熟虑的行动计划是远远不够的,企业可能会在战略执行过程中失误,因为战略只是其中的一个要素。在图 4-7 模型中,战略、结构和制度被认为是企业成功的"硬件",风格、人员、技能和共同价值观被认为是企业成功经营的"软件"。

图 4-7 麦肯锡的 7S 模型

1. 硬件要素分析

（1）战略（strategy）：战略是企业根据内外环境及可取得资源的情况，为求得企业生存和长期稳定的发展，对企业发展目标、达到目标的途径和手段的总体谋划，它是企业经营思想的集中体现，是一系列战略决策的结果，同时又是企业制订计划的基础。

（2）结构（structure）：战略需要健全的组织结构来保证实施。组织结构是企业的组织意义和组织机制赖以生存的基础，它是企业组织的构成形式，即企业的目标、协同、人员、职位、相互关系、信息等组织要素的有效排列组合方式。组织结构是为战略实施服务的，不同的战略需要不同的组织结构与之对应，组织结构必须与战略相协调。

（3）制度（systems）：企业的发展和战略实施需要完善的制度作为保证，而各项制度又是企业精神和战略思想的具体体现。因此，在战略实施过程中，应制定与战略思想相一致的制度体系，要防止制度的不配套、不协调，更要避免背离战略的制度出现。

2. 软件要素分析

（1）风格（style）：主要指企业文化。杰出企业都呈现出集权与分权结合的宽严并济的管理风格，它们一方面让生产部门和产品开发部门自主运行，另一方面又固执地遵守着几项流传久远的价值观。

（2）共同价值观（shared values）：由于战略是企业发展的指导思想，只有企业的所有员工都领会了这种思想并用其指导实际行动，战略才能得到成功的实施。因此，这就需要企业在准备实施某一战略时，要通过各种手段进行宣传，使企业的所有成员都能够理解它、掌握它，并用它来指导自己的行动。

（3）员工（staff）：战略实施还需要充分的人力准备，有时战略实施的成败就在于有无适合的人员去实施，企业在做好组织设计的同时，使企业各层次的管理人员都树立起与企业战略相适应的思想观念和工作作风。应注意配备符合战略思想需要的员工队伍，将他们培训好，给他们分配适当的工作，并加强宣传教育。实践证明，人力准备是战略实施的关键。

（4）技能（skills）：在执行公司战略时，需要员工掌握一定的技能，这有赖于严格、系统的培训。

麦肯锡的 7S 模型认为，企业在战略实施过程中软件和硬件同样重要，因此，在企业发展过程中，要全面考虑企业的整体情况，只有在软硬两方面的七个要素能够很好地协同和匹配的情况下，企业才能获得经营上的成功。

第三节　国际企业战略模式的选择

一、国际企业的成长战略

国际企业的业务成长方向可以从两个角度考虑：一是产品、市场的扩张方向，二是企业横向、纵向、多元化边界扩张。

（一）产品、市场的扩张方向

研究企业的产品、市场扩张方向的基本框架，是安索夫的"产品-市场战略组合"矩阵（如表4-1所示）。安索夫1965年在他的《公司战略》一书中根据产品和市场的不同组合提出了三种成长战略：市场渗透战略、市场扩张战略、产品开发战略。

表 4-1　安索夫矩阵

产品	市场	
	原有市场	新市场
原有产品	市场渗透战略	市场扩张战略
新产品	产品开发战略	

1. 市场渗透战略

市场渗透战略是通过企业的原有产品在原有的市场上销售增长来实现企业的成长。市场渗透战略主要通过扩大市场份额或提高消费者对产品的使用频率和使用量等措施来实施。

2. 市场扩张战略

市场扩张战略利用老产品去开辟新市场，增加产品的销售量，从而实现企业业务的增长。可采取对外贸易及对外投资的国际化道路。如新希望在菲律宾、越南投资以开拓国际市场。

3. 产品开发战略

产品开发战略是通过改进老产品或开发系列新产品去增加产品在老市场的销售量，实现企业业务的增长。如可口可乐开发酷儿果汁，五粮液生产五粮春、五粮醇。

上述分析表明，安索夫的战略发展方向与企业的国际化相结合能使企业有更大的发展空间，国内和国际新老市场的充分利用，能增大企业的国内、国际市场占有率，提高国内和国际竞争力，促进企业的成长和发展。

(二)企业边界的延展方向

从企业的横向、纵向、多元化边界扩张角度将企业的成长战略分为如下三个。

1. 水平一体化战略

水平一体化战略是企业通过收购或兼并同类企业,以扩大生产规模,或与同类企业实行合资经营,取得规模经济,促进企业成长。如联想并购 IBM 全球 PC(个人计算机)业务。

2. 纵向一体化战略

纵向一体化战略是一个企业把自己的业务经营扩展到供、产、销不同环节,以寻求更多的市场机会。可分为前向一体化和后向一体化。前向一体化是企业向前控制下游企业,可通过新建或兼并收购形式,对其产品的加工和销售取得控制权至所有权。后向一体化是企业向后控制上游供应企业,具体可以通过自办、签订契约、联营或兼并等形式,最终实现对它的原材料供给来源取得控制权。企业通过纵向一体化,可以降低成本,增强竞争力。

3. 多元化战略

多元化战略也叫多样化战略,是企业所属的行业缺乏有利的营销机会,而其他的行业富有吸引力,企业又具备相应的条件,就可以向行业以外发展,扩大业务范围,实行跨行业经营。多元化又分为相关多元化和不相关多元化。相关多元化,即向具有相关技术或相关市场的领域扩张。例如伊利股份在生产牛奶的同时生产酸奶、冰激凌等产品。不相关多元化是指向与本企业原有产业完全不相关的产业扩张。如美国国际电报电话公司兼营旅馆业。

二、国际企业一般竞争战略

一般竞争战略由美国哈佛商学院著名的战略管理学家迈克尔·波特提出的。国际企业可以通过选择差异化战略、成本领先战略和目标集聚战略三种一般竞争战略获得竞争优势。

(一)差异化战略

差异化战略是指企业设法将向顾客提供的产品和服务与竞争者的产品和服务区别开来,在行业范围内树立起别具一格的经营特色,以特色来取得竞争优势。它是企业广泛采用的一种战略。采用差异化战略的公司会从其所拥有的资源中探索出为客户创造优越价值的方法,例如,高于消费者期望的产品质量、独特的产品特征、高质量的服务等。例如,宝马公司通过为消费者提供高质量、高性能的旅游房车以在世界市场上进行竞争。

差异化战略能够带来更高的利润，因为消费者通常会为优质产品或服务带来的额外价值支付更高的价格。它降低了消费者对价格的敏感程度，减弱了消费者讨价还价的能力。

（二）成本领先战略

成本领先战略也被称为低成本战略，是指企业通过有效途径降低成本，使企业的全部成本低于竞争对手的成本，甚至是同行业中最低成本，从而获取竞争优势的一种战略。采用低成本战略的公司会生产和提供与其竞争者相同的产品和服务，但是这些企业会找到比竞争者更低成本的生产方式和服务方式。节约成本可以体现在从产品设计、制造至产品最终销售价值链上的每一个环节，如寻求更廉价的原材料资源、雇用更廉价的劳动力、使用更有效率的生产方式、使用更有效率的运输方式。例如，韩国的钢铁公司和半导体公司在与日本公司和美国公司的竞争中，就是通过低成本战略获得竞争优势的，它们通过启用廉价但富有生产效率的劳动力、使用先进高效的生产方式来降低成本。

（三）目标集聚战略

目标集聚战略又称为集中化战略，它是企业或战略经营单位根据特定消费群体的特殊需求，将经营范围集中于行业内的某一细分市场，使企业的有限资源得以充分发挥效力，在某一方面超过其他竞争对手，建立竞争优势。集中化战略是基于公司的竞争范围而言的，竞争范围是指一个公司向多大范围的目标市场提供产品和服务。比如说，竞争范围较窄的公司可能仅专注于有限的产品、特定类型的消费者或特定的地理区域，采用的是集中化战略。例如宝马汽车公司的目标定位于高收入消费者，因而仅仅提供少数几种型号的汽车。

集中化战略的目标集中明确，经济成果易于评价，战略管理过程易于控制，从而带来管理上的便利。有利于集中使用企业资源和力量，更好地服务于某一特定市场，可以防御行业中的各种竞争力量。

三、国际企业跨国经营战略

国际企业在跨国经营中都会遇到一个基本两难问题——全球化-本土化的困境。一方面，国际企业面临的压力是针对经营所在国市场的特定需求做出反应，也就是本土适应性问题；另一方面，国际企业也面临全球降低成本问题，需要忽略当地市场差异，由此公司倾向采取全球标准化方案。所谓应对全球化-本土化两难困境，就是在当地响应与全球整合之间进行选择，倾向于使用本土适应性方案的公司，强调根据国家或地区差异来确定组织结构和产品,其核心是根据不同需要调整产品或服务以满足当地顾客的需要。倾向于使用全球标准化方案的公司,会尽可能地在各个国家采用标准化的产品、促销战略和分销渠道,以便降低成本。

根据普拉哈拉德–多兹的战略模型的一体化–当地响应方格图,基于当地响应压力程度与全球降低成本压力程度的强度差异,国际企业可供选择的战略有四种:多国战略、国际战略、全球标准化战略和跨国战略(如图4-9所示)。

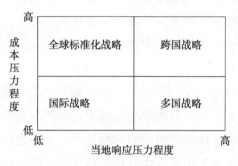

图 4-8 跨国经营的四种战略

(一)多国战略

多国战略是将各国差异化需求,即当地响应置于首要位置,从许多方面看,它是本土化战略的一种形态。公司在不同国家的市场上提供与消费者需求和偏好相适应的产品或服务。例如,广告、包装、销售渠道和定价都根据当地标准进行适应性调整。当各国市场的消费者偏好差异很大而降低成本压力不大时,公司可考虑采取这种战略。

按当地需求提供产品可以增加产品的销量,如果它带来了当地需求持续增加,也能够让企业通过在当地市场上获得一定程度的规模经济和学习效应来降低成本。

多国战略通常总部实施的是多中心主义管理模式,每个国家的子公司可以根据需要自主地进行经营管理,作为独立利润中心,除了在当地拥有生产设施、营销战略、销售团队和分销系统,子公司一般会充分利用当地原材料资源和雇用当地员工。

(二)国际战略

采取国际战略的企业往往面临着较低的全球整合成本压力和较低的当地响应压力,它们先为国内市场生产产品,然后通过向国外市场转让有价值的技能和产品来创造价值,把全球作为一个大市场,公司主要依赖全球品牌的知名度,遵循国际战略的公司力图销售全球性产品,并在世界范围采用相似的营销方法。如果需要为适应当地顾客和文化而进行调整,那么仅局限于对产品提供方式与营销战略稍作改变。

追求国际战略的公司一般会采用母国中心主义管理模式,它们往往会把研发和制造集中于母国总部,这样可以产生规模经济效益和更低的协调成本。在使用国际战略的国际企业中，多数的总部对营销和产品策略保持严密的控制。例如，总部位于美国的波音公司长期在美国进行大部分生产和研发活动，同时利用相似的营销方法在全世界销售波音757这样的飞机，以价格和技术为核心，以美元作为支付货币。

（三）全球标准化战略

全球标准化战略适合全球整合成本压力很大而当地响应压力不大，即产品需求差异性小的企业。采取全球标准化战略的企业强调全球市场的相似性大于差异性，重视全球化经营中产生的规模经济和范围经济，实现成本的降低，从而提高盈利能力和利润的增长。因此，它们倾向于为不同国家市场提供标准化的产品或服务，其实质是在全球范围实行低成本战略。

追求全球标准化战略的企业，其研发、生产和营销活动都集中于若干个有利的区位。企业往往不因地区条件的不同而改变其标准化的产品和营销策略，因为这样会增加成本。这些企业偏好在全球范围内营销标准化的产品，通过经验曲线效应获得最大的规模经济效益，甚至试图利用成本优势在全球市场上实行进攻性的定价策略。当降低成本压力很大而当地响应的要求很低时，这一战略最为有效。这些条件在许多工业品行业中越来越普遍，它们的产品往往能满足普遍的要求。例如，在半导体工业中，半导体的全球标准已经出现，并出现巨大的需求，因此英特尔、得州仪器和摩托罗拉等企业都采取全球标准化战略。

（四）跨国战略

实施跨国战略的公司面临高的当地调适压力与高的降低成本压力时，可采用跨国战略。跨国战略是在有利区位集中生产产品，并在产品中增添满足各地需求的特色，响应当地需求并满足降低成本的要求。

跨国战略有两个关键目标——寻求区位优势和在世界范围内经营而获得规模经济。利用区位优势意味着国际企业根据条件的要求，将其价值链活动（研发、制造及销售等）分布于世界范围内，在全球范围内实现最优配置，实施全球中心主义管理模式。如一家美国公司，基础研究、核心技术和财务职能设置在母国，生产劳动密集型产品的制造工厂可能建在劳动力成本低的墨西哥，一些应用层面技术或独特技术的开发可能安排在日本和德国。另外，在当今的环境下，竞争异常激烈，跨国战略还强调相互作用的全球学习效应，当企业在全球范围内任何一个营运网点进行了有价值的创新，并因此提升了核心能力时，企业就会把创新成果应用到全球其他的营运网点。因此，跨国战略注重资产、资源和能力的复杂组合，通过复杂的有机组合能利用更多的途径建立竞争优势。

跨国战略需要企业采取全球中心管理模式，其本质是全球性的系统决策模式，其组织也呈网络系统结构。因为实施跨国战略的难度较大，企业既需要强有力的中央集权和协调以提高效率，同时又必须分权以增加弹性，使产品或服务能够针对当地市场做出响应。

本 章 小 结

1. 为了更好地适应日新月异的国际环境变化，获得长远发展，国际企业必须要进行战略管理，其核心目的是建立和保持持久竞争优势。按照企业的管理层次，大型国际企业跨国经营战略可分为公司层战略、业务层战略、职能层战略。

2. 国际企业战略管理过程可大体分解为战略环境分析、战略模式及战略目标的确立、战略选择及评价、战略实施与控制五个步骤。过程中各步骤环节是相互联系、循环和不断完善的动态过程。

3. 国际企业战略管理过程要使用各种定性和定量的分析工具，如环境分析可以用 PEST 分析法、五力模型及价值链等分析工具。战略的制定和选择分析工具有 SWOT 分析模型、麦肯锡矩阵，战略的实施和控制分析工具有价值链分析、麦肯锡 7S 模型。

4. 国际企业在经营战略中都会遇到一个基本两难问题——全球化-本土化的困境，根据全球降低成本压力与当地响应压力之间的强度差异，可供选择的战略有四种：多国战略、国际战略、全球标准化战略和跨国战略。

1. 简述国际企业战略和国际企业战略管理的含义和内容。
2. 试述波特五力模型的主要内容。
3. 试述 SWOT 分析的主要内容。
4. 试述波特的企业价值链分析模型的主要内容。
5. 试述麦肯锡的 7S 模型的主要内容。
6. 试比较国际企业四种战略模式，即国际战略、多国战略、全球标准化战略和跨国战略对应的情况。

第五章

国际市场进入方式的选择

【学习目标】
- 掌握进入国际市场方式的类别
- 掌握国际直接投资的内涵和方式
- 理解跨国并购的实践意义和特点
- 掌握国际市场进入方式的选择

TCL 跨国并购阿尔卡特

2004年4月26日,TCL宣布与法国阿尔卡特正式签订了"股份认购协议",双方将组建一家合资企业T&A从事手机及相关产品和服务的研发、生产及销售。这是中国在全球范围内首次整合国际大公司的手机业务。2004年8月31日,合资公司T&A正式投入运营。双方对合资企业的运营最开始有很多的期待,目标宏大。预期双方合作不仅将大大控制整体的研发成本,同时可以更快速地推出创新和尖端产品,并提出了将采取"技术创新"和"开源节流"两大策略,以实现双方在交叉期销售、采购、生产及研发领域的四大协同效应。对于这一并购方案,舆论上也有许多宣传,按照摩根士丹利的研究报告,T&A成立后,TCL国内外手机的年销售量将达到2 000万部,一跃成为中国手机销量第一,全球第七的手机生产制造商。然而,这只是美好的愿景,当合资公司开始运营后,双方在业务整合和文化整合方面都出现了问题。随着文化冲突的加剧,业务整合的失败,合资公司的经营状况迅速恶化,出现严重危机,人才大量流失,公司出现巨额亏损。2005年5月17日,TCL公布合资企业解体,至此TCL想通过合并后利用阿尔卡特的技术和品牌使自己占领国际手机市场的目标彻底落空,并购整合失败。

一旦国际企业选择了国际目标市场,就应该决定进入该市场的最佳方式。国际企业进入国际市场的各种方式因其所处环境、自身的战略目标和能力,以及时间的不同而不同。即使同一个公司，也常常会采用多种进入方式，且根据环境的变化而变化。国际直接投资是进入外国市场的重要方式，包括新建企业和并购两种形式。

美国麻省理工学院教授法墨和里茨，根据是否涉及海外所有权的情况，将国际企业进入国际市场的方式分为两大类共十种。第一类是不享有国外管理权的经营活动，包括进出口贸易、证券投资、对政府和国际金融机构贷款、技术授权、合同安排、国际租赁、国际咨询。第二类是享有直接管理权的国际企业经营活动，包括国外直接投资、国际性服务经营、工业合作。从企业国际化过程来看，商品进出口是最简单也是最早被使用的形式。随着国际化的发展，国际直接投资开始成为进入国际市场的主要方式，不享有国外管理权的经营活动朝着享有国外管理权的经营活动发展，同时，各种方式交替使用、互相补充，融为一体。以下重点讨论出口型进入模式、契约进入模式、投资进入模式、国际战略联盟等主要进入方式。

第一节 出口进入模式

出口进入模式（export entry modes）主要指货物贸易，特别是出口贸易，是指通过向目标国家或地区出口商品来进入国际市场的一种方式。出口是指企业在本国制造产品，运送到另一个国家或地区，给当地的工业用户、批发商、零售商或消费者使用。出口表示一个公司开始了其国际经营业务，是企业进入国际市场的重要方式，同时，也是企业国际化经营进程中最初级、最简单的一种进入国际市场的模式。商品贸易是世界各国经济在国际分工的基础上相互联系、相互依赖的主要形式。根据国际贸易理论，一个国家通过出口在劳动生产率上具有比较优势的商品，通过进口没有比较优势的商品，可以获得国际比较经济利益。因此，为了获取国际比较经济利益的商品贸易，通常被看作国际经营活动的起点。

一、间接出口和直接出口

各公司进行出口活动的程度可能是不同的，通常来说，存在着两种类型的出口活动，一种是间接出口，另一种是直接出口。

（一）间接出口

间接出口是指企业通过中间商向国际目标市场销售产品。中间商或许是一个经纪人，或许是一个出口管理公司（export management company，EMC），或许是一个出口贸易公司（export trading company，ETC）。间接出口又可分为两类：第一类是中间商向企业直接购买产品，拥有产品的所有权，并且自筹资金、自主销售、自负盈亏。第二类是中间商只是作为生产企业的代理人代为销售产品，双方是一种委托代理关系，中间商不具有产品的所有权，产品销售的最终决策权在生产企业手里，但中间商也可在双方签署的代理协议范围内做出一定的决策。

间接出口企业可以利用中间商现有的海外渠道进入海外市场，投资小，可以减少市场风险。间接出口需要支付中间商佣金，而且不利于对国际市场行情的调研、价格的确定等，不利于企业进一步拓展国际市场。适用于缺乏海外联系或初次进入外国市场的企业。

（二）直接出口

直接出口是指一个企业将国内生产的产品直接销售给国外的买家，包括使用分销商或直接销售给消费者，或者委托国外中间商在国际市场上代为销售。直接出口有两种方式：一是企业自行向国外中间商或用户销售，企业可以自己设立出口部或国际业务部，向目标市场的中间商出口商品，由后者向目标市场消费者销售，企业与国外中间商是一种买卖关系。企业也可以在国外目标市场设立专门的销售机构以负责产品销售。二是企业委托国外中间商代为销售，企业与中间商是一种委托代理关系，国外中间商不负担风险，只收取代理佣金，也不拥有产品的所有权。

直接出口是企业真正进入国际市场的开端。企业可以与国外企业直接接触，直接参与其产品的国际营销活动。从形式来看，直接出口有传统的一般直接出口贸易和跨境电子商务贸易。直接出口企业可以了解和掌握国际市场的第一手信息，自己选择国际目标市场，可以较快地积累国际市场营销经验和培养自己的国际商务人才，为后续的发展打下良好的基础。虽然投资风险较大，但是投资报酬也较高。

二、出口进入渠道的选择与管理

中国加入WTO之后，特别是《中华人民共和国对外贸易法》确立了外贸经营权的注册登记制度后，外贸经营权下放给外贸企业，更多的外贸企业可以选择直接出口，中国外贸企业把中国制造产品出口到了世界各个角落，进出口贸易成为中国企业参与国际商务活动的最普遍的做法。中国出口外贸企业在拓展国际市场过程中，不同阶段的外贸企业管理和发展战略不同。总之，出口外贸企业采取各种渠道寻找获取境外订单的机会，实践证明比较有效的进入渠道包括三种：参加展卖活动、指定代理商或经销商、利用跨境电子商务平台。

（一）参加展卖活动

展卖是利用展览会、博览会、展销会、交易会等各种会展形式，对商品实行展销结合，以展促销的一种贸易方式。在我国比较著名的是每年春、秋两季各举办一次的中国进出口商品交易会，简称"广交会"，它是由中国各进出口公司联合举办的，邀请国外客户参加的一种将展览与交易相结合的商品展销会。另外，中国国际贸易促进委员会，以及全国各地各级团体或企业举办的专业或行业国际展览会也是非常好的渠道，可以让企业与国内外本行业的企业人员接触。这些国内外的展卖活动既让企业获得最新的行业动向和信息，也使得企业能够找到获取订单的机会。

（二）指定代理或经销商

出口企业为了能够将自己的产品更快地推向国际市场，往往会在目标市场寻找和指定合适的代理商或经销商。国际贸易中的代理商指的是以签订代理协议的方式在约定的时间和地区，以委托人（即出口商）的名义从事业务活动，替委托人开拓市场销售产品的行为。在代理业务中，代理商代表委托人招揽客户、接受订单、签订合同、代为处理委托人的货物、收受货款等，并从中收取协议规定的佣金。国际贸易中经销商拥有商品的所有权，这是一种与出口国的供应商建立长期合作关系，并享有一定价格优惠和货源保证的从事进口业务的企业。他们从国外购买商品，再转售给批发商、零售商等中间商，或直接出售给最终消费者。根据经销商与国外出口商（即供应商）达成的协议，承担规定期限和地域内购销一定数量商品的做法。经销协议可繁可简，一般包括经销商品的范围、区域、经销数量、作价方法、市场开拓方法等条款，是一个框架性的长期合作协议。出口商为了调动代理商或经销商的积极性，往往在限定的期限和区域给予代理商或经销商特殊权利，使其成为独家代理或独家经销商。

（三）利用跨境电子商务平台

利用跨境电子商务平台渠道寻找贸易机会是近几年流行起来的海外市场拓展方法。随着全球网络的普及，在网络虚拟市场空间出现了很多提供贸易机会的网络第三方平台，例如比较著名的阿里巴巴网站就专门为全球的进出口商，特别是中小企业提供贸易机会服务。目前外贸第三方平台的交易流程有交易前、交易中和交易后三个阶段，每个阶段都可以找到典型的电子商务平台。

1. 交易前阶段

交易前阶段指的是在达成正式进出口合同前的准备、信息获取和信息交流等活动的阶段。在这个阶段中，进出口商最在意两个方面的活动：一是了解国际市场信息，二是寻找贸易机会。前者可能包括市场行情和市场需求信息；后者是针对订单的获取，其内容可能包括获得买家的信息以及沟通方式。阿里巴巴（Alibaba.com）就是这一阶段典型的国际贸易信息提供的网络平台，另外，目前比较典型的第三方平台还包括中国制造网

（Made-in-China.com）、诚商网（Trade2cn.com）等。

这些网站通过招揽会员注册，整合了全球大量买家和卖家的产品和供求信息。中小企业注册成为会员后可以发布产品供求信息，寻找生意伙伴。

2. 交易中阶段

交易中阶段指的是在网上实现交易的这个过程，也被称为"跨境网上交易"或者"在线国际贸易"。这一阶段的电子商务平台主要参与跨境的网络零售，其成交的特点是金额小，批次多，走国际快递和邮包运输，而且使用信用卡或第三方网络支付方式，例如Paypal等。敦煌网（DHgate.com）、阿里巴巴速卖通（AliExpress）等都属于这一类。它们发展极大地促进了生产制造企业与市场的信息沟通和互动，引发了对传统进出口流程和方式的创新，如敦煌网在尝试把小额网上跨境交易的做法扩展到适合传统贸易流程，阿里巴巴在网上跨境交易中推出网上交易B2B信用卡。

3. 交易后阶段

交易后阶段指的是进出口合同达成后的履约阶段。进出口合同的履行涉及交付货物和进行外汇货款收付，这涉及国际物流运输和国际结算。这一阶段除了存在物流、资金流之外，进出口商还要与各个政府贸易监管部门打交道。无论与哪个相关当事人或机构打交道，都需要一套业务流程和单据流转过程。因此，此阶段对进出口商的挑战是与不同部门进行单证和数据交换。如何精减和优化流程，减少相关费用已经成为全世界关注的问题，贸易便利化的讨论基本上是针对这个阶段的进出口程序的创新和改进。国际组织关注的建立基于计算机系统的单一窗口制度和系统也是贸易便利化的基本的目标和任务。按照联合国欧洲经济委员会的定义，单一窗口指的是政府贸易监管机构在进出口流程中要建立基于计算机系统的单一窗口系统，以便让进出口商可以方便地在一个计算机系统中一次性提交所有的贸易数据，从而提升贸易监管的效率，也使得流程最优，费用最低。

小知识5-1 中国出口跨境电商快速发展

三、出口进入模式的优点与局限性

出口进入模式具有很多优点。产品出口虽然是企业进行国际化时最先从事的工作，但是即使企业已成为十分成熟的国际企业，产品出口依然是企业十分重要的工作。产品出口会给企业带来良好的效益；出口可以免除企业在东道国建造生产设施的高额成本；出口可以帮助企业实现经验曲线经济和区位经济；出口可以进一步地发挥企业潜在的生产能力，取得更高的利润；出口可以避免过大的风险，避免决策失误带来的重大损失；出口可以利用方式灵活、企业卷入不深的特点，实现多样化的经营，满足发展阶段不同、层次不同的市场需求。

出口进入是比较保守、安全、低成本、高效率以及在人员配置、产品供给和资金运用等方面便于管理的一种海外市场进入模式。它可以利用母国与东道国之间比较成本的差异，获得国际市场价格上的竞争优势；不涉及技术、生产设施及技术人员的跨国转移，经营风险小；尤其是在企业还处于规模小、资金缺乏、海外市场经验不足的情况下，是首选的方式。

出口进入也具有局限性。第一，如果在国外某个地点生产某种产品的成本更低的话，那么从企业所在的国家出口这种产品就不是合适的选择。第二，运输成本偏高、时间较长等因素可能使出口变得不经济。对于大宗产品而言，情况尤其如此。第三，由于信息的不对称，不能及时了解和掌握出口对象国当地市场的需求，通过出口商或当地代理商不能彻底贯彻厂家的海外市场战略意图。此外容易受到关税及非关税壁垒的阻碍，如反倾销和贸易保护主义的影响。如20世纪70年代，美国国会威胁要对日本的进口汽车课以重税，很多日本汽车公司因此决定在美国建立汽车工厂。结果1990年，日本在美国销售的汽车中有50%是在美国当地生产的，而在1985年，这个数字为零。

小知识 5-2　几种新型的非关税壁垒

第二节　契约进入模式

契约进入模式（contractual entry modes）是国际化企业与目标国家的法人单位之间长期的非股权联系，通过与目标国的企业签订协议，转让技术或技能达到进入该国市场的目的。该模式是跨国服务活动，其特点是以输出企业的知识和技能为主，不需要产品输出和投资。

一、许可证经营

许可证经营（licensing），也称许可证贸易，是指企业（许可方）与东道国企业（被许可方）签订合同，允许东道国企业在一定时期内使用其专利、商标、公司名称或其他无形资产，并获得提成费用或其他补偿的报酬。许可证经营的核心就是无形资产使用权的转移，根据许可程度可分为普通许可、排他许可、独占许可、分许可、交叉许可等形式。

（一）许可证经营的动机

（1）避免技术风险。在当今技术飞速发展、技术更新速度加快的情况下，若国际企业对新产品或新技术的生命周期估计失误，很有可能在还未收回投资成本时，技术已经过时，产品生命周期已完结，从而使企业遭受损失。许可证经营可以把风险转移给被许可方，避免这种损失。

（2）经营方式创新。许可证经营为企业选择灵活的经营方式提供了一种方法。如克莱斯勒汽车公司在扩大吉普车生产的过程中，在一些市场规模较大的国家选择了直接投资，建立子公司的经营方式，而在一些较小市场上采取许可证经营方式转移技术。

（3）战略意图。当企业希望进入外国市场，但由于投资的障碍而受到禁止时，往往也采用许可证经营方式。这是富士–施乐合资企业形成的最初原因之一。施乐想进入日本市场，但日本政府禁止其在日本建立合资子公司，所以施乐同富士建立了合资企业，然后授权该合资企业使用其技术。

（4）资产保护。世界上的一些国家对外国的无形资产并不加以很好的保护，往往给国际企业带来巨大的损失。但若国际企业与这些国家签订了许可证协议，就可以追踪协议规定的资产使用情况，避免资产不正当扩散。

（二）许可证经营的优缺点

许可证经营的优点：许可方可以不必承担打开国外市场所需的开发成本和风险，投入低；可以作为出口模式的替代方式，突破关税及进口配额所造成的进口壁垒而进入目标市场；比资本投资方式的风险低。许可证经营可以使企业将其不愿开发商业用途，而又具有商业价值的无形资产投入应用。如可口可乐公司将其商标许可给成衣生产商，允许其设计与使用。

许可经营的缺点：许可方缺乏对目标市场营销计划和营销活动的控制，许可证经营的收益低于直接出口或直接投资目标国的收益，技术外溢会为许可方树立新的竞争对手，许可合同排他性使得许可方不能再以其他方式进入东道国市场。

许可证经营一般用于技术贸易领域，如通用电气能源集团将其气化技术以许可证经营形式进入中国市场。

二、特许经营

特许经营（franchising）是国际商务活动中的另一种基本的经营方式，它是一种专业化的许可协议。特许经营是一种分销产品和服务的方法，它包含两个层次的内容：一是特许者（franchiser）向受许方（franchisee）转让商标、技术或统一的商业运营模式，二是受许方按照合同在支付使用费和加盟金的条件下通常按照特许经营者收入的一定比例取得从事特定经营权。

（一）特许经营与许可证经营的比较

特许经营类似许可证经营，但特许经营往往比许可证经营含有更长期限的承诺。在特许经营中，授权方会对接受方提供更多的支持，但是，特许经营方也会对特许经营者的绩效进行更多的控制。许可证经营主要被制造业企业采用，而特许经营主要被服务业，如零售、快餐等企业采用。著名的麦当劳就是通过特许经营战略发展起来的。麦当劳对特许经营人应当如何经营快餐店做出了严格而详尽的规定，涵盖了从菜单、烹饪方法、员工雇用政策到餐厅设计、位置的控制。麦当劳还负责特许经营人的供应链，并提供管理培训和财务资助。

（二）特许经营进入模式优缺点

优点：以较低的资金投入获得在国外市场的迅速发展，以标准化的营销方法展现与众不同的形象，对合作企业及东道国市场有比较强的控制程度，较低的政治风险。

缺点：特许方的利润受到限制，可能培养未来的竞争对手。

特许经营进入模式一般应用于零售服务性行业。从本质上，特许方许可了一种在其名义下组织和开展商业活动的方式。如麦当劳通过特许经营在全球建立了它的商业帝国。

（三）特许经营进入模式要注意策略

在国际性的特许经营中值得注意的问题是，国内所熟悉的经营方式不一定能很好地适用于东道国的经营环境，特许经营必须根据东道国的需求状况和特点选择恰当的经营方式，并考虑变化对企业经营成本的影响。具体可选择的策略，一是在试探性的经营取得成功以后，再寻求特许经营的投资伙伴，二是与主要的特许经营者签订合同，由他们再去操办其他的特许经营活动。

三、合同制造

合同制造（contract manufacturing）是指企业与国外厂家订立合同，由国外厂家按照合同要求制造约定产品，而由企业本身负责市场销售的一种市场进入方式，是一种把生产环节外包的战略，如耐克公司就实施了该战略。合同制造是一种发挥国外成本优势和绕过关税壁垒进入国际市场的常用方式。

合同制造进入模式优点：只需要较少的资金和管理资源便可以迅速进入目标市场；当目标市场太小而不值得直接投资，出口进入又受到限制或仅仅是因为成本太高时，合同生产就特别有吸引力。缺点：有可能把合作伙伴培养成潜在的竞争对手；有可能失去对生产过程的控制，如对产品质量的控制，继而对本企业的声誉带来不利的影响。

合同制造进入模式一般用于生产制造领域。合同制造又可分为 OEM（original equipment manufacture，贴牌加工）、OBM（original brand manufacture，原始品牌制造）、ODM（original design manufacture，原始设计制造）、CDM（contract design manufacture，合同设计制造）等类型。

四、管理合同

管理合同（management contract）是指企业与东道国企业签订合同，在合同规定期限内由企业负责对方全部的经营管理活动，借以进入目标市场国家的方式。作为回报，企业根据合同，提取相应的管理费和相应比例的经营利润。

管理合同进入模式的优点是可以使承担管理工作的企业无须承担投资的风险和责任，并通过利润分配等方式获得稳定收入，其缺点是不能使企业在目标市场上获得永久的市场地位。

管理合同进入模式一般应用于管理服务领域，如美国的喜达屋酒店和度假国际集团的国际营销项目。

五、工程承包合同

工程承包模式指的是企业通过与国外企业签订合同并完成某一工程项目，然后将该项目交付给对方的方式进入外国市场。它是劳动力、技术、管理、资金等生产要素的全面进入和配套进入，这样有利于发挥工程承包者的整体优势。工程承包进入模式最具吸引力之处在于，它所签订的合同往往是大型的长期项目，利润颇丰。但正是由于其长期性，这类项目的不确定性因素也很多。

国际工程承包合同进入模式一般应用于建筑工程领域。工程承包合同分为分项工程承包合同、交钥匙工程承包合同、"半交钥匙"工程承包合同、"产品到手"工程承包合同等类型。

第三节　对外投资进入模式

对外投资进入模式（investment entry modes）包括对外间接投资和对外直接投资两种。对外间接投资（foreign indirect investment，FII）又称国际证券投资，通常指投资者在国际市场上投资股票、债券、投资基金、中短期期票以及各种金融衍生产品，以取得预期收益的一种行为或活动。对外直接投资（foreign direct investment，FDI）是指企业采用对外直接投资形式，将管理、技术、资金、营销等以自己控制企业的形式转移到目标国家或地区，以便能够在目标市场上更充分发挥其竞争优势的国际市场进入方式。这种方式中，投资者对国外企业不仅拥有所有权，而且对国外企业的经营活动拥有实际的控制权。直接投资是一种"股权投资"，对被投资企业拥有经营权和控制权。国际企业是对外直接投资的典型形态，没有对外直接投资，也就没有国际企业。对外直接投资的结果通常是形成海外子公司或分公司。对外直接投资具体包括跨国并购、合资企业、全资子公司等方式。

一、跨国并购

并购是兼并和收购的简称,是国际企业在国外通过资产经营与运作,迅速有效地进入东道国市场,进行资本扩张的有效方式。兼并(merger)有吞并、吸收之意,是指一个企业吸收另一个或多个企业,前者依然保留自己的法人资格和企业象征,后者则失去法人资格,只作为前者的一个组成部分存在。收购是指对其他企业一定控制权的购买,而这些企业的企业法人实体并不消失。

(一)跨国并购的类型

并购的类型一般有:①横向并购,即同行业或相关行业生产或销售相同、相似产品的企业之间的并购。早期的企业并购大多数是横向的,从经济上看,这种形式的兼并一方面有利于扩大生产量和利用规模经济效益,另一方面可以利用其扩大的市场份额,形成对某一产品市场的独占或垄断。②纵向并购,即生产同一产品但处于不同生产阶段的企业之间的兼并。这种形式的兼并,有利于利用企业协同效应,提高产品的适销能力和售后服务水平,降低交易成本,减少风险。纵向兼并还要进一步分为前向兼并和后向兼并。前向兼并是处于上游经营环节的企业对处于下游经营环节的企业的兼并,后向兼并是处于下游经营环节的企业向处于上游经营环节的企业兼并。③混合并购,即两个不同行业、经营范围不相干的企业之间进行兼并。这种形式的兼并有利于企业实行多元化经营,规避经营风险。

(二)跨国并购的动机

跨国并购有四个方面的基本动机:①企业发展战略的需要。国际企业进行并购的动机不在于买卖企业,而是出于企业长期的、综合性的发展。②寻求市场份额。通过跨国并购可利用东道国现有的市场格局及销售网络,迅速进入新的市场。企业通过并购以求得快速占领市场,保持对市场的控制能力,获取海外市场份额。③获取有形和无形资源。通过跨国并购以较少的花费,尽快获得东道国企业的商誉、新技术、销售网络、管理方法、人力、物力等资源。④经营和财务协同效应。企业通过并购,优势互补,资源共享,减少平均固定成本,可以带来经营和财务方面的变化和效益,使企业总体的效益大于各个单体企业效益的算术和。

跨国并购和国际企业的发展有密不可分的关系,国际企业的跨国并购活动对企业未来的发展和组织形式的变化具有极其重要的意义。以美国通用汽车公司为例。该公司1908年成立时名为新泽西通用汽车公司,在此后的20年间,先后兼并收购了别克、欧尔茨、奥克兰、雪佛兰等数家汽车制造公司。通用汽车公司为了向国外扩展,首先在欧洲站稳脚跟,经过长期的讨价还价,于1925年收购了英国的沃克斯豪尔公司,1929

年又购买了德国的亚当·欧宝汽车公司80%的股票。为了向日本扩张,并从日本学习新技术和新管理方法,通用汽车公司在1971年购买了日本五十铃汽车公司34.2%的股权。为了获取丰富的自然资源和消费品市场以及廉价的人力、物力,通用汽车公司还不断在发展中国家开展企业兼并活动。可以说,以美国通用汽车公司为代表的国际企业发展史,就是一部跨国并购的历史。

绝大多数国际直接投资是通过跨国并购进行的,特别是在发达国家之间。在加速企业国际化的进程中,中国许多国际企业也纷纷通过跨国并购进入海外市场。如2003年11月,TCL集团并购汤姆逊公司彩电业务,2004年10月,TCL又收购了阿尔卡特公司手机业务。2004年底,联想集团以6.5亿美元现金、6亿美元的公司股票收购IBM在全球的个人计算机业务,成为当时世界第三大个人计算机厂商。2005年,中国海洋石油有限公司并购美国优尼科公司,以及海尔集团竞购美国家电巨头美泰克公司,虽然没有成功,但是吸引了全球的眼球。2007年,国内最大汽配生产商浙江万向集团在数月内收购了美国福特公司旗下的传动轴业务相关工厂、美国旦纳公司位于美国和墨西哥的两家工厂以及美国AI公司。

国际并购是一个比较复杂且充满风险的过程,不乏失败的案例和深刻的教训,因此,国际企业在采用并购方式时,要注意尽可能减少失误。

二、国际合资企业

国际合资企业(international joint venture)是由两个或两个以上的不同国家的投资者共同投资而形成的独立经营的法人企业。合资各方按其在法定资产中的股权比例分享利润、分担风险;根据合资者签订的协议和章程,建立企业的决策和管理机构,共同经营和管理企业;合资经营企业必须依法成立,并有一定的经营期限,合资期满后双方按股权比例清算并分担企业的债权债务。由此可见,共同投资、共同管理、共负盈亏、共担风险是合资企业的四个基本因素,也是合资企业区别于其他直接投资形式的主要特征。

国际合资企业可能是新建的,也可能由已有的若干家公司合并而成。不管其组建形式如何,大多数合资企业成立的目的在于共享资源,通过组织协调实现任何一方不能单独实现的目标。与外国公司建立合资企业是打入外国市场的一种颇为流行的方法。合资企业可以是合资双方各拥有50%所有权的企业,双方向合资企业派出管理队伍,实现共同经营,不过很多国际企业喜欢在合资企业中拥有更高的股权,主要原因是便于经营上的控制和避免利益分配中的矛盾。

(一)国际合资企业形成的原因

国际合资企业形成有四个方面的原因。

1. 强化企业国际竞争力

国际合资企业能够采取多种多样的形式强化或保护现有业务，最主要的是通过建立合资企业实现规模经济，确保原材料和零部件供应，共享研发能力和进行联合营销，获得核心业务所需的技术，并降低主要项目上的金融风险，从而使公司在某个特定市场或特定产品上消除潜在竞争对手的威胁。

2. 降低进入海外市场风险

进入国外市场要承担一定程度的风险，大多数企业采取同当地企业组建合资企业的做法以降低新市场的进入风险。通常企业会在当地寻找从事相关产品线市场的合作伙伴，这样便能更好地了解当地市场。

3. 产品引入本地市场

国际合资企业可以使产品便于进入国外市场，当地的公司看重合资企业的原因之一是它有利于将外国产品引进到本国市场。富士–施乐公司是由美国施乐公司和日本富士公司1962年在日本创立的合资企业，也是一家在日本家喻户晓的合资企业。在公司成立的最初十年里，从严格意义上讲它只是一个营销机构，它非常有效地使施乐公司的复印机进入日本市场，而那时美国的其他公司难以使产品进入。

4. 促使企业多元化经营

许多合资企业运营的产品大部分是合资母公司双方熟悉的产品，也有一些将合资母公司一方或双方都不熟悉的产品引进合资企业的例子。合资企业被认为是组织学习的有效模式，这种超越知识转移的学习模式包括了转型和嫁接。于是，在某一新的业务领域获得竞争所需的各项技能，从而形成多元化经营。

（二）国际合资企业方式的优势和劣势

合资企业作为国际企业的一种经营方式有许多优势。首先，国际企业与东道国企业建立合资企业，可以从合资企业那里了解东道国的文化、政治和经济情况，这样可以使企业更好地适应当地的情况，从而避免"水土不服"。其次，当打开外国市场的成本和风险很高时，企业可以与当地合作伙伴分摊成本和风险。最后，在很多国家，政治因素使合资企业成为唯一可行的经营方式。研究表明，与合作伙伴建立合资企业不太容易受到国有化和其他形式的政府干预的影响。

合资企业方式的劣势主要表现在以下三个方面。一是建立合资企业可能使对技术的控制权落入合作伙伴手里。当企业由于所占的股份较少而丧失了对合资企业的控制权时，技术更可能外泄，尤其严重的是自己的核心技术有可能落入竞争对手之手。二是合资企业这种形式也不能够使企业轻松推进整体战略。有时企业需要外国合作伙伴在必要时以亏损来支持公司的整体战略，但没有任何合作伙伴会接受这样的条件，因为这意味着企业必须接受负的投资回报。三是当合资双方的经营目标随时间的推移而发生变化时，或者双方对企业的战略有不同的看法时，对所有权的共享会导致投资双方发生冲突。

三、新建全资子公司

全资子公司（wholly owned subsidiary）或独资子公司是由母公司全资投入与经营，并根据东道国法律在当地注册登记的独立法人。在外国市场上建立独资子公司的方法有两种，企业可以在当地建立新的，也可以收购现存企业，并利用被收购的企业来促进在该国市场上的产品销售。

（一）全资子公司的优缺点

与合资企业方式相比，全资子公司有以下三个优点。

（1）国际企业可以降低对技术失去控制的风险。当企业的竞争优势以技术为基础时，全资子公司通常是一种企业乐于采用的经营形式。

（2）全资子公司可以使企业严密地控制它在各个国家的生产活动，这种控制对于企业协调全球战略是必要的。

（3）更容易实现区位经济和经验曲线经济。当企业的成本压力很大时，企业应该对它的价值链进行合理安排，从而使每一环节的价值最大化。要建立这样一个全球运作体系，企业必须对每一家子公司保持控制，因此建立独资子公司是必要的。

建立全资子公司的缺点在于它是为海外市场提供产品或服务的成本最高的方法，企业必须承担建立海外子公司所有的成本和风险。

（二）新建与收购

企业可以在国外通过新建的方式成立一家子公司，即所谓的绿地投资（green-field）。也可以通过在境外目标市场收购已经存在企业的方式成立子公司，即所谓并购方式（merger），目前全世界的跨国收购以每年42%的速度增长，世界收购案的31%是跨国收购。

新建方式的优点包括：给企业更大的可能去建立他们想要的子公司类型，建立自己的组织文化和激励机制比改变被收购企业的文化容易得多，建立新的日常运行规则也比转变被收购企业规则容易得多。但新建方式也存在缺点，如新创办企业耗时长，未来收入和预期利润具有极大的不确定性。

跨国收购方式的好处在于可在外国市场迅速建立自己的势力，在迅速全球化过程中领先于竞争者，如吉利收购沃尔沃。此外，如果收购运作恰当，其成本比新建的成本要小。但收购容易失败，其原因主要有目标企业出价太高、两个企业间有文化冲突、收购之前的调查准备工作不够及政治因素等。

那么，企业如何在新建方式间做选择呢？如果企业寻求进入的市场已有运作良好的企业，可以考虑收购。虽然目标市场有较好的现存企业，但是两者业务不能通过互补而达到增效作用，或者存在文化冲突，或者收购企业的竞争优势以根植于组织结构中的能力、技术和文化为基础的话，更好的选择是通过新建企业进入。目标市场上没有合格的被收购企业，那么新建方式是唯一的选择。

第四节 国际战略联盟进入模式

国际战略联盟进入模式（strategic alliance entry modes）是指两个及两个以上的国际企业为了实现优势互补，扩大竞争力及扩大国际市场的共同目标而制定了双边或多边的长期或短期合作协议的国际市场进入方式。战略伙伴必须坚持平等互惠、共享利益、共担风险的原则。建立战略联盟的目标是多种多样的，战略联盟内部的关系也是形形色色的，如外包、贴牌生产、长期合同等。一个公司可以与自己产品或服务的买家、供应商甚至竞争者建立战略联盟。

一、国际战略联盟的类型

国际战略联盟有以下两种类型。

（一）互补国际战略联盟

这类联盟大多是在西欧国家、美国和日本等这些发达市场经济国家企业之间的联盟。它们为了应付全球性的竞争，而在设计技术、加工过程、市场营销服务方面进行技术、资金、人员等方面的相互补充与配合，它们主要的动机一是分摊产品开发与生产投资成本，二是迅速、有效地进入目标国市场及分销网络。如由欧洲几个国家联合研制的大型民用飞机"空中客车"（Airbus）是国际综合产品的典型。当今国际战略联盟已经从制造业拓展到服务业、从传统产业发展到高新技术产业。如戴姆勒-奔驰汽车公司与美国的克莱斯勒汽车公司组成的越洋公司；柯达与佳能结盟，由佳能制造复印机，而以柯达进行销售的联盟；美国的 AT&T 和日本的 NEC 建立了战略联盟；英特尔公司和微软公司结成了战略联盟。

（二）接受国际战略联盟

这类联盟可以细分为东西方联盟和南北方联盟。接受国际战略联盟是发达国家的合伙者向相对欠发达国家的合伙者转让各种技术和操作方法，相对欠发达国家的合伙者则向对方开放国内的某一部分市场，或支付技术转让和人员培训等方面的费用的联盟形式。

二、国际战略联盟进入模式的优点与局限性

国际战略联盟优点：

（1）结盟各方通过优势互补形成合力，大大增强企业竞争力，加速扩大市场容量，从而提高国际市场占有率；

（2）分摊国际投资成本，共享国际投资收益；

（3）获得不同的供应商和分销渠道。

国际战略联盟也有其局限性，如本企业难以对用于合作的知识产权以及在当地的生产和销售等活动进行有效的控制，也很难阻止合作伙伴和竞争对手形成类似的联盟关系等。

还有许多政治和法律的约束限制了一些行业中企业跨国并购的程度，在这种情况下，企业常常建立跨国战略联盟。当代国际战略联盟的重点是生产新产品和发展新技术，所以当今的战略联盟多发生在工业化国家之间。

第五节 国际市场进入方式的选择

一、影响进入国际市场方式选择的因素

根据美国宾夕法尼亚大学霍顿管理学院鲁特教授的观点，选择正确的进入国际市场方式应充分考虑企业外部和内部因素。外部因素包括目标国家市场因素、环境因素、生产因素和本国因素，内部因素包括企业产品因素和资源投入因素。

（一）影响进入国际市场方式的外部因素

1. 目标国家的市场因素

（1）目标国家市场规模的大小

市场规模和成长潜力，是选择进入国际市场方式首先要考虑的重要因素。较小的市场规模或达不到竞争要求的最小规模经济要求的市场，通常出口进入或契约进入模式比投资进入更合适。反之，市场规模大而且有不断成长潜力的市场，应选择拥有股份控制权的合资经营、全资新建，或者兼并的投资进入方式。

（2）目标国家的市场竞争结构

根据市场竞争程度可将目标市场分为分散型（各参与企业都不占支配地位）、卖主垄断型（某种产品几乎只由少数几家企业提供）和寡头垄断型（独家企业控制市场）。对分散型竞争的市场，一般选择出口进入方式；对卖主垄断型或寡头垄断型市场，则常常选择投资进入方式。如果向目标国家出口或投资的竞争太激烈，企业也可转而采

用许可证经营或其他合同进入方式。

（3）目标市场营销基础结构的质量与可利用状况

如果当地合适的代理商或经销商都在负责其他企业的经销或代理业务，或者根本没有合适的代理商或经销商，企业只有通过直接出口方式来打进目标市场。

2. 目标国家或地区的生产因素

生产因素主要包括基础结构、生产要素和协作条件。交通、通信设施等基础结构的完善状况影响货物流转速度、成本、生产进度等。原材料、劳动力、能源等生产要素的成本、质量与可供应程度则直接影响产品的成本与质量。企业外部采购、销售等方面的协作条件也对企业生产经营有重要影响。因此，生产成本低的目标国家或地区适合采用投资方式进入，生产成本高的国家和地区则会阻碍投资型进入，因而适宜采用出口贸易型进入。

3. 目标国家或地区的间接环境因素

目标国家的政治、经济、法律、社会文化、自然环境等特点都会对进入方式的选择有重要影响。政治稳定、经济运行有序、有关法规较为完备、社会结构和文化特征与本国接近，都会促使企业选择直接投资的进入方式。反之，企业倾向于采取出口贸易型进入或合同型进入。两国的地理阻隔程度（相互距离远近和交通运输的便捷程度）对进入方式的选择有很大影响。相距遥远或者交通运输不畅时，如果选择出口贸易型进入就会面临产品运输成本高、缺乏市场竞争力的问题，这时，企业更倾向于采用生产型或装配型的投资进入方式。

4. 本国环境因素

（1）市场容量与竞争态势

当企业规模受制于或将要受制于国内市场时，其通常会寻求海外扩张。当企业在国内发展到一定规模和实力时，则开始倾向于采用投资型方式进入国际市场。相反，如果国内市场容量小，则企业会较早地寻求外向发展，此时限于企业规模与实力，多半以对外贸易方式进入目标国家或地区的市场。

（2）生产要素与成本状况

本国生产成本高于目标国家或地区时，企业往往采用生产型进入方式，如合同制造或直接投资。一般来讲，生产成本是经济发展水平和生产要素状况的函数，因而本国与目标国家或地区在这两方面的对比状况会影响到企业海外市场进入方式的选择。

（3）经济政策导向

本国政府对出口和海外投资的政策对企业进入方式也会造成影响。一般来讲，政府出口鼓励政策会刺激企业采用出口型或合同型进入，相应地抑制投资型进入。相反，鼓励海外投资的政策，如补贴、贷款优惠或其他优惠政策则会刺激企业的海外投资活动。

（二）影响进入国际市场方式的内部因素

1. 企业产品因素

（1）产品要素密集度

劳动密集型和资源密集型产品主要以具有丰富的廉价劳动力和自然资源的国家或地区为进入目标，且偏向采取投资型进入，而资本密集型产品宜以发达国家或地区为目标。

（2）产品的差别性

差别产品与普通产品相比，在技术、设计、专利保护、定价等方面具有特定的竞争优势，因而可选择出口贸易型进入方式。相反，无明显优势的低优势产品宜以生产方式进入。同时，以投资方式进入时对差别较大的产品倾向于采取独资型进入方式，如医药类产品等；而差别较小的产品则多采用合资方式进入，如电子类消费品、汽车等。

（3）产品技术含量与产品年龄

通常技术密集型产品或研究开发密集型产品，因其"高、精、尖"技术的专有性，本身具有特定优势，故大多采取投资方式进入。产品年龄长短反映了产品本身的成熟程度及其技术专有性的强弱，因而年龄短的产品通常采取投资方式进入，随着产品年龄的增长和专有技术的相对扩散，逐渐转向非投资型进入。

（4）产品地位

企业的主线产品和核心技术在进入目标国家或地区时，大多采取投资方式，且以独资为主，而非主线产品、边缘技术通常采用非投资方式进入。

（5）产品的服务性

要求有一系列售前、售后服务的产品，特别是许多工业产品的出口，会给出口企业提供销售服务带来困难。因而对服务密集型产品，倾向于采取在当地成立分公司或子公司方式进入，或者通过在当地生产进入。

（6）产品的适应性

产品在销往海外市场时需要做出大量适应性修改与变化时，适合采取那些能使公司贴近海外市场的进入方式或在当地生产的进入方式。当适应性变化需要开发新的生产设施，或修改后的产品不能在本国市场上出售时，宜采取当地生产的进入方式。

2. 企业的资源投入要素

企业在管理、资本、技术、工艺和营销等方面的资源越充裕，在进入方式选择上的余地就越大。反之，资源有限的企业只能勉强采取投入较小的进入方式。企业在国际化经营中的实力等级是通过企业在国际市场整合战略中相应角色、在国际组织中的地位以及管理者的态度等来体现的。对大多数企业而言，投身国际市场的决心是随着实践经验的增加而增长的。国际化经营的成功鼓励企业进一步增加海外投入，海外投入的增加能够使企业获得更多的国际化经营经验，从而为成功创造条件。

二、进入国际市场方式的比较

间接出口和直接出口、技术授权和许可证经营、间接投资和直接投资等都能使企业进入国际市场，但有各自的优缺点，产生的风险、利润、对外控制程度、国际化程度依次增加。从发展的角度看，进入国际市场初期，企业一般都是从间接或直接出口商品或服务开始，然后逐步过渡到许可证经营、合资经营、直接投资等其他方式。

对于出口，有间接出口和直接出口两种形式。间接出口的基本特征是通过中间商将国内生产的商品出口到国外市场。由于企业不需要发展出口部门、海外销售力量以及对外接触，投资规模比较小，风险小。间接出口有较大的灵活性，能以较小的代价改变出口的地理方向或转换到其他进入方式。一般新兴的国际企业往往首先利用这种方式来试探外国市场的情况，为进一步介入做好准备。但是这种方式容易受到贸易或非贸易壁垒的阻碍，同时对海外市场的控制程度低，信息反馈也比较差。直接出口方式要求国际企业通过销售子公司直接处理自己的出口业务，因而投资风险较大，但可能获取的报酬也较大。

技术授权或许可证经营是涉外经营的一种简单方式，许可方与被许可方在国外市场签订合同，允许后者拥有有偿使用制造技术、商标、专利、商业秘密的权利。国际企业运用这种方式进入市场几乎没有风险。此外，这种方式能促进企业的出口，保护专利和商标，克服东道国对外直接投资的限制，有利于分摊研究和开发费用。因此，当东道国市场比较小，国际企业不能以最小的有效率的规模实行当地生产时，许可证经营是进入市场的最佳方式。但是，这种方式不能有效控制海外市场，未来扩展的弹性也较小。

对外投资的利润和风险比出口、许可证经营、合同安排等方式都大。在对外投资中，间接投资比较灵活，但对所投资的企业没有管理权和控制权。直接投资是一种股权投资，对所投资的企业控制程度较大，但资金不能随意抽走，厂房设备等固定资产也不能搬动，灵活性较小，风险比较大。就遭受风险的程度来看，对外直接投资远远超过出口。对外直接投资按投资方所拥有的股权的多少，有全资子公司和合资公司两种形式。全资子公司95%以上的股权为母公司所有，因此是母公司介入程度最大、控制最强的一种进入方式。全资子公司解决了合资企业内难以避免的冲突和控制权的分享问题，有利于制定有效的管理决策和实现整体利益，也能提高效率，保护母公司的技术秘密，保证质量，维护企业商誉。但是，全资子公司的政治风险比较大。采用合资公司的方式，有利于分散各种与政治、经济、市场相关的风险，减少投资资本，迅速获取当地市场知识、当地销售网络和其他所需资源。对中小企业来说，面对飞速的技术和大量的投资，合资经营无疑是增强竞争力的最有效的方式之一。

从某个时点来看，实际上企业可以自由选择某种进入方式，甚至同时采取多种方式。这取决于国际企业对国际经营环境的各种机会和威胁，以及对本企业的内部因素的判断。例如，如果考虑到对国际经营活动加以实质性的控制，很多企业倾向于商品出口和直接投资，为避开关税和非关税壁垒，从商品出口发展到直接投资已不可避免。可是，有些国家不允许外国投资企业拥有100%的股权，建立独资企业的风险又大，因此国际企业不得不选择合资经营的方式。

三、国际市场进入方式的选择策略

（一）权衡和协调各进入方式的优缺点

选择进入方式时，权衡和协调各进入方式的优缺点是无法避免的。下表5-1总结了每种进入模式的优点、缺点。

表5-1 各种国际市场进入模式的优缺点

进入模式	优 点	缺 点
出口	可实现区位经济和经验曲线效应	高运输成本，贸易壁垒，同当地销售代理的协调问题
许可证经营	低开发成本，低风险	缺乏对技术的控制，无法进行全球战略协调，无法实现区位经济和经验曲线效应
特许经营	低开发成本，低风险	缺乏对质量的控制，无法进行全球战略协调
交钥匙工程	能够在FDI受到限制的国家，从复杂工艺加工技术中获得回报	创造有效率的竞争者，缺乏长期的市场利益
合资企业	可得到当地合伙人的技术，分担成本与风险，获得政治认可	缺乏对技术的控制，无法进行全球战略协调，无法实现区位经济和经验曲线效应
全资子公司	保护技术，能够进行全球战略协调可实现区位经济和经验曲线效应	高成本，高风险
国际战略联盟	优点与国际合资企业相似	比国际合资企业更难管理

（二）决定进入方式选择的两大要素

1. 核心竞争力

最优进入方式取决于企业核心竞争力的性质，可以把企业核心竞争力划分为是技术秘诀与管理诀窍两类。如果企业核心竞争力是技术秘诀（technological knowledge）应尽量避免许可证和合资企业方式，以避免丧失技术优势和控制权，可以采取出口或对外建立子公司。如果企业的核心竞争力是管理诀窍（management know-how），则采用特许或合资方式的风险不大。

2. 国际化成本压力

成本降低压力越大，国际企业越可能采用出口和全资子公司的方式，因为这两种方式对全球价值链成本控制有利。

本 章 小 结

1. 国际市场进入模式分出口进入模式、契约进入模式、投资进入模式、国际战略联盟等四大类，主要进入方式为有出口、许可证经营、特许经营、交钥匙工程、国际合资企业、全资子公司、国际战略联盟。

2. 从中国企业国际化过程来看，商品出口进入国外市场是最简单广泛也是最早使用的形式。商品出口有间接出口和直接出口，直接出口是企业真正进入国际市场的开端，企业可以与国外企业直接接触，直接参与其产品的国际营销活动。出口进入是比较保守、安全、低成本、高效率，以及在人员配置、产品供给和资金运用等方面便于管理的一种海外市场进入模式。不涉及技术、生产设施及技术人员的跨国转移，经营风险小。尤其是企业还处于规模小、资金缺乏、海外市场经验不足的情况下，商品出口进入国外市场是首选的方式。

3. 契约进入模式是跨国服务活动，其特点是以输出企业的知识和技能为主，无须输出产品和投资。契约进入模式具体包括许可证经营、特许经营、合同制造、管理合同、工程承包合同，分别适应不同性质的企业使用。

4. 国际战略联盟这个术语目前被广泛应用于描述各种不同企业的合作协议，主要类别有互补国际战略联盟和接受国际战略联盟。国际战略联盟的优势是结盟各方优势互补，形成合力，大大增强企业竞争力，加速扩大市场容量，从而提高国际市场占有率；分摊国际投资成本，共享国际投资收益等。当代国际战略联盟的重点是生产新产品和发展新技术，所以当今的战略联盟多发生在工业化国家之间。

5. 对外投资进入模式主要是指对外直接投资，股权投资的进入方式。它是进入国际市场最深入、最高层次的方式。国际直接投资活动具体包括跨国并购、合资经营、全资新建等方式。绝大多数国际直接投资是通过跨国并购进行的。特别是在发达国家之间，跨国并购成为最主要的进入方式。目前全世界的跨国并购呈高速增长态势，世界收购案的31%是跨国并购。在加速企业国际化的进程中，中国许多企业也纷纷通过跨国并购进入海外市场。

合资企业的方式有利于对东道国环境的熟悉、投资成本的分摊、向合作伙伴学习、突破政策限制；但缺点是容易造成技术外泄、容易失去控制权、不利于国际企业全球整体战略的实施，以及利润被摊薄、管理成本上升。全资子公司的优点是可以确保技术优势不会因泄密失去，对子公司拥有完全的控制权，并可使之符合全球整体战略，以及从经营获利中达到的企业增值最大化，其缺点是将独自承担大量的开发和投资费用，面临经济、政治等风险。

6. 选择正确的进入方式应充分考虑企业外部和内部因素。外部因素包括目标国家市场因素、环境因素、生产因素和本国因素，内部因素包括企业产品因素和资源投入因素。从发展的角度看，进入国际市场初期，企业一般都是从间接或直接出口商品或服务开始，然后逐步过渡到许可证经营、合资经营、直接投资等其他方式。随着这个过程的发展，企业风险、所获利润、对外控制及国际化程度也越来越大。选择进入模式时，权衡和协调各进入模式的优缺点是无法避免的。企业的核心竞争力是技术秘诀还是管理诀窍，企业面临的成本降低压力大还是当地需求响应压力大，这些要素都会影响企业确定自己的国际市场进入模式。

1. 国际市场的进入模式有哪些？主要包括哪些进入方式？
2. 许可证经营和特许经营方式有什么差异？
3. 什么是国际直接投资？国际直接投资具体包括哪些方式？
4. 什么是跨国并购？兼并与收购有什么差异？跨国并购的原因有哪些？
5. 国际合资企业和全资子公司的优缺点是什么？
6. 影响进入国际市场方式的主要因素有哪些？

第六章

国际企业跨文化管理

【学习目标】

- 理解跨文化管理的特点
- 理解文化差异对跨国经营的影响
- 掌握跨文化分析模型
- 理解文化协同的过程
- 了解企业跨文化管理策略

麦当劳的失误

麦当劳是全球最大的跨国快餐连锁企业，它在全球拥有30 000多家连锁店，因此，在收获各地区的利润时，麦当劳也承担着很多风险，比如民族、宗教等跨文化对抗。2001年5月，约500名示威者分别在印度的首都新德里、最大的商业城市孟买的几家麦当劳餐厅前举行抗议活动。示威者包围了麦当劳设在新德里的总部，向麦当劳餐厅投掷牛粪块，并洗劫了孟买一家麦当劳连锁店。他们还要求关闭印度国内所有的麦当劳连锁店。这件事的起因是麦当劳制作炸薯条的食用油中含有牛肉调味成分，而大多数印度教徒都把牛看成圣物。一个月后，美国麦当劳公司宣布将向印度教徒、素食主义者和其他一些相关组织赔偿1 000万美元。这次事件不仅造成麦当劳经济上的损失，更严重影响了公司的声誉。

可见，如何尊重其他国家和民族的文化，真正实现"当地化"发展，这对麦当劳等国际企业来说已经是一个重要问题。

第一节 跨文化管理概述

跨文化管理研究的是有两个或两个以上文化背景的组织的管理问题。具体地说，是在不同形态的文化气氛中如何克服异质文化冲突，设计出切实可行的管理机制，更合理地配置企业资源，特别是最大限度地挖掘和利用人力资源的潜力和价值，从而提高企业的综合效益。

一、文化的含义及其层次

（一）文化的含义

文化的定义很多，这既反映了文化的丰富内涵，也反映了文化与个人、民族、国家和社会的紧密联系。一般来说，它具有广义和狭义两种含义。广义的文化是指人类创造的一切物质产品和精神产品的总和。目前，学术界公认的意见认为，被称为人类学之父的英国人类学家爱德华·泰勒，是第一个在文化定义上具有重大影响的人。泰勒对文化所下的定义是经典性的，他在《原始文化》一书中说："文化或文明，就其广泛的民族学意义来讲，是一复合整体，包括知识、信仰、艺术、道德、法律、习俗以及作为一个社会成员的人所习得的其他一切能力和习惯。"显然，这个定义将文化解释为社会发展过程中人类创造物的总称，包括物质技术、社会规范和观念精神的复杂整体。狭义的文化专指精神产品的创造过程及其结果，包括语言、文学、艺术、价值观念等一切意识形态。持狭义观点的学者吉尔特·霍夫斯泰德认为文化是同一组织成员或者同一种区域下的人群的"共同心理程序"。综上所述，文化是人类文明进程中不断习得和积累的特定群体的共同的价值观念和行为准则体系。

虽然各种文化存在差异，但是它们之间还是有一些共性的特点：①文化是后天习得、学而知之的。②文化是有结构的，它可分成为各个方面。其中最为重要的，是价值观念和行为模式。③文化是动态的、可变的，尽管这一变化过程比较缓慢，甚至不可见。④文化是群体在适应内外环境的过程中所形成的一种生活方式，具有很强的历史继承性。

文化的内涵十分丰富，一般而言，一国的文化组成要素包括物质文化、社会结构、美学观念、语言文字、生活习俗、价值观和行为准则、宗教信仰等，其中价值观和行为准则是最为重要的，是文化的核心。

（二）文化的层次

同心圆模型，也称同心圆说，或多层次论。目前大多数学者在研究文化层次时持此观点。同心圆模型是以精神层为中心圆，向外依次是制度层和物质层的模型，如图6-1所示。

同心圆模型将文化分为三层：

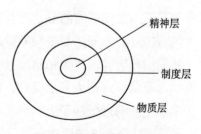

图6-1　文化的同心圆模型

（1）外层为文化的物质层，是显性层，包括一些外在的人造物和文化产品。这一层次是可以观察到的，主要包括语言、食品、建筑和艺术等。

（2）中间层为文化的制度层，包括社会规范、结构及各种制度，这些内容可以是正式的，也可以是非正式的，它们被用来理解人们的行为方式。

（3）内层为文化的精神层，包括思想、观念、信仰、价值观等，是主宰人们行为的基础性依据，其中价值观是重要内容。

在文化研究中，价值观是一个主要维度。所谓价值观，是人们对正确与错误、好与坏、重要与不重要所持的基本信念。这些价值观来自于人们所扎根的文化，是指导人们行为的基本依据。不同的价值观导致了不同的管理实践。

二、跨文化差异

跨文化差异主要指不同国家或地区在语言、宗教、价值观念、教育以及社会风俗习惯等方面的差异。受地理环境、发展历程、历史背景及其他因素的影响，世界各国之间存在程度不同的文化差异。当企业进入一个陌生的国家时，要了解不同的文化类型，明确彼此的文化差异，才能处理好文化差异引起的一系列问题。

小知识 6-1　国家文化特点举例

三、文化差异对国际企业的影响

跨文化管理是在 20 世纪 70 年代后期的美国逐步形成和发展下来的，是指对不同文化背景的人、物、事的管理。它研究的是在跨文化即存在文化差异条件下如何克服异质文化的冲突，进行卓有成效的管理。20 世纪 80 年代，随着对国际企业研究的深入，人们开始认识到文化差异或多元文化给国际企业带来的益处，而不是仅仅单纯认为文化差异有负面影响。以下从正反两个方面讨论文化差异或多元文化对国际企业经营的影响。

（一）文化差异导致管理困难

1. 文化差异使国际企业的管理变得更为复杂

受不同文化影响的员工有着不同的价值观、信念和文化传统。这也决定了国际企业的员工有着不同的需要和期望以及不同的行为规范和表现方式。在国际企业中，员工相同的行为并不代表相同的意愿和期望。比如，有的员工可能是以沉默来表示支持，有的可能是以沉默来表示反对，也有的可能以沉默来表示自己的不理解或不关心。这使国际企业管理增加了难度。再者，为使来自不同文化环境的员工的需要和期望得到满足，国际企业管理活动必须能够针对不同文化的特点进行沟通、激励、领导和控制，这也使管理活动变得更加复杂。

2. 文化差异使国际企业的决策活动变得更为困难

由于文化差异，国际企业中经常出现沟通和交流的失误和误解。同时由于文化差异的存在，国际企业有着不同的工作动机、需要和期望，使得国际企业难以达成一致的、能为大家所接受的协议和决策，从而增加了国际企业管理中决策活动的难度。

3. 文化差异使国际企业的决策实施和统一行动变得困难

首先，对于企业的决策方案和管理制度，不同文化的员工往往有着不同的理解，因而在工作中有着不同的行为表现。其次，员工即使对决策和管理制度的理解是相似的，也有可能导致不同的工作行为。

（二）文化差异的正面影响

文化差异给国际企业带来的困难主要集中在管理过程中，而当国际企业需要发展，如开发新项目、提出新观点、发展新的市场计划、对发展前景进行预计和判断时，国际企业中多元文化变得十分有益。

1. 多元文化使国际企业易于产生新观点、新方法

多元文化使国际企业更易于从多个角度对某一问题进行分析和理解，从而对该问题把握得更为深刻、全面和透彻。如国际企业在对所属的政治、社会、经济和文化环境进行分析，对本行业、本企业的发展前景、发展趋势进行预测和评价，对本企业究竟采用怎样的竞争战略与竞争对手进行竞争时，企业中的多元文化使得这一切变得更为容易。此外，多元文化使企业易于产生新观点、新思想。

2. 多元文化使国际企业具有了更多的选择

每一文化对某一特定问题都有其认识和解决方法，多元文化下的国际企业在解决某一特定问题时具有了更多的选择，这一方面增加了国际企业管理的弹性，另一方面增加了国际企业解决问题的技巧，使国际企业的管理活动变得更有艺术性和高效率。

3. 多元文化使国际企业更易于在国际市场上取得发展

国际企业中多元文化使企业的经营者懂得了文化对国际企业的生存和发展的重要意义，从而使其能够自觉地进行角色转换，更恰当地理解另一文化的消费者的需求和期望，制定出针对企业顾客的具有其民族特点的市场战略，开发出受顾客欢迎的具有其文化特色的产品和服务。

第二节　文化差异理论

由于文化差异的客观存在，许多学者致力于研究不同国家或不同组织的文化特征，以帮助人们理解和预测特定群体的行为和动机。

一、霍夫斯泰德的文化维度理论

文化差异理论中最具价值及影响力的理论是荷兰管理学家吉尔特·霍夫斯泰德（Geert Hofstede）提出的文化维度理论。霍夫斯泰德从20世纪60年代后期开始研究国家文化差异对管理的影响，并且之后的30年一直没有间断。通过调查IBM公司在40个国家和地区的11.6万名员工对管理方式和工作环境的偏好，霍夫斯泰德归纳了在与工作有关的种种价值观念中，各国家具有明显文化差别的四个维度：权利距离、不确定性规避、个人主义与集体主义、男性度与女性度。

（一）权力距离

权力距离是指在一个组织中，权力的集中程度和领导的独裁程度。权力距离被用来衡量社会接受在组织或机构中权力分配不平等的程度。在企业中权力距离也可以理解为职工与管理者之间的社会距离。在组织中，个体间存在着工作能力、人际关系、工龄等差异，这些差异都会造成权力在社会和组织中的不平等分配。不同民族对这种权力不平等分配的状况表现出显著不同的态度。

1. 权力距离的特征

权力距离大的社会接受群体内权力的巨大差距，员工对权威显示出极大的尊重，称号、头衔及地位是极其重要的。相反，权力距离小的社会尽可能淡化不平等关系，在这样的社会中，上级仍拥有权威，而员工并不惧怕上级。例如，美国是权力距离相对较小的国家，美国员工倾向于不接受管理特权的观念，下级通常认为上级是"和我一样的人"。因此在美国，员工与管理者之间更平等，关系也更融洽，员工也更善于学习、进步和超越自我，实现个人价值。日本相对而言，是权力距离较大的国家，权力、地位象征非常重要，上级所拥有的特权被认为是理所应当的，这种特权有助于上级对下属权力的实施，提高效率。

霍夫斯坦德认为美国有较小的权力距离，澳大利亚、加拿大、英国、荷兰、新西兰等发达国家和地区也具有相似的基本价值观。而在欠发达国家或新兴工业化国家和地区如马来西亚、菲律宾、新加坡等权力距离比较大。一些国家和地区在这个维度上的得分和排序如表6-1所示。

2. 权力距离在企业文化中的表现

权力距离差异在企业管理上体现为：①组织结构。一般说，在权力距离大的社会中，企业更多采用高耸型的组织结构，等级层次分明；而在权力距离小的社会中，企业更多采用的是扁平型结构，上下级之间关系较平等，没有严格的等级观念。②授权。权力距离比较大的企业有集权式管理倾向，上级对下级授权较少。权力距离小的企业普遍注重授权，授权者重视被授权者执行的结果，而不是过程、方法和细节。

表 6-1　权力距离得分及排序

排名	国家或地区	分数	排名	国家或地区	分数
1	马来西亚	104	27/28	韩国	60
4	菲律宾	94	29/30	中国台湾	58
5/6	墨西哥	81	31	西班牙	57
8/9	印度尼西亚	78	33	日本	54
10/11	印度	77	38	美国	40
13	新加坡	74	40	荷兰	38
14	巴西	69	42/44	德国	35
15/16	法国	68	42/44	英国	35
15/16	中国香港	68	52	以色列	13
21/23	泰国	64	53	奥地利	11

资料来源：G.Hofstede. Cultures and Organizations: Software of the Mind[M]. London: McGraw Hill, 1991.

③决策方式。在高权力距离的企业里，上级理应以家长的作风进行决策，下属通常害怕也不愿意反对上级的意见。因此，上级作了决定之后，就以命令的形式传达下属，下属奉命行事，倾向于自上而下的决策方式。在低权力距离的企业中，决策分散在整个机构，每个人都有决策的权力，上级倾向于通过制定总的原则给下属以指导，下属根据这些原则自行决策，倾向于自下而上的决策方式。

（二）不确定性规避

不确定性规避是指衡量人们承受风险和非传统行为的程度的文化尺度。在任何一个社会中，人们都会将不确定的、未知的情境视为威胁，从而试图预防，例如提供更大的职业稳定性、设立更多的规定、努力获得专门的知识等。不同民族、国家或地区，防止不确定性的迫切程度是不一样的。

1. 不确定性规避的特征

高不确定性规避的特征是人们高度焦虑，具体表现为神经紧张、高度压力和进取性。在这种社会中，人们觉得自己受到了不确定性和模糊性的威胁，因此组织一般都有大量正式的条文，即书面规定或规范，要求成员遵从，而且要求更高的专门化程度；同时，人们也很难容忍异常的思想和行为。一些国家和地区在不确定性规避维度上的得分和排序如表 6-2 所示。

2. 不确定性规避在企业文化中的表现

东方社会重伦理，偏重人的作用，更多地采用道德管理，即"人治"。因此东方企业表现出浓厚的伦理色彩，强调以人为本，道德先行。日本是不确定性避免程度较高的社会，因而在日本，"全面质量管理"这一员工广泛参与的管理形式取得了极大的成功，"终身雇佣制"也得到了很好的推行。中国与日本相似，也属于不确定性避免程度较高的社会，因而在中国推行员工参与管理和增加职业稳定性的人本主义政策，应该

表 6-2　不确定性规避得分及排序

排名	国家或地区	分数	排名	国家或地区	分数
1	希腊	112	29	德国	65
2	葡萄牙	104	30	泰国	64
7	日本	92	31/32	芬兰	59
10	法国	86	41/42	印度尼西亚	48
16/17	韩国	85	43	美国	46
18	墨西哥	82	45	印度	40
19	以色列	81	47/48	英国	35
23	意大利	75	49/50	中国香港	29
24/25	奥地利	70	52	牙买加	13
26	中国台湾	69	53	新加坡	8

资料来源：G.Hofstede. Cultures and Organizations: Software of the Mind[M]. London: McGraw Hill, 1991.

是适合的，也是有效的。美国是不确定性避免程度低的社会，同样的人本主义政策在美国企业中不一定行得通，比如在日本推行良好的"全面质量管理"，在美国几乎没有成效。此外，不确定性避免程度低的社会，人们较容易接受生活中固有的不确定性，能够接受更多的意见，上级对下属的授权被执行得更为彻底，员工倾向于自主管理和独立工作。另外，在不确定性规避程度低的文化中，人们普遍有一种安全感，倾向于放松的生活态度和鼓励冒险的倾向。而在不确定性规避程度高的社会，人们有高度的紧迫感和进取心，上级倾向于对下属进行严格的控制并给出清晰的指示。

（三）个人主义与集体主义

个人主义是指一种松散结合的社会结构。在这一结构中，人们只关心自己和直系亲属的利益。与个人主义相对的是集体主义，它以一种紧密结合的结构为特征。在这一结构中，人们希望群体中的其他人在他们有困难时帮助并保护他们，他们则以对群体的忠诚作为回报。

1. 个人主义与集体主义的特征

个人主义文化就是关心个人价值的实现和个人在集体中的作用。而集体主义文化就是人们属于一个集团或集体，大家相互关心、互相忠诚。美国是崇尚个人主义的社会，强调个性自由及个人的成就，因而开展员工之间个人竞争，并对个人表现进行奖励，是有效的人本主义激励政策。中国和日本都是崇尚集体主义的社会，员工对组织有一种感情依赖，容易构建员工和管理者之间和谐的关系。霍夫斯坦德发现在富裕的国家和地区，如美国、澳大利亚、英国、加拿大、丹麦、瑞典等，个人主义得分比较高；而在贫穷的国家和地区的集体主义得分比较高，比如印度尼西亚、巴基斯坦等。一些国家和地区在这个维度上的得分和排序如表 6-3 所示。

2. 个人主义与集体主义在企业文化中的表现

个人主义比较强的文化通常强调个人成就、创新力、自制力和自我表现，强调个

表 6-3 个人主义得分及排序

排名	国家或地区	分数	排名	国家或地区	分数
1	美国	91	32	墨西哥	30
2	澳大利亚	90	39/41	新加坡	20
3	英国	89	43	韩国	18
4/5	加拿大	80	44	中国台湾	17
4/5	荷兰	80	45	秘鲁	16
6	新西兰	79	47/48	印度尼西亚	14
10/11	瑞典	71	47/48	巴基斯坦	14
17	芬兰	63	49	哥伦比亚	13
21	印度	48	51	巴拿马	11
22/23	日本	46	53	危地马拉	6

资料来源：G.Hofstede. Cultures and Organizations: Software of the Mind[M]. London: McGraw Hill, 1991.

人主义的企业里以职务、责任和工作能力作为评定员工工作的主要标准，工资与工龄长短无关，实现个人能力、工作绩效与福利待遇直接挂钩，保障个人正当利益。此外，人才流动也较为常见和频繁。

集体主义的文化则通常强调团队合作、社会秩序、团体关系的协调、尊重团体规范、家庭关系和团体忠诚度。员工对组织有一种感情依赖。强调集体主义的企业里管理者的管理目标倾向于提高整体的工作绩效，往往以某个团队在一定时期内所取得的工作绩效大小、合作程度制定团队的奖惩制度，激励团队的工作绩效。管理者鼓励在组织内形成一种家庭气氛。员工沟通密切，十分看重感情和人际关系，很少流动，使得企业能够拥有相对稳定的员工队伍。

（四）男性度与女性度

男性度（masculinity dimension）或刚性度，女性度（feminine dimension）或柔性度，是民族文化的第四个维度。男性度与女性度指的是社会上居于统治地位的价值标准。男性度用 MI 指数（masculinity index）的量值来表示，女性度用 FI 指数（feminine index）的量值来表示。在男性度指数较高的社会中，占统治地位的价值观是成功、金钱和事业，而在女性度指数较高的社会中，占统治地位的价值观是关心他人和生活质量。

1. 男性度与女性度的特征

男性度指数较高的国家，如日本、奥地利、瑞士、德国、委内瑞拉、墨西哥、意大利等，将收入、赏识、进步和挑战等看得很重，个人被鼓励成为独立的决策者，受人赏识与积累财富就是成功的标志。男性度指数较低的国家，如丹麦、瑞典、挪威、荷兰等国，人们十分崇尚合作、友好氛围和职业安全，人际交往和生活环境是取得成功的标志。一些国家和地区在这个维度上的得分和排序如表 6-4 所示。

表 6-4 男性度得分及排名

排名	国家或地区	得分	排名	国家或地区	得分
1	日本	95	27	巴西	49
2	奥地利	79	28	新加坡	48
3	委内瑞拉	73	32/33	土耳其	45
4/5	意大利	70	32/33	中国台湾	45
4/5	瑞士	70	41	韩国	39
9/10	英国	66	44	泰国	34
9/10	德国	66	45	葡萄牙	31
15	美国	62	47	芬兰	26
16	澳大利亚	61	50	丹麦	16
18/19	希腊	57	51	荷兰	14
18/19	中国香港	57	52	挪威	8
24	加拿大	52	53	瑞典	5

资料来源：G.Hofstede. Cultures and Organizations: Software of the Mind[M]. London: McGraw Hill, 1991.

2. 男性度与女性度在企业文化中的表现

在男性气质突出的国家中，社会竞争意识强烈，成功的尺度就是功名财富，社会鼓励，其企业文化强调公平、竞争、注重工作绩效。企业管理属于刚性管理，管理重点集中在生产作业、技术方法、组织过程等方面，强烈的进取精神促使企业在市场开拓、产品改进、技术创新等方面有一种无限的扩展欲和侵略性。管理者往往只关心生产，增加对工时、效率等因素的强调，较少地关心人际关系和激励因素。在女性气质突出的国家中，人们一般乐于采取和解的、谈判的方式去解决组织中的冲突问题，其企业文化强调平等、团结，企业文化更注重企业精神、全体员工共同的价值取向以及在此基础上形成的凝聚力和向心力。企业采用的是柔性管理，核心是以人为中心的"人性化管理"，采用非强制性方式，产生一种潜在说服力，从而把组织意志变为个人的自觉行动。

二、川普涅尔的文化架构理论

荷兰经济学家和管理咨询家川普涅尔（Fons Trompenaars）提出的有关文化差异的研究正引起越来越多的注意。川普涅尔的研究历经十年，成果在 1993 年发表。他对来自 28 个国家和地区的 15 000 名经理进行了问卷调查，并根据研究的结果提出了七个文化维度。这七个体现国家和民族文化差异的维度是普遍性与特殊性、个人主义与团体主义、中性化与情绪化、明确性与扩散性、成就与归属、时间、环境。在这七个文化维度中，前五个维度对商务领域影响更大，提供国际企业在不同国家和地区经营的实践方法。下面将对前五个维度进行讨论。

（一）普遍性与特殊性

所谓普遍性，是指以共同的"规则"为基础的行为价值取向。在普遍主义文化中，人们认为判断对和错有一定的客观标准，可以在任何时间、任何场合应用在任何人身上。所谓特殊性，是指以"关系"为基础的价值取向。特殊主义文化则认为，在判断对和错的时候，具体情况和关系起到更重要的作用，而不是由抽象、刻板的条例决定。例如，在任何一个社会中，一个普遍性规则是，当交通路口出现红灯时就不允许人们穿越街口。在普遍性文化社会中，即使在马路上没有汽车行驶，人们还是要等到红灯变成绿灯以后再穿越马路。但在特殊性文化社会中，人们就有可能在红灯时就穿越马路。

这个维度体现在商务活动中，就是在不同文化中合同重要性的差异。在普遍性文化中，合同的重要性体现在它已经成为人们的一种生活方式。在高普遍性的社会，如在美国、澳大利亚、英国、德国及一些北欧国家中，人们重视客观规则，商业活动是公司与公司之间的关系，而不是人与人之间的关系，因此必须使用有法律效力的合同来规范商业关系。而在特殊性文化中，人们更多地依赖与他人的关系达成和执行交易。在高特殊性的社会，如在韩国、俄罗斯等国家中，人们重视主观性的人际关系，做生意时人们首先想到的是关系，而不是法律合同。良好的人际关系和广泛的关系网络，是生意成功的重要保证。当到高特殊性的社会做生意，如到韩国做生意时，人们需要了解"个人关系"的含义。当到高普遍性的社会做生意，如到美国做生意，人们就需要认真准备理性的、专业化的论据，以便能够使商业伙伴接受自己想法和建议，在做生意的过程中遇到任何有疑问的事情，都需要与自己的律师进行认真讨论。表 6-5 概括了在商务管理领域普遍性者和特殊性者的不同特点。

表 6-5　商务管理领域普遍性者和特殊性者的不同特点

普 遍 性	特 殊 性
注重规则而非关系	注重关系而非规则
法律合同一旦签订，不能随意改变	法律合同是可以随时修改的
可以信任的人是遵守诺言或合同的人	可以信任的人是随情境而改变的人
只有一个事实和真相	相对于每一个人，事实有不同的角度
交易就是交易	能在交易中发展关系

资料来源：F. Trompennaars. Riding the Waves of Culture[M]. London: The Economist Books, 1993.

（二）个人主义与团体主义

其内容与霍夫斯泰德提出的个人主义与集体主义的价值观的基本含义是相似的。个人主义文化的核心是"自我取向"的价值观，这种价值观将自我视为一个独立的个体，追求个体目标。团体主义文化的核心则是"群体取向"的价值观，这种价值观将自己视为群体的一个部分，追求的是共同目标。

个人主义价值取向的国家，如美国、澳大利亚、英国、加拿大等国家，更多地使用第一人称"我"与别人进行交谈和交往，强调个人责任，表现个人的观点和目标，以个体激励为主，快速决策，接受较高的离职率，追求绩效，崇尚英雄主义，为个人创造提供自由空间。在团体主义取向的国家，如印度尼西亚、委内瑞拉、巴基斯坦、韩国等国家中，人们在与他人交往和交谈时更多地使用的是"我们"，公司强调群体责任，重视群体凝聚力，有较低的人员流动率。当到团体主义文化的国家做生意，人们应当具有耐心，并注意与生意伙伴建立持续性的良好关系。当到个人主义文化的国家做生意，如到澳大利亚做生意时，人们应当学会快速决策，其目标是尽快达成交易，必须尊重对方的谈判代表，因为他们确实具有决策的权力。

（三）中性化与情感化

人都有情感，这个维度关注的是不同文化表达情感的不同内容和方式。在情感化文化中，人们公开表达情感很自然，而在中性化文化中，人们认为应该控制或抑制情绪。

在人们之间的关系中，理性与情感扮演着重要的角色。在中性化文化的社会中，人们不愿意表露自己的思想和情感，自制和自控是一种普遍现象，人们在发言和演讲时常常很谨慎，避免过分热情的行为。在情感化文化的社会中，人们总是通过语言和非语言形式直接表达自己的思想和情感，人与人之间身体接触比较自然、公开，沟通和交流时表情丰富，充满肢体语言。当到中性化文化国家做生意，如到印度做生意时，人们必须更多地以书面形式与对方进行沟通，要认识到缺乏情感并不意味着对生意没有兴趣。而当到情感化文化国家做生意，如到法国做生意时，就必须尽量热情对待对方。中性化社会中的人和情感化社会中的人在商务领域中不同的表现如表 6-6 所示。

表 6-6　商务管理领域中性文化者和情感文化者的不同特点

情　感　化	中　性　化
通过言语或非言语形式立即作出反应	通常不显露情感
通过脸部或身体姿态表达情感	不会将心中所想或感受表现出来
独立完成任务，个人承担责任	当众表现情绪会感到尴尬
对身体接触感到自在	对身体接触感到不舒服
容易提高声音响度	言语或非言语表达很微妙

资料来源：F. Trompennaars. Riding the Waves of Culture[M]. London: The Economist Books, 1993.

（四）明确性与扩散性

这个维度表示个人在和其他人交往中的投入程度。在不同文化中，人们的公共空间和私人空间的相对大小是有差异的，而且人们愿意共享这些空间的程度也是各不相同的。明确性文化是指个体具有较大的公共空间，他们也乐意让别人进入和分享，同时，他们有一个很小的严密保护的私人空间，只与亲密朋友和亲属分享。扩散性文化是指个体的公共空间与私人空间在规模上是相似的，他们小心地保护着公共空间，因为进入了个体的公共空间也就进入了他们的私人空间。

在明确性文化里，人们常被邀请到他人的开放的公共空间，人们是开放的、外向的。而在扩散性文化里，一般来说，人们难以很快被他人邀请到其公共空间，因为一旦进入公共空间，私人空间也容易进入。这种文化中的人显得间接、内向。当到扩散性文化国家做生意，如到德国做生意时，应该尊重他人的头衔、年龄和背景，也不能因为他人的间接和迂回而失去耐心。而到明确性文化国家做生意，如到美国做生意时，应该试图有效地达到目的，学会明智地使用议程而不是他们的头衔、知识或技能来组织会议，因为这些东西与议题的讨论毫无关系。来自明确性与扩散性文化的人在商务领域的区别如表 6-7 所示。

表 6-7 商务管理领域明确性文化者和扩散性文化者的不同特点

明 确 性	扩 散 性
更开放的公共空间，更封闭的私人空间	更封闭的公共空间，一旦进入就需要"开放"的私人空间
表现出直接、开放和外倾	表现出非直接、封闭和内倾
直接说到正题	经常避开正题，旁敲侧击
高流动性	低流动性
将工作和私人生活分开	工作和私人生活紧紧联系在一起
在不同场合用不同称呼	在不同场合用相同的称呼或头衔

资料来源：F. Trompennaars. Riding the Waves of Culture[M]. London: The Economist Books, 1993.

（五）成就与归属

这个维度是关于社会中的地位和权力是如何决定的。在成就文化里，人们因他履行职责的水平而获得相应的地位。而归属文化里，人们的地位决定于他是谁或担任什么职务，如年长者、男性或者在某一特定领域有资格的人，才有高的地位，地位通常独立于任务或工作职能以外。例如，在归属文化取向的社会中，一个为公司服务 40 年的老员工将得到很好的尊重，这种来自他人的尊敬只是来自于他的年龄和为公司服务的供职年限；如果一个人的朋友具有较高的地位，他也会因为与此人相识而被赋予一定的地位。

当到归属文化的国家做生意时，谈判小组最好由年长、地位更高、具有正式决策的人组成，这样容易获得对方的尊敬。当到成就文化的国家去做生意时，谈判小组最好由技术人员组成，要特别注意准备充分的数据，用技术和数据去说服对方，要尊重对方的知识及所提供的信息。

第三节 国际企业文化冲突与整合

文化差异的客观存在，使得国际企业在异域文化中开展跨国经营时，不可避免地遇到文化冲突。

一、国际企业文化冲突的表现

所谓文化冲突，是指不同形态的文化或者文化要素相互对立、相互排斥。它包含了在一个企业内部，由于员工分属不同文化背景的国家而产生的文化冲突。国际企业内部，处于各种文化背景的主体如果不理解和尊重彼此的文化差异，则会产生文化冲突。国际企业管理中的文化冲突主要体现在以下几个方面。

1. 人事管理方面的冲突

东方文化体系中，遵循"以人为本，以德为先"的原则，在选人用人上，多强调政治素质、职务对等、个人历史等。西方文化体系中，多主张奉行一系列严格的人事管理制度，强调创新素质、贡献、成就和管理能力。

2. 管理沟通方面的冲突

国际企业的所有员工，都面临着同一个难题：如何与不同文化背景的同事实现有效沟通？一方面，他们渴望交流；另一方面，他们不知道如何跨越文化栅栏，于是造成误解和冲突。

3. 组织管理方面的冲突

在权力距离较大的组织中，集体主义倾向占主导地位，以团体为单位进行业绩评估。在权力距离较小的组织中，个人主义的倾向要求业绩评估必须以个人的行为、效率和成就为基础，充分肯定个人对组织的贡献。

4. 决策管理方面的冲突

这往往发生在处于不同文化形态的高层管理者之间。例如中国管理者的经营目标不仅仅是最大限度地获取利润，还有许多非经济目标，比如社会目标、政治目标、就业目标等。而西方管理者则更多注重经济利益目标。决策目标不一致可能会造成冲突。

二、国际公司文化的特点

国际企业具有不同于一般企业的企业文化体系，它除了具备一般企业文化的特性外，还有自己独有的特点，主要有以下几点：

1. 价值观和信念的多元性

国际企业的员工往往拥有多元化的价值观念和复杂多样的信念结构。原因在于，来自不同文化背景的员工拥有多元化的价值观和信念，由此决定了他们具有不同的需要和期望，以及与此相一致的满足其需要和实现其期望的迥然不同的行为规范和行为表现。

2. 行为方式上的冲突

员工价值观和信念的多元性使得同一个国际企业内部存在着不同的行为规范和习惯。这些行为规范有些是互补的，有些则是相互冲突的。比如，美国人用"OK"表示同意对方的意见和要求并按照对方的要求行事，而日本人用"OK"表示"听清了"。

3. 经营环境的复杂性

相比较国内企业而言，国际企业所面临的经营环境复杂得多。无论是企业成员在目标期望、经营理念和管理协调的原则上，还是管理人员在管理风格上，都大相径庭。这些差异使国际企业的统一行动、决策及其执行变得困难重重，企业管理中的混乱和冲突时有发生。

4. 文化认同和融合的过程性

国际企业企业文化的形成和建立所需的时间周期比国内企业长，花费的代价大，整个过程复杂曲折。原因是国际企业中存在着具有差异甚至相互冲突的多种文化模式，来自不同文化背景的人们在心理世界和外部行为系统中部存在着显著的差异，这些差异只有逐步被人们理解和认识，进而产生关心、同情和认同心理，才能逐渐取得共识，并建立起新的共同的企业文化。

三、国际企业文化的整合

国际企业是一种多元文化的组织，为避免文化冲突造成的影响，需要进行文化整合，其具体措施包括以下几个方面。

（一）跨文化培训

国际公司可能遇到文化冲突，主要的原因是其对多元文化的不理解，因此，国际企业要对其管理层及员工进行跨文化培训。跨文化培训的内容包括对多方文化的认识、文化的敏感性训练、语言学习、跨文化沟通、文化冲突处理、地区环境模拟等。

（二）价值观的融合

价值观是人们日常生活的知识和经验在头脑中积淀并形成的有关事物重要性、有用性的总评价和总看法。价值观在组织中必然反映到人际关系和工作关系上，同时影响和制约着这些关系。一个国际公司新的文化价值观的建立，必须与当时、当地的价值观相兼容，取其精华，去其糟粕。

小案例 6-1　上海通用汽车有限公司的企业文化

（三）创造文化协同

所谓文化协同，就是在不触犯任何文化规范的同时，能够很好地反映所有成员在他们战略、结构和过程中各自文化的各个方面。协同型企业中的管理人员总是把文化多样性作为解决问题的重要资源。通过协同方法解决企业文化冲突问题,包括描述当前形势、解释当前形势和创造文化协同三个步骤。

1. 描述当前形势

描述当前形势是发现解决复杂的多元文化问题过程中较为关键的步骤。第一步,在国际企业管理中应该从各种文化视角客观描述当前发生的状况,注意避免从单一文化视角描述或评估当前形势。

2. 用文化解释当前形势

创造文化协同过程中的第二步,是明确并解释涉及的双方在思想、情感和行动上的相似之处和不同点。所有的行为从行为者自身文化角度都是可以解释和理解的。在解释文化的过程中,任何一种文化背景的管理者都应试图理解其他文化背景下的行为模式。只有在充分理解多方文化的基础上,才能创造出文化协同方案。

3. 创造文化协同

小案例 6-2　创造文化协同案例

企业设计文化协同方案就是为了寻找解决涉及多文化背景的文化冲突问题。也就是企业管理者在不触犯各方文化的前提下,通过整合或改进方式提出解决问题的方案,提出方案的关键在协同,要超越每个个体文化的行为模式。

第四节　企业跨文化管理策略与模式

企业在跨文化管理或在进行跨国并购时,文化差异性可能导致文化冲突甚至经营失败,但是如果能够正视文化多样性,并且采用合理的跨文化整合方法来利用文化多样性的价值,反而能够为跨国经营提供新的竞争优势。

一、企业跨文化管理策略

国际企业通常采取的跨文化管理策略主要包括以下四种。

(一)文化适应策略

文化适应策略是跨文化管理中最基础的方法,也是企业进入国际市场、开展国际化经营活动时通常采用的模式,也被称为"本土化策略"。所谓文化适应,是指企业通过对目标市场文化环境的了解和把握,在制定战略和决策时,充分考虑目标市场的文化特质,在进行管理活动时绝对尊重和适应当地的风俗习惯、文化传统和宗教信仰等,避免与其文化产生冲突,从而顺应目标市场上顾客的需求,将产品、服务、管理手段、管理人员等最大限度本地化的一种管理模式。该策略的实施一般是挑选和培训当地管理人员,依靠当地管理人员经营国外子公司,是许多国际企业管理的基本指导思想。

"本土化策略"有利于国际企业降低海外派遣人员和跨国经营的高昂费用,也有利于与当地文化的融合,增强当地社会对外来资本的信任,减少敌对情绪,消除摩擦。

(二)文化移植策略

文化移植策略是指在母国文化具有强大优势的前提下,把握东道国文化变迁的时机,使东道国文化顺应自身的需要发展和变迁,使自身文化在新的环境中成为主导文化,为在新的国际市场中的拓展清除文化上的障碍。这一策略的实施是通过派遣母公司的高级主管和管理人员,把母国的文化习惯全盘移植到东道国的子公司中,让子公司里的当地员工逐渐适应并接受这种外来文化,并按这种文化背景下的工作模式来运行公司的日常业务。肯德基、麦当劳和必胜客等美国企业之所以能够对中国的快餐市场产生巨大的冲击,正是借助了文化移植的力量。不过这种方法要以母国文化具有较大优势且企业本身有较强的经济实力为前提。

(三)文化相容策略

国际企业在国外的子公司不以母国或东道国中任何一方的文化为主流文化,而是使两国文化相互补充,把优势文化运用在公司的运营中。这样,母国文化与东道国文化之间尽管存在巨大差异,却不会相互排斥,

小案例6-3 希丁克的故事

反而互为补充,将文化差异造成的劣势转化为优势,不仅使一国文化的不足被另一国文化弥补,同时也可以改变单一文化造成的单调性。

(四)文化规避策略

当母国文化与东道国文化存在着巨大的差异,在母国文化地位不可撼动,却也无法忽视东道国文化的存在时,母公司派到子公司的管理人员要特别注意在双方文化的重大不同,或借助第三方的文化作为沟通的,不要在某些"敏感地带"造成彼此文化的严重冲突,更要特别注意尊重东道国的宗教信仰。

二、企业跨国并购中的文化整合

所谓跨国并购是指跨国兼并和跨国收购的总称,是指一国企业(又称并购企业)为了达到某种目标,通过一定的渠道和支付手段,将另一国企业(又称被并购企业)的所有资产或足以行使运营活动的股份收买下来,从而对另一国企业的经营管理实施实际的或完全的控制行为。跨国并购存在一些特殊的风险形式。其中文化差异风险是

跨国并购存在的主要风险之一。跨国并购需要面对人们不同的行为方式，关键就是要了解其中的文化差异，并进行相适应的跨文化整合。

（一）跨国并购面临的双重文化差异

在跨国并购中，各类有形资源、无形资源和人力资源整合基本完成，并不意味着并购活动已经取得了成功。由于跨国并购双方来自不同国家，它们面临着国家文化和企业内部文化的双重差异。

1. 国家文化差异

民族文化作为一定社会背景下的产物，同人们的生活方式、思维模式、行为标准、处世态度融为一体。中国的传统文化以儒家思想为主体，重视人际关系，极具人文精神，以自我贬抑的思想作为处世经典，不张扬个性，追求与他人的共性；而西方文化由古希腊文化传承发展而来，崇尚个人主义，重视个人的发展，个性张扬，追求特立独行。

2. 企业文化差异

企业层面的文化差异主要指并购双方企业在文化根源、核心价值观、企业经营战略、管理模式、制度、集体意识、人才激励制度、政治的干预程度等因素存在的差异。

小案例6-4　6亿欧元"学费"的并购

因此，与同一母国文化背景下的企业文化整合相比，跨国并购面临国家及企业文化差异而造成的障碍，文化整合显得更加困难。

（二）企业跨国并购的文化整合模式

如果将企业文化的演变历程分为形成、发展、比较成熟和成熟四个阶段，那么我们可以将企业文化的形成和发展阶段合称为企业文化的低级阶段，而把比较成熟和成熟阶段合称为企业文化的高级阶段。根据企业并购双方的企业文化所处的不同发展阶段，能够运用的整合模式可以分为同化、隔离、融合和引进四种。

1. 同化模式

同化模式是指被并购企业放弃它自己的文化而成为并购企业的一部分。当并购企业的文化处于高级阶段而目标企业的文化处于低级阶段时，可以采取同化模式。当一个组织无法取得成功，它的管理人员和一般雇员感到他们的文化和实践不仅无效，而且已成为业绩改善的阻碍。在这种情况他们就会欢迎新文化的到来。只要不是强制性的，同化产生的冲突比较少，同化的过程就会相对容易。

在运用这种整合模式时，以下两个方面应当引起注意：第一，并购企业要慎重地进行可行性分析，对两种文化进行全面的分析权衡，确定自己能够担负企业文化重塑的重任，并能够充分适应和促进新公司的发展。第二，要充分考虑并购企业的文化对目标企业的文化进行同化时可能遇到的阻力，尽可能消除被并购企业员工可能产生的仇视和对抗心理。

一般来说，可以通过定期举办文化培训班，让企业全体员工都能获得全面深入地认识和学习新的企业文化的机会。在培训过程中，通过剖析目标企业文化的弊端并充分展现并购企业文化的优越性，逐渐获得目标企业员工对新的企业文化的认同和支持。此外，还可以通过优秀的并购企业员工所带来的"示范效应"，加速新的企业文化的传播，同时努力"治愈"并购后目标企业员工可能存在的情感"伤口"。

2. 融合模式

当并购企业和目标企业的文化处于低级阶段时可采取融合模式。具体的做法：首先对两种企业文化进行科学系统、客观公正的评估，然后根据评估结果，坚决剔除两种文化中的不合理部分，而对两者的精华部分进行科学的整合，并在此基础上进一步培育出一种全新的企业文化。这样通过融合模式产生的新的企业文化，由于是站在两种文化的"肩膀"上，因而具有其中任何一种企业文化都无法比拟的优势，能更好地推动新企业的发展。这种整合模式不会使双方员工产生"文化殖民"或"文化掠夺"的不公平感，容易得到他们的理解和认同，从而大大减小了整合过程中可能遇到的阻力，使整合目标易于实现。

3. 隔离模式

当并购企业和目标企业的文化处于高级阶段时，就适宜对新企业的企业文化整合采取隔离模式。如果一种根深蒂固的企业文化在企业被并购后突然被一种全新的企业文化置换，就必然会使企业对这种新的文化产生强烈的排斥反应，从而阻碍企业上升的势头。同时，整合后的新企业利用协同效应所取得的成果也会由于这种内耗而化为乌有。因此，比较可行的办法是在整合后的新企业中同时保留两种优势文化，即允许它们保持自己的特色、个性以及相互的独立性，并鼓励它们在承认彼此差异和合理性的基础上，进行最广泛的交流和合作，互补有无。运用这种模式的优点是由于并购双方文化基本都得以保存下来，因而招致的非议较少，整个整合过程一般比较顺利，不会遇到太多的阻力。

4. 引进模式

当并购企业通过资金优势或者运用某种谋略并购了某家目标企业，并购企业的文化处于低级阶段而目标企业的文化处于高级阶段时，根据利益最大化经济原则，并购企业就应当摒弃"王者"思想和"家长"作风，从整个企业的大局着眼，对目标企业的长处予以充分肯定，尤其是充分重视和利用其优秀的企业文化资源。

这种整合方式的特点：虽然并购企业是并购的胜利者，但是它非常尊重对方，能够虚心向对方学习其文化合理内核。这种做法会赢得目标企业员工的满意和支持，为企业文化的全面整合奠定坚实的情感基础。其优点是不仅实现并购企业的并购目标，而且面临文化冲突和纠纷也很小，从而使企业文化的整合风险实现"软着陆"。

虽然大部分跨国并购的文化整合离不开上面讨论的几种模式，但是不意味着这些模式是彼此孤立、相互隔离的，事实上，这些整合模式之间有着千丝万缕的联系，没有十分明确的界限。在实际操作中，往往将它们结合起来使用，形成各种组合模式，以完成单个模式无法完成的使命。

本 章 小 结

1. 跨文化管理研究的是有两个或两个以上文化背景的组织的管理问题。文化的内涵十分丰富，一般而言，一国的文化组成要素包括物质文化、社会结构、美学观念、语言文字、生活习俗、价值观和行为准则、宗教信仰等，其中价值观和行为准则是最为重要的，是文化的核心。综上所述，文化是人类文明进程中，不断习得和积累的，特定群体的共同的价值观念和行为准则体系。同心圆模型将文化分为三层次：①外层为文化的物质层，也是显现层；②中间层为文化的制度层；③核心层为文化的精神层。

2. 文化差异主要指不同国家或地区在语言、宗教、价值观念、教育以及社会风俗习惯等方面的差异。受地理环境、发展历程、历史背景及其他因素的影响，世界各国之间存在程度不同的文化差异。文化差异或多元文化给国际企业带来益处，但文化差异会造成国际企业管理的困难。

3. 文化差异理论中最具价值及影响力的理论是荷兰管理学家霍夫斯泰德提出的文化维度理论。霍夫斯泰德归纳了在与工作有关的种种价值观念中，随国家不同而不同的部分。各民族在下列四个维度具有明显文化差别：①权力距离；②不确定性规避；③个人主义与集体主义；④男性度与女性度。川普涅尔根据其研究的结果提出了七个文化维度。这七个体现国家和民族文化差异的维度是普遍性与特殊性、个人主义与团体主义、中性化与情绪化、明确性与扩散性、成就与归属、时间、环境。在这七个文化维度中，前五个维度对商务领域影响更大，提供国际企业在不同国家和地区经营的实践方法。

4. 文化冲突，是指在不同形态的文化或者文化要素之间相互对立、相互排斥的过程。国际企业内部处于各种文化背景的主体，如果不理解和尊重相互的文化差异，则会产生文化冲突。国际企业管理中的文化冲突主要体现在如下几个方面：①人事管理方面的冲突；②管理沟通方面的冲突；③组织管理方面的冲突；④决策管理方面的冲突。

5. 国际企业是一种多元文化的组织，为避免文化冲突造成的影响，需要进行文化整合，具体措施包括：①跨文化培训；②价值观的融合；③创造文化协同。

6. 国际企业通常采取的跨文化管理策略主要包括以下四种：①文化适应策略；②文化移植策略；③文化相容策略；④文化规避策略。企业进行跨国并购时，根据并购双方的企业文化所处的不同发展阶段，能够运用的整合策略可以分为同化、隔离、融合和引进四种模式。

1. 什么是文化的内涵？同心圆模型将文化分为哪三个层次？
2. 什么是文化差异？霍夫斯泰德提出的文化维度理论中四个维度的含义是什么？
3. 国际企业管理中的文化冲突主要体现在哪几个方面？为避免文化冲突造成的影响，需要进行文化整合，叙述其具体措施。
4. 请解释国际企业通常采取的四种跨文化管理策略。
5. 请论述如何根据企业并购双方的企业文化所处的不同发展阶段，合理运用文化整合的四种模式。

第七章

国际企业市场营销

【学习目标】

- 掌握国际市场营销的含义、特点
- 理解国际目标市场选择和国际营销计划的制订
- 掌握国际营销基本策略
- 理解国际营销组合策略

奢侈品 LV 的营销

LV 全称 LOUIS VUITTON，中文名称路易·威登。LV 创立于 1854 年，现属于法国专产高级奢华用品的 LVMH 集团。创始人路易·威登见证了蒸汽火车的发明，目睹了汽船运输的发展，发明创造是他心底里的冲动。1896 年，路易·威登的儿子乔治用父亲姓名中的首字母"L""V"配合花朵图案，设计出到今天仍家喻户晓的字母组合帆布（Monogram Canvas）的样式。

100 多年来，世界经历了很多变化，人们的追求和审美观念也随之改变，但路易·威登保持着无与伦比的魅力。

一、LV 品牌发展历程

LV 从法国宫廷的御用制箱包的制作者，到工业革命时期被资产阶级新贵们追捧的身份标志，再到现代的奢侈帝国的建立，整整经历了 150 多年的历史。

1. 宫廷的印记——奢侈品历史的精华

不管在过去 150 多年中的哪一刻，每一款 LV 都是那个时代风尚的缩影，LV 与生俱来的宫廷印记正是这个奢侈品品牌历史的精华所在。

1837 年，出生于法国木匠之家的路易·威登来到巴黎寻找生计。当了数年的行李箱作坊学徒之后，路易·威登开始为法国王室服务，成为一名捆衣工。这时的法国，拿破仑三世刚刚掌权，国力强盛。拿破仑三世的皇后乌婕尼喜好出游，凭借出色的手艺，路易·威登能够巧妙地将乌婕尼的衣物绑在行李箱内，由此得到了皇后的留意和信任。路易·威登在宫廷服务的时期正是LV品牌形成前必要的积累阶段。这段时间，他制作行李箱的技术得到了很大的提升，为其日后创造出经久不衰的高档旅行箱提供了"技术保证"。同时，这段经历也使日后的LV品牌身价倍增，路易·威登从一个乡村木匠成为了服侍宫廷的御用箱包制作师。在看重阶级身份的19世纪的法国，路易·威登的身价为即将诞生的LV品牌赋予了极高的附加值。

1854年，路易·威登结束了在皇宫中的工作，在巴黎创建了首间皮具店，主要生产平盖行李箱，LV品牌正式创立。凭借为乌婕尼皇后服务的经验，路易·威登创造了经典的"Trianongrey"帆布行李箱，它的面世在巴黎的上层社会引起了轰动，很快就成为巴黎贵族出行的首选行李箱。"Trianongrey"帆布行李箱的图案在今天仍是LV箱包设计的经典元素。走进LV的很多销售店中，人们仍能看到墙上悬挂着的当年贵族们携带着大大小小的LV旅行箱上火车的照片。

在LV发展早期的19世纪50年代，LV靠品质赢得了第一批消费者——皇宫贵族。对于他们来说，购买LV的理由很简单：方便。对于这个时期LV的目标消费者来说，LV代表的是品质；严格意义上来讲，LV倡导"旅行"概念的品牌内涵还没有完全成型。在那个没有大众媒体的年代，LV得以在上层社会中流传开来，靠得主要是上层社会成员之间的口碑传播（word-of-mouth communications）。随着法国贵族旅行的足迹，这种口碑也传遍了整个欧洲，最初是在欧洲的宫廷，后来扩散到欧洲大陆的贵族群体。这些人的口碑传播在增加可信度的同时，也增加了LV的品牌质感和消费者群体认同感。

2. 新贵的追捧——金钱品牌与身份认同的置换

19世纪，资本主义经济迅速发展。LV不仅满足了资产阶级新贵使用宫廷物品的期望，用金钱来得到身份的置换，还向他们提供了贵族才能享受的特别服务——特别定制。这种服务完全为消费者的个人需求而设计，在使用的方便性上可以最大限度地满足消费者的需求；同时，每年只有数十件价格昂贵的定制产品满足了目标消费者彰显其新贵族身份的心理需求。精致、简单、实用的"旅行哲学"成为LV在150年间不变的品牌核心。在LV逐步树立起精致、典雅、尊贵的品牌形象的时候，它的产品遭到了仿制。而这非但没有影响到LV的发展，还激发了乔治·威登的创造力，1896年他设计了脍炙人口的Monogram图案组合，借此表达对父亲的敬意。

商标的诞生对LV具有划时代的意义。它使LV开始作为品牌注入人们的观念，开启了LV的品牌时代，成为LV产品的符号代表。LV就是人们心目中的尊贵象征，拥有LV和渴望拥有LV的人在心理上形成了共同的价值取向和情感体验。

3. 大众的崇拜——LV奢侈帝国的建立

进入20世纪现代商业社会时代，对于一个历史悠久的品牌而言，底蕴深厚是资产，一成不变与死板守旧是负债。1997年，年仅34岁的纽约设计师马克·雅戈布（Marc

Jacobs)加盟 LV，出任集团设计总监。他开创的时装系列，为 LV 这个象征巴黎传统的精品品牌注入了新的活力。马克·雅戈布提出"从零开始"的极简哲学，他结合 LV 古典气派的形象，将传统字母组合图案印压在糖果色漆皮皮具上，配以简约的服装系列，令 LV 的形象趋向时尚活泼，获得全球时装界的一致喝彩，正是这种大胆创新开启了 LV 的鼎盛时代。更让人惊喜的创新发生在 2003 年，马克·雅戈布首次与日本新艺术家村上隆合作，设计的清新可爱的大头娃娃与色彩艳丽的花朵图案，摒除了 LV 经典的 Monogram 图案给人的老气的感觉，以"幼稚"的诱惑力在全球风靡一时。也许就是这样大胆创新的魄力，让 LV 多年来一直稳坐在时尚类顶级奢侈品的宝座之上。

二、LV 奢侈品营销策略

LV 向来是品牌经营的典范。在奢侈品品牌营销策略上，它有许多值得学习之处。

1. 将奢侈做成艺术和经典

对于奢侈品品牌来说，之所以奢侈，一个很重要的原因就是其具有稀缺性：少，生产数量少，买得起的人少，能经常买的人更少。既要让大家知道尊贵和奢侈，又不能用太大众的方式，没有什么比建立一个奢侈精致而又有创意的旗舰店更有效果了。

LV 绝对是做有创意的旗舰店的高手。2004 年为庆祝 LV 创立 150 周年，LV 将香榭丽舍大道的旗舰店规模扩大了一倍。

出人意料的是，LV 特地制作了两个超大的招牌旅行箱，架在旗舰店的大楼外面，赚足了过往行人的眼球。店里不仅展出有 LV 历史上 28 件珍贵的古董行李箱，而且位于旗舰店七层的 LV 美术馆，也首次选用了一群尖端艺术家的作品，在店内作永久性的陈列。其中一件由白皮肤裸体女人构成的字母"U"和黑皮肤裸体女人构成的"Y"组成的图案颇为亮眼。

LV 的许多竞争对手主要是为了满足购买者的虚荣心而设置旗舰店，而 LV 旗舰店更像当代艺术馆。在 LV 旗舰店的漫步长廊，展示有美国艺术家詹姆斯的灯饰雕塑，以及丹麦概念艺术家奥拉夫专门为 LV 设计的作品。这样的效果正是 LV 所追求的。LV 的这个店面每天要接待数千人，据称在巴黎是排在埃菲尔铁塔和巴黎圣母院之后最有人气的旅游胜地。LV 将自己的旗舰店塑造成了一个地标。

顾客在这样的一间旗舰店里徜徉，用参观艺术馆般的态度来参观 LV 的精致皮具，甚至有了某种朝拜的意味，试想，人们不能把卢浮宫里的《蒙娜丽莎的微笑》买下来，天天背在身上，但 LV 的包却可以满足人们的这个奢侈体验。

2. 重视研究消费者的消费心理

从 LV 官方网站的几次细微改变能看出其在中国市场的上升态势。1997 年，LV 首次开设正式官方网站时，设置了中文网页，这是 LV 进入中国内地的第五个年头。四年后，LV 又设立了一个有英语、法语、日语和繁体中文四种不同的语言版本的新网站。同年 7 月，LV 中文版的网页中增添了"大中华焦点"栏目，主要介绍 LV 在中国的动向。

LV 中国区董事、总经理施安德先生说:"这的确是因 LV 的中国消费者,尤其是中国内地消费者数量增长而设立的。"LV 之后开设了简体中文版网站和增加更贴近内地市场的网站内容。这表明这个试图进军中国奢侈品行业的豪华品牌放下架子去聆听客户的心声,去感受这个新兴市场的时代脉动。

3. 跨国的 CRM 管理

一个完整有效的客户关系管理数据系统(CRM)帮助 LV 充分地理解市场,与客户建立紧密的联系,实现"多一点科学分析,少一点道听途说"。

LV 公司跨国的 CRM 管理能够使其跨越时空,整合不同市场的客户信息,从而实现对特定客户群的深度了解。通过深入挖掘过去的销售数据,LV 能够掌握客户的偏好并评估潜在需求。今天购买低价商品的客户,明天就可能购买更高价值的商品。在巴黎的商店购买单件商品的中国游客可能在上海的商店购买多件同一牌子的商品。

资料来源:学习啦网站。

第一节 国际市场营销概述

国际企业营销管理是将一个公司的资源和目标集中于全球性营销机会的管理过程,其推动力来源于两个方面:一是抓住机会发展,二是企业生存需要。因此,国际企业的市场营销突出表现为国际营销的行为。由于国外市场更为复杂,因此国际企业在进行国际营销活动时,需要清醒地认识到两者的环境差异,充分考虑到国际市场营销的各种常规和不可控的影响因素,这样才能针对复杂的国际市场环境,制订合适的国际营销策略,提高自身的竞争力。

一、国际市场营销的含义

美国著名市场营销学家菲利普·R. 凯特奥拉(Philip R. Cateora)在其所著《国际市场营销学》一书中对国际市场营销作了如下定义:"国际市场营销是指对商品和劳务流入一个及多个国家的消费者和用户手中的过程进行计划、定价、促销和引导,以便获取利润的活动。"

从这一定义可以发现,无论是国际营销还是国内营销,营销的基本概念、过程和原理都是通用的,本质是都是将组织的资源与目标集中于环境中机遇和需求的过程,都是为了取得利润。同时,我们也可以发现,尽管营销原理具有普遍性,但是开展营销活动却因国家的不同,即环境的差异而有所不同,来自国际市场的一系列陌生问题和为应对各种不确定因素所制订的策略产生了国际市场营销的特殊性,也意味着国际市场营销不能直接将一个国家的成功模式套用在另一个国家,随着顾客、竞争对手、分销渠道、消费者偏好的不同,营销计划和策略也应有变化和调整。

国际营销比国内营销更具挑战性，是因为国际企业营销活动是在一个及多个国家进行的，面对陌生环境如市场竞争、法律限制、政府管制、文化差异、经济体制以及其他不可控因素，都有可能影响一个营销计划的成功实施。因而国际营销必须通过对东道国市场不可控因素（政治、经济、法律、社会文化和竞争环境等）的调研，在充分进行环境分析的基础上组合企业的可控因素（产品、定价、分销、促销等），制订营销计划，以适应东道国市场的特殊性，从而实现企业目标并获得利润。

二、国际营销的影响因素

对于国际企业而言，影响国际营销活动的因素由企业的可控因素、外部环境的不可控因素组成，其中，外部不可控因素包括母国不可控因素和东道国不可控因素两部分。

（一）营销的可控因素

在公司拥有必要资源的条件下，营销经理可以综合运用产品、价格、分销渠道和促销策略这四个因素，以满足市场需求并获得利润。为了适应不断变化的市场条件、消费者偏好或公司目标，这四个因素是可以调整的。

（二）母国不可控因素

母国不可控因素主要包括政治与法律、经济形势、汇率和利率、技术和企业所在行业的竞争状况。一国的对外政策和相关法律对企业国际营销的成败有着直接的影响。国内经济形势对企业在国际市场上的竞争地位和投资能力具有重大影响。如果国内经济形势恶化，企业往往无力进入国际市场或在国际市场上扩张，而且本国政府也极有可能对企业对外投资和进口产品加以限制，目的是振兴国内经济。汇率和利率也是不可忽视的因素，如果本币相对于外币升值，由于出口产品的标价升高，需求量减少，出口数量会下降；但由于本国货币的购买力增加，对外投资额会上升。此外，由于资本倾向于流向收益率最高的地方，本国货币利率偏低也会引起对外直接投资额上升，导致资本外流。

（三）东道国不可控因素

国际营销活动比国内营销活动更复杂，更具有挑战性的原因，是它们面临着母国和东道国两个层面的不确定性。在本国经营的企业可以轻而易举地预测商业形势，调整企业决策，但是，国际营销计划的制订却常常涉及大量不可预见的政治、文化和经济等不可控因素。政治和法律力量、经济力量、竞争力量、技术水平、分销结构、地理和基础设施、文化力量，这七个方面构成了国际营销者在制订营销计划时必须应对的国外不可控因素。

三、国际营销的发展阶段

从市场营销的理论和实践看，企业开展国际营销活动的历史演进过程大致可分为五个发展阶段，通常情况下企业是按照以下顺序由低到高逐一开展活动的，但也可能存在直接从中间某一阶段开始或者同时处于几个阶段的情况。企业处于哪个阶段主要取决于该企业本身经济实力与对国际市场的重视程度。

1. 非直接对外营销阶段

在这一阶段，公司的产品属间接出口，公司并没有直接地寻找或培养客户，公司的产品可能是在自己并不知情的情况下由国内的贸易公司代理销售到国外，或者卖给一些找上门来的外国客户。随着越来越多的公司在互联网上宣传自己的产品，不少公司通过国外客户浏览交易网站并网上采购而获得订单，这也属于非直接营销。

2. 非经常性对外营销阶段

非经常性对外营销阶段是指企业因为生产水平和需求的变化，产生临时性的库存，从而引起非经常性的对外销售，国外市场被认为是国内市场的延伸和补充。由于这种生产过剩是暂时的，企业并没有打算维持国外市场，只是把针对国内产品的市场营销组合直接推向国外，组织结构和产品很少因外销而发生变化。当国内需求回升，吸收了过剩产品后，企业就会撤回对外销售活动。

3. 经常性对外营销阶段

在经常性对外营销阶段，企业更加重视国际市场。企业不再简单地把国际市场看作国内市场的延伸，而是明确地把国际市场作为自己的目标市场，有固定的生产能力能够满足国外市场需求。企业建立进出口部或国际部，或者在重要的外国市场建立自己的销售子公司来进行国际营销。随着国外市场需求的增加，企业逐步加强针对外国市场的生产能力，能够根据国际市场上消费需求对市场营销组合进行一定的修改，以适应国际市场需求，海外利润成为公司整体目标的组成部分。

4. 国际营销阶段

在国际营销阶段，企业全面地参与国际市场。企业在全球范围内寻找市场，包括国内的市场被看作是一个个独立的国家市场，各国市场的特殊性成为企业营销战略的基础。企业根据这些市场的特征，实行差异化营销策略，有计划地将产品销往各国市场。在该阶段，企业一般在国外建立生产基地，成为国际企业。

5. 全球营销阶段

全球营销阶段中企业发生的最深刻变化体现在市场导向和营销策略方面。在这一阶段，企业根据各个国家市场的共性制定策略，通过经营活动的标准化使收益最大化。企业的整个经营、组织机构、资金走向、生产和营销都以全球市场共性为基础，可减少因差异化带来的成本。

四、国际营销观念

处于不同国际营销阶段的企业,会有不同的国际营销观念导向。基本的国际营销观念可以分为以下三种,每一种观念都反映了企业的经营思想和国际营销导向。

1. 国内市场延伸观念

国内市场延伸观念是指国内企业力图把国内生产的产品销售到国外,它把国际业务看作是第二位的,是国内业务的延伸。它的主要动机是解决生产力过剩的问题,国外销售被看作是国内销售有利可图的延伸。由于企业本身资源的限制,很少针对国外市场调整营销组合方案,总是寻找和国内市场相似的市场,以便产品能被接受,然后以和国内销售一样的方式将产品销售给国外客户。

2. 国别市场观念

企业一旦意识到市场差异和海外业务的重要性,会产生国别市场观念。以这一观念为导向的公司,意识到各国市场大不相同,只有对每一个国家制定独立的计划,才能取得销售上的成功。以此为导向的企业,以国别为基础,对每一个国家,采取不同的营销组合策略。

3. 全球营销观念

以全球营销观念为导向的企业,它们所开展的营销活动是全球营销,市场范围是整个世界。为了适应全球营销的复杂性,全球营销观念发展出全球标准化、全球本土化、全球混合三种导向。

(1) 全球标准化导向。全球标准化导向是指企业将世界市场视为一个统一的市场,强调需求的相似性,忽视需求的差异性,把具有相似需求的潜在消费者群体归入一个全球性的细分市场,在全球范围内实行标准化的营销管理。这一导向有三个优点:第一,企业可以利用规模效应来节约成本;第二,企业通过标注化全球营销可以形成全球统一的品牌形象,实现组织结构的单纯化和管理控制的程序化;第三,企业通过标准化全球营销有利于规避市场风险。由于竞争越来越激烈,企业以全球细分市场为目标市场,可占领更多市场份额,有效降低风险。全球标准化观念比较适合三类产品:全球需求类似性产品,例如汽车、农产品等;技术标准化的产品,如电器等;研究开发成本高的技术密集型产品,如智能机器人。

(2) 全球本土化导向。全球本土化导向强调市场需求的差异性,认为应按照消费者所处的地理位置、国籍及其文化背景和生活方式等标准进行市场细分,针对细分市场的不同需求推出不同营销策略。采用这一导向的优点:第一,可以更好地满足消费者。第二，可以获得垄断优势。企业基于不同市场之间的差异，采用针对当地细分市场的更为准确的战略，获得在此细分市场的垄断地位和建立价格歧视的条件，以此为基础可以给产品设定较高的价格，从而抵消标准化全球营销所具有的优势。第三，可以减少全球企业内部的摩擦成本。标准化所带来的规模经济可以降低生产成本，但标准化也会在一定程度上增加总部和分支机构之间的摩擦，从而产生协调和配置成本，全球本土化营销者可以很好地解决这个问题。

（3）全球混合导向。全球混合导向认为，企业在进行全球营销时，应该将全球标准化与全球本土化的优点结合起来，通过两者的优势互补来增强企业的适应性。既要致力于需求的共性，追求市场营销组合各要素的标准化，又要注意到需求的差异性。该理论认为，企业在实施全球混合化时所面临的最关键的问题是要决定标准化和本土化各占多大比例。其具体的做法包括：一是以标准化为主，辅以本土化。比如，肯德基公司是一家典型的采取这一做法的公司，它在推行全球标准化的同时，注重根据各个市场的区别，对其市场营销组合进行相应修改，如针对中国市场，它推出了老北京鸡肉卷。二是以本土化为主，辅以标准化。一般而言，为了维持品牌形象的全球统一，国际企业总会要求在部分营销要素上保持尽可能的一致。这一导向兼顾了全球化与本土化，更易于树立全球统一形象，成本费用也不会增加太多。

第二节 国际营销计划的制订

一、国际市场调研

在国际市场上，市场信息是企业进行营销活动必不可少的条件，也是国际营销决策的基础，而国际营销调研是获得所需要信息的重要手段。企业只有充分利用营销调研的手段和方式，才能识别环境中存在的机会和威胁，以达到扬长避短的目的。

（一）国际市场调研的作用

（1）有助于企业发现国际营销机会，开拓潜在的国际市场。随着国际市场竞争环境日益复杂，企业必须通过规范、科学的营销调研才能及时、准确地了解和把握海外市场信息，以迅速识别和利用环境中存在的机会进行市场开拓。

（2）为企业进行国际营销组合决策提供依据。企业通过国际市场调研可以掌握国际市场现实和潜在需求的变化，了解消费者对产品品种、规格、型号、功能以及交货期、今后服务方面的需求，为设计、开发、生产和销售产品提供更为准确的依据。

（3）可以评价国际营销活动的效果，并为调整营销策略提供依据。通过国际营销调研可以及时获取国际市场的信息和情报，对国际营销策略进行必要的评估和修正，以保证企业国际营销活动的正常运转。

（4）有助于企业分析和预测国际市场的发展趋势，掌握国际市场营销活动的规律。国际营销调研可以帮助企业探索经营环境中可能存在的某些规律，以指导营销战略与策略的计划和实施。

（二）国际市场调研与国内市场调研的比较

（1）国内市场调研与国际市场调研的基本区别在于后者的范围更广。调研的信息可分为三种类型。第一，有关市场的一般信息；第二，有关国家的社会、经济、消费和产业发展趋势的信息，借以预测营销需求的变化；第三，具体市场信息，据此做出有关产品、定价、分销和促销的决策，设计营销组合策略。在国内进行市场调研时，重点是第三类信息，通常不会过多地关注有关本国的政治稳定性、文化特征和地理形态的信息。国际市场调研因其所面临的复杂环境，对三类信息都要搜集和评价。具体包括：①经济形势。有关东道国或地区经济增长、通货膨胀和商业周期的一般性资料、具体行业的经济研究、国家主要经济指数等。②社会与政治文化。包括政治法律制度、消费偏好及生态环境等。③市场需求。包括东道国同类产品的国内市场以及国外市场情况。④技术进展。尤其是与公司在东道国所设的分部的业务有关的技术发展现状。⑤竞争状况。从国际范围考察竞争者的产品、销售收益和经营策略。

（2）国际市场调研比国内市场调研获取准确的信息更难。主要原因是不管市场调研人员搜集的是二手资料还是原始资料，其在传递和理解过程中都存在着局限性。在进行原始资料搜集时，调查对象的表达能力和回答的配合程度、缺乏人口统计资料造成的取样代表性问题以及语言障碍造成的理解差异，都会引起对调查结果的曲解。在搜集第二手资料时，会受到资料可得性、可靠性和可比性方面的限制。

因此，对于国际市场调研要注意三个问题：一是必须让了解外国文化的当地人加入调研小组；二是必须采用多种方法来对所获资料进行验证；三是高级管理人员，包括决策层，也应该与外国顾客有一定的直接交谈或对之进行一定的直接观察。

小案例 7-1　迪士尼一次失败的经历

二、国际营销计划的制订

（一）国际营销计划的含义

1. 什么是国际营销计划

国际营销计划是对企业与国际市场有直接关系的各项经济活动加以规划和安排，以便充分挖掘和利用企业的资源，组织好企业的国际营销活动，协调好与此相关的企业各项工作，以实现企业国际营销目标的过程。过程具体涵盖企业所处环境分析，未来机会或竞争测定，根据未来环境决定企业目标，从实现目标备选策略中挑选出最好策略与行动计划。企业通过国际营销计划确定预期的营销目标,并在收集与分析资料、预测成本费用的前提下,规定实现其目标的步骤、措施和具体要求。

2. 国际营销计划的类别

(1)从期限看,国际营销计划可分为短期计划和长期计划。短期计划又称经营计划,执行期一般为1年。长期计划又称战略规划,执行期短的3~5年,长的达10年、20年。

战略规划是在最高管理层次上进行的一种战略选择的长期计划,力求将外部不可控因素对公司实力、任务和目标的影响纳入管理的轨道,主要涉及公司的长远目标和近期目标。战术规划(即经营计划)则是对具体措施和资源分配的规划,借以在特定市场实现战略规划的目标,主要涉及具体的营销策略和方案。

(2)从制订和执行主体看,国际营销计划又可分为母(总)公司计划和子(分)公司计划。一般来说,母公司偏重于战略规划,子公司偏重于经营计划。战略规划与经营计划的区别在于,前者的目的是决定营销目标和基本战略,而后者的作用是将这些目标和战略付诸实施。前者是创始性的原则计划,后者是从属于前者的具体计划。如果公司在国际上推行的是标准化的战略,那就需要设计出一套统一的营销策略和步骤,然后用以指导各个目标市场的营销活动,如果实行差异化的战略,则要针对某个具体国家的目标市场制订市场营销的计划和方案。

3. 国际营销经营计划

企业关于国际营销的经营计划,一般都应明确规定应干什么,由谁干,如何干。国际营销的经营计划通常包括下列具体计划:

(1)产品管理计划。产品管理计划主要规定一个特定产品或产品各类的销售目标和指标,由产品经理编制。

(2)品牌管理计划。品牌管理计划规定一个产品类别中某个产品的销售目标和手段,由品牌经理编制。

(3)细分市场计划。这是为某一地区或细分市场制订的经营销售计划,说明在这一市场公司应采取的战略和战术,它由市场经理编制。

(4)分销渠道计划。确定公司在某一市场对渠道的选择和扩展方案,包括对中间商的选择和训练计划。

(5)国际定价计划。根据公司的竞争战略和市场战略,确定在每个市场是采用高价还是低价策略,进行价格的调整,确定在每个市场定价的基础和方法。

(6)国际促销计划。确定广告的预算、广告计划、营业推广计划、人员推销计划等。

(二)制订国际营销计划的流程

制订计划时要回答三个问题——企业现在处于何处?企业打算进军哪些市场?将

如何实现这些目标？这三个问题对大多数企业而言，都是无法回避的。这些问题要求企业要为未来提前做好准备。国际市场营销计划的制订，大致可分为以下几个步骤来完成：

1. 信息的收集和分析

信息的收集和分析是制订国际营销计划的前提条件，只有了解现在，才能预测未来。因此，在编制国际营销计划之前，一定要通过国际市场调研广泛收集各种信息，再通过筛选，使之成为有序的可用的信息。

2. 国际目标市场分析和筛选

国际营销计划规定的目标包括两层含义：一是选择特定的国家并确定特定的市场，即选择目标市场。选择目标市场是对要进入的国家进行分析和筛选。在对公司目标、资源和限制条件进行分析的基础上确定筛选的标准，筛选标准包括最低限度的市场潜力、最低限度的利润、投资收益率、可接受的竞争、政治稳定性、可接受的法律规定等。评价标准一旦确定，就能对潜在的各国环境进行全面的分析，淘汰掉缺乏潜力和存在问题的市场，找出各方面条件和公司、母国相匹配的目标市场。二是建立特定的经营销售目标。这是量化了的多项指标体系，如市场占有率、销售额增长率、企业利润率等。只有量化目标，才能形成明确的计划，各种活动的组织和评价就是通过目标进行的。

3. 确定具体的营销策略

在国际市场营销中，目标有了，如何实施也是非常重要的。在这一步，企业要把大的目标细化成具体的行动策略。国际营销策略常由一系列协调性决策构成，主要包括目标市场策略、营销组合策略和营销费用策略。

（1）目标市场策略。由于不同的国家顾客需求、市场对公司营销反应、获得能力以及公司能够提供的市场满足的程度等方面各有特点，公司应从最佳竞争出发，在精心选择的目标市场中慎重地分配它的营销力量和精力。每一目标市场的营销策略应具有独自的独特性。

（2）营销组合策略（4P 策略）。公司针对其选择的国际市场目标市场，制定产品（product）、价格（price）、分销渠道（place）和促销（promotion）等营销因素组合整体策略。通过公司针对某一目标市场确定一种营销组合时，有多种不同水准的方案可供选择，为此，经营人员要仔细分析，选出最优方案，以达到预定的目标。

（3）营销费用策略。其目的在于编制能够带来最佳利润前景的营销费用预算。虽然在初期较高的营销费用支出可以带来较高的销售额，但是销售额达到某一值时，销售额进一步提高可能无法使利润提高，反而会损害利润。因此，有必要研究执行各种营销策略所需的最适量的营销费用。

4. 计划的编制、执行和控制

目标和策略确定好以后，计划主要部分都已完成，接下来，只要再增加实施中的细节和方法，一份计划就编制出来了。当然，一份计划的编制，需要多次征求意见、集思广益、不断完善。在国际营销计划执行过程中要实施持续的监督和控制，衡量绩效是否与营销目标相一致，当绩效未达到目标时，进行灵活的调整行动，纠正工作偏差，使之符合计划目标要求。控制国际营销活动是困难而又重要的管理任务，全球导向为有效履行这一任务提供了方便。

（三）制订国际营销计划注意问题

国际企业在经营环境、组织结构、控制任务方面的复杂性导致了国际营销计划的复杂性和计划过程的差异性。

1. 目标市场的筛选使企业需要与东道国环境一致

国际营销计划首要问题是决定将哪一个国家市场作为目标市场进行投资，因而建立筛选标准，在对企业目标、资源和限制条件进行分析的基础上确定筛选标准，并对潜在的各国市场中市场特性、营销机构（分销系统、沟通媒介、市场研究服务）、法律、产业结构、政府政策和法令等因素，尤其是国别市场的强制因素，以及各国的关税、配额、禁运、外汇管制、非关税壁垒等限制性因素进行全面分析，淘汰掉缺乏潜力和存在问题的市场，找出各方面条件和公司、母国需要标准相匹配的目标市场。

2. 使市场营销组合策略与目标市场定位一致

目标市场选定以后，就是找到最适合这个目标市场定位的营销组合策略，在这一阶段应根据搜集的数据资料对营销组合进行评估，目的是选定某种营销组合，使其适应由环境中不可控因素造成的文化制约，从而有效地实现企业目标。在这一阶段，需要解决三个问题：①营销组合的哪些因素可以标准化，在哪些国家由于文化差异而不可能实行标准化。②如何调整营销组合要素才能适应目标市场的文化和环境条件。③考虑到调整所需要的费用，进入某一市场是否仍然有利可图。如果无利可图，那么就会做出不进入该市场的决定。

第三节　国际营销产品策略

一、产品与产品质量

（一）产品整体概念

国际市场营销中的产品与一般市场营销中的产品的概念是一致的，它是一个广义的、整体性的概念。产品是指为留意、使用或消费以满足某种欲望和需要而提供给市场的一切东西。

产品整体概念将产品分为三个层次——核心产品、形式产品、延伸产品，这三个层次共同组成了一个完整的产品。产品最基本的层次是核心产品，也称实质产品，即核心利益，是向购买者提供的基本效用和利益，是满足顾客需要的核心内容，即顾客真正要购买的实质性的东西。如洗衣机就是给人们提供一种方便、省力、省时地清洗衣物的方式。产品的第二个层次是形式产品，也就是企业向市场提供的实体和服务的形象，即满足顾客需要的各种具体产品形式，也是核心产品借以实现的形式，主要包括产品的款式、质量、特色、品牌、包装等。产品的第三个层次是延伸产品，也称为附加产品，是指顾客购买形式产品时所获得的全部附加服务和利益，它包括提供信贷、免费送货、保证、安装、售后服务等（见图7-1）。

可见，核心产品是核心、基础和本质，核心产品必须转变为形式产品，同时还要提供广泛的服务和附加利益，形成延伸产品。产品整体概念对国际市场营销的意义：一是企业明确表示顾客所追求的核心利益十分重要；二是企业必须特别重视产品的无形方面，包括产品形象、服务等；三是企业在产品上的竞争可以在多个层次上展开。

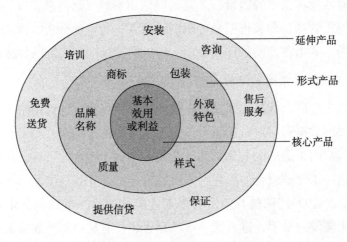

图7-1　产品整体概念的三个层次

（二）产品质量

产品质量可以从两个方面考察，即性能质量和市场感知质量。性能质量是对产品的最基本要求，如安全飞行和着陆是对飞机的最基本的性能要求。在现实中，顾客对市场感知质量较为敏感，如飞行的机票价格、及时服务、航班准点运行、舒适的座位、行李存取的方便等是顾客判断产品质量优劣的重要因素。市场感知质量是根植于整个产品中的，消费者在选择产品时，在已达到性能质量的前提下，会考虑选择具有市场感知质量的产品。

产品质量竞争是国际市场最为常见和主要的形式之一。世界著名企业之所以具有强大的竞争能力，很重要一点就在于它们凭借高质量产品求生存、求发展。如在杜邦公司的高层决策者和经营人员中，流传着一个公式：1% = 100%。他们认为如果企业的 100 个产品中 99 个优良，只有 1 个不合格，那么这 100 个产品都不合格。因为在买到不合格产品的消费者心目中，该产品质量并不高，经过他的宣传，就会有更多人认为你的产品都有问题。为此，杜邦公司提出了实现"零差错"的质量目标，要求以消灭不良品为原则，使所有的杜邦产品达到优良等级。自 20 世纪 80 年代以来，他们借助科学管理，运用先进设备，特别注意引入电脑控制机制，使产品质量优良率不断上升，很快就实现了"零差错"的质量目标。又如奔驰公司也是重视质量管理的典范。100 多年来，"精益求精"一直是奔驰汽车公司的经营宗旨。在整个生产经营过程中，从产品的构思、工艺的设计、样车的研制，到生产，再到售后服务，"精益求精"一直贯彻始终。为保证产品质量，其不合格的零部件坚决不用，不合格的产品坚决不出厂，在奔驰汽车公司，从上到下形成了一个质量控制监督网。

为了获得更大的市场空间，世界各国政府和行业组织都给予产品质量高度重视，通过设立高规格的质量奖来鼓励企业提高质量管理水平。如美国的波多里奇国家质量奖、欧洲质量奖、日本的戴明奖等都属世界著名质量奖。越来越多的企业也认识到产品质量对于赢得顾客的重要性，纷纷通过建立自身的质量内控体系和引进国际质量认证来提高自身的管理水平。自 ISO 国际标准化组织于 1987 年推出 ISO 9000 质量管理体系系列标准以来，质量体系认证工作迅猛发展。

二、产品标准化与差异化策略

开展国际营销活动的企业在制定产品策略是时要解决的第一个问题是产品的标准化和差异化问题，即企业是在世界范围内生产和销售标准化的产品，还是为适应每一个国家市场的需要而设计不同的产品。

（一）产品标准化策略

国际产品的标准化策略是指企业向全世界不同国家或地区的所有市场都提供相同的产品。实施产品标准化策略的前提是市场全球化和人类的共同需求。例如，好莱坞大片、麦当劳快餐、强生纸尿片。

1. 产品标准化策略的意义

产品标准化策略可使企业实行规模经济，大幅度降低产品研究、开发、生产、销售等各个环节的成本，从而提高利润；有利于树立产品在世界上的统一形象，强化企业的声誉；有助于消费者对企业产品的识别，从而使企业产品在全球享有较高的知名度；产品标准化可使企业对全球营销进行有效的控制。国际市场营销的地理范围较国内营销扩大，如果产品标准化，产品种类较少，则每个产品所能获得的营销资源相对丰裕，对营销活动的控制力更强。

2. 选择产品标准化策略的条件

（1）产品的需求特点。从全球消费者的角度看，需求分为共性需求和个性需求。在全球范围内销售的标准化产品一定是在全球具有相似需求的产品。比如大量的工业品，如各种原材料、生产设备、零部件等；某些日用消费品，如饮料、洗涤用品、化妆品、保健品、体育用品等。

（2）产品的生产特点。适宜于产品标准化的产品类别为在研发、采购、制造和分销等方面获得较大规模经济效益的产品。如研究开发成本高的技术密集型产品，这类产品需要采取全球标准化规模生产获得规模经济才能补偿研发的巨额投资，如飞机、超级计算机、药品等。

（3）竞争条件。如果在国际目标市场上没有竞争对手出现，或市场竞争不激烈，企业可以采用标准化策略。

（二）产品差异化策略

1. 产品差异化策略的含义

产品差异化策略指企业为世界范围内不同国家和地区的市场提供不同的产品，以适应不同国家或地区市场的特殊需求。尽管人类存在着某些共性需求，但某些产品领域特别是与社会文化的关联性强的产品领域，国际需求差异性是主要的。企业必须根据国际市场消费者的具体需求出发改变原有产品的某些方面，以适应不同的消费需求。如家用电器制造商发现欧洲各国对电冰箱需求不相同。北欧消费者喜好大体积电冰箱，因为消费者通常每周到超市购物一次，而且倾向于冷冻室设在冰箱的下层。而南欧国家的消费者需要小体积的电冰箱，因为消费者几乎每天都到超市购物，且喜欢冷冻室设在冰箱的上层。因此，企业需要生产不同体积和结构的冰箱。

3. 产品差异化策略的优劣分析

实施产品差异化策略，即企业根据不同目标市场营销环境的特殊需求特点，生产和销售满足当地消费者的产品。这种产品策略更多的是从国际消费者需求个性角度来生产和销售产品，能更好地满足消费者的个性需求，有利于开拓国际市场，也有利于树立企业良好的国际形象，是开展国际市场营销的主流产品策略。然而，产品差异化策略对企业也提出了更高的要求。首先是要鉴别各个目标市场国家消费者需求的特征，这对企业的市场调研能力提出了很高的要求；其次是要针对不同的国际市场开发设计不同的产品，要求企业的研发能力要跟上；最后是企业生产和销售的产品种类增加，其生产成本及营销费用将高于标准化产品，企业的管理难度也将加大。因此，企业在选择产品差异化策略时，要分析企业自身实力以及投入产出比，综合各方面情况，再做出决策。

（三）产品标准化与差异化策略的选择

随着经济的发展和人们生活水平的提高，消费者需求的个性化日益凸显，选择产品差异化策略应是从事国际营销企业的主要产品策略。然而在营销实践中，企业往往将产品差异化和产品标准化策略综合运用。许多产品的差异化是体现在外形上，如产品的形式、包装、品牌等方面，而产品的核心部分往往是一样的。例如不同国家的消费者在购买冰箱时，他们对冰箱的款式、色彩、容积、品牌等会有不同的要求，而对冰箱里的压缩机的要求却是相同的，即要求压缩机的制冷效果好、噪声小。荷兰飞利浦公司供应世界各地的电子产品有 500 多种型号，但其零部件和半成品则尽量采用统一标准。可见，国际产品的差异化策略和标准化策略并不是独立的，而是相辅相成的，企业的产品策略通常是差异化和标准化的一种组合，在这种组合中，有时是产品差异化程度偏大，有时是产品标准化偏大。

三、产品扩张策略

美国学者基甘（Warren J. Keegan）把国际产品设计和信息沟通结合起来，总结了五种可供企业选择的国际市场扩张策略形式。

（一）产品和促销直接延伸策略

这种策略是指企业对产品不加任何改变，直接推入国际市场，并在国际市场上采用相同的促销方式。如果使用得当，这应该是一种最为经济、便捷的市场扩张方式，它可以大大降低企业的营销成本。许多大型的国际企业青睐这种策略，如可口可乐公司、苹果公司等，它们在全球各个国家的产品和广告都是标准化的，这帮助公司树立了良好的统一产品形象。

（二）产品直接延伸、促销改变策略

是指企业向国际市场推出同一种产品，改变营销沟通方式以适应当地市场情况或偏好。这种策略适用于两种情形：一是产品本身具有多种功能和用途，而在不同国家和地区的消费者倾向于不同的功能和用途，企业可以保持产品不变，只改变信息。例如在美国，自行车是用来健身和娱乐的，而在其他许多国家自行车是作为基本的交通工具，因而自行车在美国与在其他国家的营销宣传信息是不同的。二是由于各国的语言文字和风俗习惯不同，为了让消费者接受，需要在促销方式上做出必要的调整。

（三）产品改变、促销直接延伸策略

这种策略是指根据国际目标市场顾客的不同需求，对国内产品进行部分改变，但

在促销宣传上强调同样的适应特点。有些产品对国际消费者来说,其用途、功效等基本相同,但由于消费习惯、使用条件有差异,企业必须对产品稍作改变,以适应各国市场的需要,如埃克森美孚石油公司为了适应不同国家市场的天气情况而改变其汽油的组成配方,但不改变基本促销宣传策略。

(四)产品与促销双重改变策略

这种策略是指根据国际市场的需求特点,对进入国际市场的产品和促销方式做出相应的改变。如通用食品公司对销往不同国家的咖啡采用不同的混合配方,因为英国人喜欢喝加牛奶的咖啡,而法国人喜欢喝不加牛奶或糖的浓咖啡,拉丁美洲人喜欢喝巧克力味的咖啡。与此相适应,通用食品公司采用不同的广告宣传内容。

(五)产品创新策略

这种策略是指企业针对目标市场需求研究和开发新产品,并配以专门的广告宣传。如果新产品开发成功,会获得很大的收益。通常采用这种策略须谨慎,原因是开发新产品的风险较大,面对国际市场,影响新产品开发成功的可控和不可控因素很多,企业较难把握。因此,企业通常是在对现有产品进行改进仍不能满足目标市场的需求,且目标市场发展前景好,企业又有能力去开发新产品的前提下,方采用产品创新策略。

四、产品品牌策略

(一)全球品牌

全球品牌是与全球产品及服务紧密相连的。全球品牌是指在全球范围内使用某个名称、术语、记号、符号、设计,或以上组合,旨在标识某企业的商品或服务,使其与竞争对手区别开来。如苹果、可口可乐、麦当劳等皆为全球品牌。完整的品牌一般分为两个部分:①品牌名称(brand name),是指品牌中可以用语言称呼的部分。②品牌标志(brand mark),是指品牌中可以被认知,但不能用言语称呼的部分,包括专门设计的符号、图案、色彩等。一个成功的品牌是公司最有价值的资产,如可口可乐品牌价值已超过350亿美元。

随着网络经济的发展及全球化,尤其是互联网加速了品牌全球化的过程,即使为适应当地市场需求而做出相应改变的产品,亦可以成功地运用全球品牌,如雀巢、宝洁、吉列、亨氏品牌等。有些品牌在全球统一使用,而有些品牌因不同国家市场特点而存在差异。

(二)全球品牌策略

全球品牌策略是指企业在全球市场上采用何种品牌策略。品牌策略包括以下四种。

1. 世界各地使用一种品牌

当产品广泛分销于世界各地，而且一般不与当地文化发生冲突时，可采用统一全球品牌。如可口可乐只用一种品牌。全球统一使用一种品牌有利于进入市场，节约经营成本及创造规模经济，在初始阶段即可创造良好的销量。同时有利于识别产品的质量及技术优点。

2. 针对不同国家的市场改变品牌名称

公司针对不同国家的市场特点，将品牌改变以适应当地市场的需求。例如雀巢（Nestle）进入欧洲不同国家使用不同名称，它引入德国用"Nestle Gold"，引入英国用"Nestle Gold Blend"。

3. 在不同国家使用不同品牌名称

在以下情况可使用民族品牌：当品牌名称与当地文化发生矛盾，或不能译成当地语言时；当产品的生产、销售及消费都在当地发生时；当品牌成为当地新需求的重要销售部分时。雀巢、联合利华既有全球品牌，也有民族品牌。据了解，在雀巢品牌家族中，有7 000个民族品牌。总之，是采用全球品牌还是民族品牌，要视情况而定，市场说了算。

4. 使用企业名称作为品牌名称

当企业在全球市场上享有良好的声誉，知名度高时，可采用企业名称作为品牌名称。如通用电气（GE）、海尔等都以公司名称作为品牌名称。

（三）原产地效应与全球品牌

品牌形象受诸多因素的影响，其中备受国际企业关注的是原产地对市场、对产品的影响。原产地效应指产品的设计、制造、装配所在地区对消费者所产生的影响。原产地对品牌形象的影响，主要有以下三类。

（1）消费者对某些国家的某类商品存在笼统又模糊的成见。消费者认为某些产品是最优秀的，如法国的香水、意大利的皮革、中国的丝绸、日本的家用电器等。这种成见一般只限于某类商品，并不包括这些国家的其他产品。

（2）本国优越感也有原产地效应。如美国人"买美国货"那样的本国优越感会影响其对待外国产品的态度。又如德国人对本国汽车、俄罗斯人对本国食品的本国优越感，都将影响对待外国产品的态度。

（3）人们对工业化程度不同的国家也存在着成见。工业化国家具有产品质量佳的形象。如德国的汽车、家用电器被认为是优质产品。马来西亚、泰国生产的电子产品会受到怀疑。这些成见与其说是与某个国家或地区的具体产品有关，不如说是与大众对某个国家或地区生产的产品总体质量的看法有关。

总之，原产地能影响产品或品牌的形象。国际企业在开发产品和制定营销战略时，必须考虑这些因素。通过营销策略来消除消费者对这些国家及其产品抱有的成见，比如通过创建全球品牌，对全球品牌进行有效宣传，对产品进行有效定位，从而改善消费者对原产地的消极看法。

五、产品商标、包装及保证策略

（一）商标的含义及作用

商标（trade mark）是指经过合法注册的名称、标志、符号，即合法注册的品牌。商标的专有权受法律保护，任何人不得侵权使用。商标是品牌或品牌的一部分；而品牌只有经过法定程序进行注册才能成为商标。因此品牌是一个商业名称，而商标是一个法律名称，它们共同构成一种商品区别于另一种商品的特殊标志。

由于商标是企业的工业产权，也是企业信誉的标记，它可以作为企业有效的广告宣传工具。商标具有法律保护的权利，因此企业可以行使其权利维护企业的合法权益，防止国外抢先注册或仿冒企业产品品牌。

（二）商标设计原则

国际产品商标的设计原则除应遵循一般性原则，如简单易懂、便于识别、有助记忆、构思独特新颖、引人注目、适应产品性质、便于宣传外，还应特别注意以下设计原则。

1. 符合各国消费者的传统文化和风俗习惯

出口商品的商标设计应注意与各国的文化和习俗相适应，因此，必须充分认识和了解各国消费者对颜色、数字、动物、花卉、图案、语言等方面的喜好和禁忌，必须根据各国不同的语言、习俗设计品牌和商标。

2. 符合国际商标法和目标国商标法的规定

符合国际商标法的规定是国际产品商标设计必须遵循的一个重要原则。主要是遵循保护工业产权的《巴黎公约》和关于商标国际注册的《马德里公约》及《商标注册公约》等。这些国际公约对商标的国际注册、驰名商标的保护、商标的转让以及不能注册为商标的内容等都有所规定。

企业还必须充分了解和遵守目标国有关商标的法规，以避免法律纠纷和经济损失，使企业的商标得到目标国的法律保护。

（三）国际市场产品包装

包装是将产品装于容器或包扎物内，以便于承载、保护、流通和销售商品。产品包装的功能已从最初的保护产品运输，发展到促进产品销售，增加其附加值等，因此包装有两种，一种是物质包装，一种是心理包装。国际市场产品包装设计是一项技术性和艺术性很强的工作，应做到美观、实用、经济。

1. 国际市场出口包装设计的基本要求

（1）准确传递商品信息。世界各国一般都对产品包装上应标记的内容有明确的规定，如生产日期、重量、保质期等。切忌通过包装夸大商品的性能、质量。

（2）包装应与商品价格相适应。包装物的价值应与商品价格相配套。产品包装的视觉化往往能够起到促销的作用。如高级珠宝应配以高档包装，以显示商品的名贵。

（3）考虑国际目标市场的需求。进入国际市场的产品包装要考虑各个国家的储运条件、分销时间的长短、气候状况、消费偏好、销售条件、环境保护、风俗习惯、审美观、收入水平、法律规定等。如在非洲和拉丁美洲一些国家，由于道路状况不太理想，不适合将玻璃作为包装材料。出口到热带国家的食品包装则重点考虑产品的保质问题。包装规格也要因国而异，在某些国家，环保主义者对包装材料是否造成环境污染十分关注。

2. 产品包装策略

（1）类似包装策略。企业对其生产的各种产品都采用相同的图案、近似的色彩、相同的包装材料和相同的造型进行包装，便于顾客识别出本企业的产品。对于忠于本企业的顾客，类似包装无疑具有促销作用，企业还可以节约包装的设计、制作费用。但类似包装策略适用于质量相同的产品。

（2）配套包装策略。按各国消费者的消费习惯，将数种有关联的产品包装在一起成套供应，便于消费者购买、携带和使用，同时还可以扩大销售。在配套产品中加入某种新产品，可使消费者不知不觉地习惯新产品，有利于新产品的上市和普及。

（3）再使用包装策略。指包装内的产品使用完后，包装物可以被再次利用。例如某品牌的啤酒有一种促销活动，用四瓶啤酒的瓶盖可以做成一个精致的摩托车模型，而且是现场制作，顾客在得到模型的同时还对制作过程非常关注，因此可以起到对产品的广告宣传作用。

（4）附赠包装策略。分为包装内附赠，即在商品包装物内附赠奖券或实物，和包装本身可以换取礼品，吸引顾客，使其重复购买。

小案例 7-2　向全球化品牌战略迈进的海尔集团

（5）改变包装策略。即改变和放弃原有的包装，换为新的包装。由于包装技术、包装材料的不断更新，消费者的偏好不断变化，采用新的包装可弥补原包装的不足，企业在改变包装的同时必须配合做好宣传工作，避免消费者以为产品质量下降或其他的误解。

第四节　国际营销定价策略

国际营销中的价格策略，是整个营销组合中最活跃的因素，带有强烈的竞争性和多因素的综合性。一个企业的国际营销活动开展得怎么样，在很大程度上要看价格定得是否合理。

一、影响国际产品定价的因素

国际企业产品定价受到包括定价目标、成本、市场需求、市场竞争和政府的价格调控政策五个因素的影响，具体如下。

（一）定价目标

定价目标是指企业希望通过价格手段的运用来达到相应的营销结果。对于不同的国外市场环境和不同的企业情况，企业的定价目标会有所不同。有些企业开展国际营销时间不长，采用比较保守的定价目标；一些有实力的国际企业则将市场看作一个整体，将国内市场当作国际市场一部分，它们往往会采取进取型的定价目标。企业在各个国外市场设定的定价目标不同，其定价策略也会有所不同。在成长性较好的国外市场上，企业可能更注重占有率的增长而暂时降低对利润的要求，采取低价渗透策略。在成长性较差的国外市场上，企业可能更多地考虑短期财务绩效，而采用高价撇脂策略。企业的定价目标主要有以下几种。

1. 维持企业生存目标

当企业生产能力过剩，国际市场又面临着激烈竞争而导致销售下滑时，企业必须设定较低的价格，通过明显的价格优势刺激需求和打压竞争者，以求扩大销量。

2. 当期利润最大化目标

如果企业担心目标国家市场未来可能会面临政治动荡或经济波动等风险，希望以最快的速度收回初期开拓市场的投入并获取最大的利润，往往会为产品确定一个最高价格，以求在最短时间获取最大利润。选择此目标，必须具备一定的条件，即产品声誉好，而且在目标市场上占有竞争优势地位，否则还应以长期目标为主。

3. 市场占有率最大化目标

在目标市场的需求弹性较大，低价能刺激市场需求的情况下，企业通过低价竞争吓退现有和潜在的竞争者，迅速占领市场，提高市场份额。

4. 产品质量最优目标

一般情况，产品的质量和售价是直接相关的，质量优良且能获得市场认可的产品可以以较高的价格为消费者所接受。通过追求在目标市场上的质量领先地位，来获得较大收益。通过高利润率来弥补质量领先所伴随的高额生产成本和研发费用。

（二）成本因素

产品售价至少要能弥补相应的成本和费用，企业才能持续经营下去，因此成本核算在定价中十分重要。国际营销与国内营销在成本上的差别，一方面体现在成本的构成要素上，如关税、报关、文件处理等是国际营销所特有的成本项目；另一方面体现在各成本项目的重要性可能差异很大，如运费、保险费、包装费等在国际营销成本中占有较大比重。

1. 关税

关税是当货物从一国进入另一国时所缴纳的费用，它是一种特殊形式的税收。关税是国际贸易最普遍的特点之一，它对进出口货物的价格有直接的影响。征收关税可以增加政府的财政收入，而且可以保护本国市场。关税额的高低取决于关税率，可以按从量、从价或混合方式征收。事实上，为产品缴纳的进口签证费、配额管理费等其他管理费用的数额较大，实际上也成为关税的一部分。

2. 中间商与运输成本

各个国家的市场分销体系与结构存在着很大的差别。在有些国家，企业可以利用比较直接的渠道把产品供应给目标市场，中间商负担的储运、促销等营销成本也比较低。而在另外一些国家，由于产品分销渠道较长，或缺乏有效的分销系统，中间商进行货物分销必须负担较高的成本。出口产品价格还包括运输费用。据了解，全部运输成本约占出口产品价格15%左右。可见，运输费用是构成出口价格的重要因素。

3. 风险成本

在国际营销实践中，风险成本主要包括融资、通货膨胀及汇率风险。由于货款收付等手续需要比较长的时间，因而增加了融资、通货膨胀、汇率波动等方面的风险。此外，为了减少买卖双方的风险及交易障碍，经常需要有银行信用的介入，这也会增加费用。这些因素在国际营销定价中均应予以考虑。

（三）市场需求

产品的最低价格取决于该产品的成本费用，而最高价格取决于产品的市场需求状况。各国的文化背景、自然环境、经济条件等因素不同，决定了各国消费者对相同产品的消费偏好。价格还取决于消费支付能力，以及在特定市场上，对某一产品感兴趣的消费者的数量和他们的消费能力。

（四）竞争状况

产品的最低价格取决于该产品的成本费用，最高价格取决于产品的市场需求状况。在上限和下限之间，产品的定价取决于竞争者提供的同种产品的价格水平。垄断企业常拥有更高的定价自由度，专利产品常标以高价出售，而激烈的竞争则会降低定价的自由度。与国内的企业不同，企业在不同的国外市场面对着不同的竞争形势和竞争对手，竞争者的定价策略也千差万别。因此，企业就不得不针对不同的竞争状况选择相应的价格策略。竞争对企业定价自由造成了限制，企业不得不适应市场的价格。除非企业的产品独一无二并且受专利保护，否则不应该实行高价策略。

（五）政府对价格的调控政策

东道国政府可以从很多方面影响企业的定价，比如实行利润控制、规定价格上限与下限、实行价格补贴、税项宽减和退税、政府参与市场竞争、税负等政府政策。一些国家为保护民族工业而订立的关税和其他限制政策使得进口商品成本增加很多。作为出口企业，不可避免地要遇到各国政府的有关价格规定的限制，比如政府对进口商品实行的最低限价和最高限价，都约束了企业的定价自由。即使东道国政府的干预很小，企业仍面临着如何对付国际价格协定的问题。某些大宗商品的国际市场价格常被国际商品协议（如配额协议、缓冲库存协议、双边或多边协议）所控制。

二、国际市场定价方法

定价方法，是企业在特定的定价目标指导下，依据对成本、需求和竞争等状况的研究，运用价格决策理论，对产品价格进行计算的具体方法。它有以下三种主要类型。

（一）成本导向定价法

成本导向定价法是指企业在定价时主要以成本为依据,同时适当考虑企业的经营目标、政府法令、市场需求、竞争格局等影响因素的一种定价方法。具体包括：

1. 盈亏平衡定价法

盈亏平衡定价法即保本点定价法，企业在为产品定价时，企业是按照生产某种产品的总成本和销售收入维持平衡的原则来确定销售价格。其公式为

$$单位产品销售价格 =（固定成本 + 可变成本）/ 总产量$$

2. 成本加成定价法

成本加成定价法是指在总成本的基础上，加上一定的预期利润，由此确定产品价格。成本包括生产成本（包括固定成本与变动成本）和经营成本（包括销售费用、管理费用、运费、关税等）。总成本加成定价是企业最基本、最普遍采用的定价方法。其基本的公式为

$$单位产品销售价格 = 单位产品总成本（1+成本加成率）$$

该方法根据成本决定价格，资料容易获得，大大简化企业定价过程。许多刚从事出口业务的企业，因为对国际市场的需求、竞争等因素了解较少，所以采取这种方法。只要企业能够把产品卖得出去，根据成本加成定出的价格就能保证企业能正常运营。该方法适用于产量与单位成本相对稳定、供求双方竞争不太激烈的产品。

3. 目标利润定价法

目标利润定价法亦称为投资收益率定价法，根据企业总成本和计划的总销售量，加上按投资收益率制定的目标利润作为销售价格的定价方法。其计算公式为

$$单位产品销售价格 = （总成本+目标总利润）/总销量$$

目标利润定价法将产品价格与企业的投资活动联系起来，一方面能体现企业管理的计划性，另一方面能较好地实现投资回收计划。不足之处在于价格是根据估计的销售量计算的，而实际工作中，价格的高低反过来对销售量有很大影响。销售量的预计是否准确，对最终市场状况有很大影响。企业必须在价格与销量之间寻求平衡，从而确保用所定价格来实现预期销售量的目标。

4. 变动成本定价法

变动成本定价法又称边际贡献定价法。是指产品售价以变动成本为基础，而不考虑固定成本的定价方法。这种定价方法的计算公式为

$$单位产品价格 = 边际成本 + 边际收益$$

其中边际成本是指每增加或减少一单位产品所产生的成本变化量，即单位变动成本。边际收益是指每增加或减少一单位产品销售所带来的收益。是在产品供过于求，国际市场竞争异常激烈等情况下采取的一种临时性办法，适用于企业将价格作为主要市场竞争手段，打击或排斥竞争对手的情况。由于是不计固定成本的不完全成本定价，故售价较低，一时可以增强产品的市场竞争能力。

（二）需求导向定价法

需求导向定价法是指根据国外市场需求强度和消费者对产品价值的理解来确定产品销售价格。这种定价方法主要是考虑顾客可以接受的价格以及在这一价格水平上的需求数量，而不是产品成本。按照这种方法，同一产品只要需求强度不一样，就可以

设定不同的价格。

1. 倒推定价法

倒推定价法是指企业先根据国外市场上同类产品的价格估算本企业产品国外市场上的零售价格，从这一估算价格中减去中间商的利润、关税、运费等，倒推出产品的出厂价格，即 FOB（离岸价格），然后同成本比较，最后定出价格。

2. 差别定价法

差别定价法主要是指对同一产品，根据不同的市场、不同的顾客、不同的时间、不同的地点，分别设定不同的价格。如机场的商店、餐厅向顾客提供的产品价格普遍高于市区内的商店、餐厅的产品价格。这种定价最大限度地符合市场需求，促进产品销售，有利于企业获取最佳的经济效益。

3. 认知价值定价法

认知价值定价法主要是指企业根据国外市场上消费者对产品的认知价值来确定价格的方法。认知价值的关键是通过市场调查，对消费者的认知价值有正确的估计和判断。企业可以充分运用市场营销组合等因素，特别是非价格因素，如产品形象、销售促进等来影响消费者，并在消费者心目中确立有利于企业的认知价值。例如美国卡特彼拉公司销售某一型号拖拉机时，成功地使用了认知价值定价法。它拥有以高质服务的形象，其拖拉机价格比同类产品高 4 000 美元，但销量仍很大。

（三）竞争导向定价法

竞争导向定价法是指企业对竞争对手的产品价格保持密切关注，以对手的价格作为自己产品定价的主要依据。包括以下三种方法。

1. 随行就市定价法

企业为了减少或回避竞争，按行业在某个目标市场上同类产品的价格水平来定价。例如粮食、某些矿产品等大宗初级产品的国际市场价格即可用此方法确定。

2. 密封投标定价法

企业与众多同行竞争者组成一个卖方集团，对同一买主的公开招标进行竞争投标，密封报价，由买方从中选择价格低、质量高、信誉好的投标者签订合同。一般适用于基建工程或成套设备的购置及政府等集团的采购。

3. 正面竞争定价法

当企业认定自己有足够的实力把竞争者挤垮时，它可以以低于竞争者优势价格的进入市场，夺取市场，哪怕暂时亏本也在所不惜。当市场上提供同类产品的企业数目较多，市场份额不太集中时，规模较大的企业常常采用这种策略来蚕食相对弱小的企业份额。在国际市场上使用这种方法需要注意东道国关于反倾销、反垄断等的相关法律。

三、国际市场产品定价策略

（一）新产品定价策略

新产品上市的时候，由于消费者对产品不熟悉，企业定价的自由度较大。企业既可以采用撇脂定价策略把价格定得很高，也可以采用渗透策略把价格定得很低。究竟采取哪种定价策略，取决于企业的市场目标。

1. 撇脂定价策略

撇脂定价策略是把产品价格定得很高，远远高于成本，以求短期内攫取最大利润，尽早收回投资，如同从牛奶中撇取奶油一样。在新产品引入期采用撇脂定价策略的优点：便于快速收回投资，初始高价可以使市场需求控制在企业产能范围之内，在产品生命后期可调低价格。

撇脂定价策略适用于以下情况：市场上缺乏有力的竞争者，价格缺乏可比性；产品需求弹性小，而有些购买者主观认为这类商品具有较高的价值；产品进入市场门槛高，产品生命周期短。许多企业采用撇脂定价策略取得成功。比如从 2007 年开始，苹果公司每新推出一代 iPhone 手机，均采用撇脂定价策略。

2. 渗透定价策略

渗透定价策略是指企业把新产品投入国际市场时价格定的相对较低，以吸引大量顾客并迅速打开市场，短期内获得比较高的市场占有率，同时通过接近成本的定价，吓退其他打算进入该领域的竞争者的一种定价策略。该定价策略也称低价定价策略。采取渗透定价的好处是能够较快地占领国际市场，使产品较快地度过导入期，还可以有效地阻碍同业竞争者的进入。采取渗透定价应具备的条件：市场需求大，顾客对价格比较敏感；生产产品的规模经济效应明显；低价不至于引起竞争者的报复和倾销的指控。

（二）心理定价策略

心理定价是根据购买者心理感受来定价，主要有以下策略。

1. 声望定价法

声望定价是指企业利用买方仰慕名牌的心理来设定大大高于其他同类产品的价

格。一般讲，采用此策略应该具备以下条件：商店声望很高，得到消费者的信赖，他们认为在此购物货真价实，不会吃亏上当；产品本身声望很高，如瑞士的高级手表、法国的高档服装等。但是，采用声望定价的产品，必须做到价格真正与声望和质量相符，否则会导致产品滞销和声望下降。

2. 尾数定价法

根据消费者求实、求廉的心理实行尾数价格，使买方产生产品价格低廉的感觉，还能使买方认为价格是经过精确计算的，从而使买者对定价产生信任感。

3. 部分产品低价促销

企业对部分产品制定比较低的价格以吸引消费者的注意，通过另外一些产品的高价来弥补低价产品带来的损失。消费者常常会根据这几种产品的低价产生该企业所有产品价格都比较低的感觉，从而产生对该企业其他产品的注意。

（三）折扣与折让定价策略

折扣与折让定价是指对基本价格做出一定的让步，直接或间接降低价格，以扩大销售量。下面介绍主要的四种策略。

1. 现金折扣

对在规定的时间内提前付款或用现金付款者所给予的一种价格折扣，其目的是鼓励顾客尽早付款，加速资金周转，降低销售费用，减少财务风险。这是国际上十分流行的一种价格策略。

2. 数量折扣

企业给那些大量购买某种产品的顾客的一种减价，以鼓励顾客购买更多的货物，购买数量越多，折扣越大。

3. 功能折扣

功能折扣又叫贸易折扣，它是企业给某些国外批发商或零售商的一种额外折扣，促使他们愿意执行某种企业在国外市场上不便于执行的市场营销功能（如调查、储存、服务等）。企业常常根据不同渠道的中间商或者同一渠道中不同环节的中间商在渠道中发挥的不同作用，在交易时给予不同的折扣，来达到充分发挥中间商潜在功能的目的，以取得渠道最佳的使用效果。

4. 季节折扣

季节折扣是企业给那些购买季节性强的商品或服务的顾客的一种减价，使企业的生产和销售在一年四季保持相对稳定。例如，某些旅游景点为了在非旅游旺季吸引游客，采用对门票、旅店价格进行季节折扣的策略。

（四）地理定价策略

企业在国际市场上销售产品，由于各目标市场距离原产地远近不同而带来了成本费用的差异，因而，企业需要对销售到不同地区的产品制定差异价格。地理位置定价的形式有以下几种。

1. FOB 与 CIF

FOB（free on board）的意思是原产地定价或离岸价。按照这种价格，生产企业负责将这种产品运到某种运输工具（如船舶、飞机等）上，交货即告完成。此后从产地到目的地的一切风险和费用都由顾客承担。CIF（cost insurance and freight）的意思是包括成本、保险费和运费在内的价格条款，又称到岸价。交易双方约定好买方的指定地作为交货地，由此产生的海外运输、保险等费用都由卖方承担。

2. 统一交货定价

统一交货定价与原产地定价正好相反，它是企业对于卖给不同地区顾客的产品，都按照相同的出厂价加相同的运费定价，保证企业全球市场上的顾客都能以相同价格买到同一产品。

3. 分区定价

企业把销售市场划分为若干个区域，对于不同区域的顾客，分别确定不同的地区价格，产品在同一地区价格相同，在不同地区价格有差异。

4. 基点定价

企业选定某些地点作为基点，然后按同样的价格向其他地点供货，顾客购买价格的差异只包含离基点距离不同而产生的运费差异。

5. 运费免收定价

有些企业为了尽快开拓某个国家的市场，由企业负担全部或部分实际运费。这样做的目的在于，通过产品销量的增加降低平均成本，以弥补运费开支。

（五）转移价格制定策略

转移价格是指在国际企业内部处于不同国家的母公司和子公司之间，或子公司与子公司之间的商品、劳务或技术的交易价格，又称划拨价格，即国际企业对其内部母公司与子公司之间以及子公司相互之间转让的产品与服务确定的价格。转移定价的根本目标是获取公司整体长期利润的最大化，在国际营销方面，是为了提高国际市场竞争力，灵活调动资金，减轻税赋和克服政府外汇管制，从而获得最大利润。

国际企业制定转移价格有四种定价方法：

（1）以当地制造成本加上标准加成出售；

（2）以公司内效率最高的生产单位的制造成本加上标准加成出售；

（3）以协调价格出售；

（4）以市价出售。

一般说，以市价进行调拨最容易被税务当局和国外的子公司接受。在实践中究竟采用哪种定价方式，主要取决于子公司性质及市场情况。

四、倾销与反倾销

（一）倾销

倾销是指出口到东道国市场上的产品价格按低于国内的价格销售，或低于成本价格销售，致使当地市场上的生产和销售同类产品的企业受到实质性的损害和威胁。其中，关于国内价格的认定是判断的关键，也是诉讼中争议最多的地方。倾销是一种不正当的竞争行为，世界各国都有关于反倾销的立法和调查机构。倾销可分为以下四种类型。

（1）零星倾销。零星倾销即制造商抛售库存，处理过剩产品。进行零星倾销的国际企业对外国市场并不存在太多的利益和承诺，其目的只是处理过剩库存。这类制造商既要保护其在国内的竞争地位，又要避免发起可能伤害国内市场的价格战，因此，其必然选择不论定价多低，只要能减少损失就大量销售的办法，向海外市场倾销。

（2）掠夺倾销。掠夺倾销也称为间歇性倾销。企业实施亏本销售，旨在开拓海外市场，为了长期占据一定的外国市场份额，或为了清除竞争对手。这种倾销持续时间较长，一旦企业在市场上确立了地位，该企业便依据其垄断地位而提价。掠夺倾销常采用第三国倾销的形式，例如，甲国产品倾销至乙国，再由乙国销往丙国，并对丙国的有关工业造成损害。

（3）持久倾销。持久倾销也称长期倾销。国际企业一方面为实现规模经济持续扩大生产，以期在本国降低成本，提升效益，另一方面为维持本国产品价格结构，在外国市场持续地以比在其他市场低的价格销售。这是持续时间最长的一类倾销。其适用的前提是各个市场的营销成本和需求特点各不相同。然而，业界对持续倾销也存在不同看法，即持续倾销在对外国同行业造成损害的同时，也给外国消费者带来源源不断的好处。

（4）逆向倾销。逆向倾销是指母公司从海外进口子公司廉价产品，以低于国内市场价格销售海外产品而被控告在国内市场倾销，这种情况在国际营销实践中时有发生。与其他倾销的区别：首先，它是由国外向国内市场倾销，打击的是国内同行业的经营者；其次，它是公司内部的物质流动，是国际企业的倾销；最后，它有很强的隐蔽性，可以以物质在国际企业内部流动来掩盖倾销的目的,以躲避关税。

(二)反倾销

如果国际贸易中存在倾销,则进口国为保护国内市场和产业,就会开展反倾销。所谓反倾销,是指进口国反倾销调查当局依法对给本国产业造成损害的倾销行为采取征收反倾销税等措施以抵消损害后果的法律行为。反倾销的确立必须具备三个条件:一是存在倾销行为,二是构成损害,三是倾销与损害存在因果关系。

反倾销调查程序包括反倾销申诉、进口国主管当局审查立案、反倾销调查、裁决(包括初裁与终裁)、行政复审与司法审查等阶段。

高额反倾销税的征收会使企业利益受到很大损害。企业要有效地保护自身利益,一方面要加强对各国相关法律法规的学习,积极应对相关诉讼,另一方面要努力提高产品档次和形象,改善出口产品结构,增加高附加值产品的出口,增加产品出口竞争力。

第五节 国际分销渠道策略

国际市场销售渠道,是指商品从一个国家的生产企业流向国外最终消费者或用户的流程,是商品所有权的转移必须经过的途径以及相应设置的中间机构。它包括商品所有权和商品实体的转移两方面内容。在国际分销系统中,一般有三个基本要素:制造商、中间商和最终消费者。国际市场分销是跨越国界的营销活动,出口企业一次分销过程要经过三个环节:第一个环节是本国的国内分销渠道,第二个环节是由本国进入进口国的分销渠道,第三个环节是进口国的分销渠道。第二个环节中分销渠道分为两类:当企业选择中间商进入国外市场时,称为间接分销渠道;当企业不经过中间商,直接设立自己的海外分销机构以实现产品的销售,称为直接分销渠道。

一、国际市场分销商的类型

企业选择中间商进行分销时,必须了解国际中间商的性质、经营范围以及选择此种中间商的优劣,通过认真比较分析,选择适应企业本身特性及营销目标的中间商。

(一)国内中间商

国内中间商与企业同处一个国家,由于社会文化背景相同,彼此容易沟通和信任。根据国内中间商是否拥有商品所有权,将它分为两类——出口商和出口代理商。

1. 出口商（export merchant）

凡对出口商品拥有所有权的，称为出口商。出口商直接从制造商手中购买商品，然后以较高的价格在国外销售，以赚取价格中间差，自我承担风险。出口商一般都具有制造商所不具有的某些方面的优势。其或是与国外中间商有着长期的合作关系，或是国际市场信息灵通。常见的出口商有两类：①出口行（export house）。有的国家称之为"国际贸易公司"，日本、韩国称之为"综合商社"，我国一般称之为"对外贸易公司"或"进出口公司"。出口行的主要业务是出口，有时也兼营进口业务，其实质上是在国外市场上从事经营活动的国内批发商。他们一般在国外有自己的销售人员和代理商，并往往设有分公司，其收入来自于出口商品的买卖差价。②订货行（indent house）。订货行代表国外买主，主要根据收到的订单向国内生产企业进行购买，或者向国外买主指定的生产企业订货。

2. 出口代理商（export agent）

出口代理商并不拥有货物所有权，不以自己的名义向国外出口商品，而是接受国内卖主的委托，按照委托协议向国外客商销售商品，收取佣金，风险由委托人承担。在国际上出口代理商常见的类型有综合出口代理商、制造商出口代理商、出口经营公司、出口经纪人等。

（二）国外中间商

企业可通过建立自己的海外分销机构直接分销，也可以选择国外中间商进行分销，国外中间商与产品消费者处在同一个国家，熟悉市场环境和大额的消费行为，可以更方便地解决语言、运输、财务、促销等方面的问题。同样，根据国外中间商是否拥有商品所有权，将它分为两类——进口商和进口代理商。

1. 进口商（import merchant）

凡是对进口商品拥有所有权的，称为进口商。主要的类型有：①进口行（import house）。凡从国外进口商品，然后再转售给国内批发商、零售商和消费者的，都可以称为进口行。进口行熟悉所经营的产品和目标市场国市场，进口行一般没有商品独家经营权。②经销商（distributor）。这是一种与出口国的供应商建立长期合作关系，并享有一定价格优惠和货源保证的从事进口业务的企业。它们从国外购买商品，再转售给批发商、零售商等中间商，或直接出售给最终消费者。经销商是在特定地区或市场上，在购买及转售产品方面获得独家权或优先权的进口商。③批发商（wholesaler）。进口国国内的批发商是专门或主要从事批发活动的中间商，它们经营的商品主要由国内的进口商或经销商供应，并批发给小批发商或零售商。④零售商（retailer）。零售是将商品或服务出售给最终消费者的一种商业活动。国际零售可分多种业态，包括专卖店、超级市场、购物中心、方便店、杂货店、百货店、折扣店、仓储商店等，这些业态大多采用连锁经营，实现规模经济。零售商是国际营销中不可缺少的一种渠道成员。

2. 进口代理商（importing agent）

进口代理商是接受出口国卖主的委托，代办进口，收取佣金的贸易服务企业。其一般不承担信用、汇兑和市场风险，不拥有进口商品的所有权。进口代理商主要有经纪人、融资经纪商、制造商代理人、经营代理商等类型。

（三）制造商建立的国外分支机构

对于出口量大或致力于大批量出口的企业来说，在国外建立自己的分支机构进行直接分销是最佳选择。因为在这种情况下，建立分支机构可使单位销售成本少于选择国内外中间商销售成本，在销售方面可集中全部精力致力于开拓产品销售市场，而且制造商对市场的控制程度更强。海外分支机构主要有以下两类。

（1）国外销售办事处（branch office）。出口企业在东道国设立销售办事处，使产品直接进入当地批发市场或零售市场。它向东道国政府缴纳增值税，不具备独立的法人资格。不少国家从法律上对此类办事处的经营活动进行限制。

（2）国外销售分公司（markerting subsidiary）。销售分公司的规模比国外销售办事处大，且具有独立的法人资格，很多方面不受母公司制约，较容易得到东道国政府的支持。

二、国际分销渠道的选择

（一）分销渠道的类型

国际分销渠道从不同角度划分，有不同类型。下面是几种不同的划分方法。

1. 直接渠道和间接渠道

这是按产品是否通过中间商划分的类型。直接渠道就是指企业在其分销活动中不通过任何中间商，而直接把产品销售给消费者的分销渠道。间接渠道是指企业通过一个以上的中间商向消费者销售产品的分销渠道。直接渠道可使单位销售成本少于选择国内外中间商而产生的销售成本，在销售方面可集中全部精力致力于开拓产品销售市场，而且制造商对市场的控制程度更强。直接销售渠道往往需要较多的投资，并需要持续的直接费用，是较小规模企业无法承担的。

2. 长渠道和短渠道

产品从生产企业投入到国际市场最终用户过程中，商品每经过一个中间商就形成一个层次。层次越多，分销渠道就越长；层次越少，分销渠道就越短。根据中间商介入的层次，将分销渠道按级数来进行划分，如零级渠道、一级渠道、二级渠道、三级渠道等。级数由中间商的数量来确定，如"生产者—代理商—批发商—零售商—消费者"的结构属于三级渠道。一般而言，渠道越长，企业产品市场的扩展可能性就越大，但企业对产品销售的控制能力和信息反馈的清晰度就越差；相反，渠道越短，企业对产品销售的控制能力和信息反馈的清晰度就越好，但是市场的扩展能力会相应下降。

3. 宽渠道和窄渠道

分销渠道的宽度是指渠道的各个层次中所使用的中间商的数量。根据分销渠道宽度，国际分销渠道可分为宽渠道和窄渠道。企业在国际市场分销渠道的宽度上可以有三种选择策略。

（1）广泛分销策略。是指生产者在同一地区选择尽可能多的中间商销售本企业产品的策略。在国际市场上，对价格低廉、购买频率高、一次性购买数量较少的产品如日用品、食品等，以及高度标准化的产品如小五金、润滑油等，多采用这种策略。

（2）选择分销策略。是指生产者在同一地区仅选择部分中间商销售本企业产品的策略。与广泛分销策略相比，这种方式的渗透力有所减弱，但由于选择了高的中间商，提高了效率，降低了费用，增强了企业的知名度。

（3）独家经营分销策略。是指生产者在一定时间内一定地区内选择一个中间商销售本企业产品的策略。消费品中的特殊品，尤其是知名产品，多采用这种分销策略。运用这种策略有助于加强对产品价格和销售状况的控制，增强信誉。

（二）影响国际分销渠道选择的因素

影响分销渠道的因素主要有市场因素、产品因素、企业自身因素、环境因素、经济因素、中间商因素等。认真分析影响渠道选择的因素，对企业选择适当的分销渠道起着积极的作用。

1. 产品因素

（1）产品价格。一般来说，产品单价越高，越应注意减少流通环节，否则会造成销售价格的提高，从而影响销路，这对生产企业和消费者都不利。而单价较低、市场较广的产品，通常采用多环节的间接分销渠道。

（2）产品的体积和质量。产品的大小和轻重，直接影响运输和储存等销售费用，过重的或过大的产品，应尽可能选择最短的分销渠道。对于那些超过运输部门相关规定（超高、超宽、超长、超重）的产品，更应组织直达供应。小、轻且数量大的产品，则可考虑采取间接分销渠道。

（3）产品的易毁性或易腐性。产品有效期短，储存条件要求高或不宜多次搬运的产品，应采取较短的分销途径，尽快送到消费者手中，如鲜活品、危险品。

（4）产品的技术性。有些产品具有很高的技术性，或需要经常进行技术服务与维修，应由生产企业直接销售给用户，这样可以保证向用户提供及时良好的销售技术服务。

（5）定制品和标准品。定制品一般由产需双方直接商讨规格、质量、式样等技术条件，不宜通过中间商销售。标准品具有明确的质量标准、规格和式样，分销渠道可长可短。有的用户分散，宜由中间商间接销售；有的则可按样本或产品目录直接销售。

（6）新产品。为尽快把新产品投入市场，扩大销路，生产企业一般重视组织自己的推销队伍，直接与消费者见面，推广新产品和收集用户意见。如能取得中间商的良好合作，也可考虑采用间接销售形式。

2. 市场因素

（1）购买批量大小。购买批量大，多采用直接销售；购买批量小，除通过自设门市部出售外，多采用间接销售。

（2）消费者的分布。某些商品消费地区分布比较集中，适合直接销售。反之，适合间接销售。工业品销售中，本地用户产需联系方便，因而适合直接销售。外地用户较为分散，通过间接销售较为合适。

（3）潜在顾客的数量。若消费者的潜在需求多，市场范围大，需要中间商提供服务来满足消费者的需求，宜选择间接分销渠道。若潜在需求少，市场范围小，生产企业可直接销售。

（4）消费者的购买习惯。有的消费者喜欢到企业买商品，有的消费者喜欢到商店买商品。因此，生产企业应兼顾直接销售和间接销售，满足不同消费者的需求，也增加了产品的销售量。

3. 生产企业本身的因素

（1）资金能力。企业本身资金雄厚，可自由选择分销渠道，可建立自己的销售网点，采用产销合一的经营方式，也可以选择间接分销渠道。企业资金薄弱，则必须依赖中间商进行销售和提供服务，只能选择间接分销渠道。

（2）销售能力。生产企业在销售力量、储存能力和销售经验等方面具备较好的条件，应选择直接分销渠道。反之，则必须借助中间商，选择间接分销渠道。另外，企业如能和中间商进行良好的合作，或对中间商能进行有效的控制，可选择间接分销渠道。若中间商不能很好地合作或不可靠，将影响产品的市场开拓和经济效益，则不如进行直接销售。

（3）可能提供的服务水平。中间商通常希望生产企业能尽可能多地提供广告、展览、修理、培训等服务项目，为销售产品创造条件。若生产企业无意或无力满足这方面的要求，就难以达成协议，迫使生产企业自行销售。反之，提供的服务水平高，中间商乐于销售该产品，生产企业则选择间接分销渠道。

（4）发货限额。生产企业为了合理安排生产，会对某些产品规定发货限额。发货限额高，有利于直接销售；发货限额低，则有利于间接销售。

4. 政策规定

企业选择分销渠道必须符合国家有关政策和法令的规定。某些按国家政策应严格管理的商品或计划分配的商品，企业无权自销和自行委托销售；某些商品在完成国家指令性计划任务后，企业可按规定比例自销，如专卖制度（如烟）、专控商品（控制社会集团购买力的少数商品）。另外，如税收政策、价格政策、出口法、商品检验规定等，也都影响分销途径的选择。

5. 经济收益

不同分销途径经济收益的大小也是影响选择分销渠道的一个重要因素。对于经济收益的分析，主要考虑的是成本、利润和销售量三个方面的因素。具体分析如下。

（1）销售费用。销售费用是指产品在销售过程中发生的费用。它包括包装费、运输费、广告宣传费、陈列展览费、销售机构经费、代销网点和代销人员手续费、产品销售后的服务支出等。一般情况，减少流通环节可降低销售费用，但减少流通环节的程度要综合考虑，做到既节约销售费用，又有利于生产发展和体现经济合理的要求。

（2）价格分析。一是在价格相同条件下，进行经济效益的比较。目前，许多生产企业都以同一价格将产品销售给中间商或最终消费者，若直接销售量等于或小于间接销售量，由于生产企业直接销售时要多占用资金，增加销售费用，间接销售的经济收益高，对企业有利；若直接销售量大于间接销售量，而且所增加的销售利润大于所增加的销售费用，则选择直接销售。二是当价格不同时，进行经济收益的比较。主要考虑销售量的影响。若销售量相等，直接销售多采用零售价格，价格高，但支付的销售费用也多；间接销售采用出厂价，价格低，但支付的销售费用也少。究竟选择什么样的分销渠道？可以将两种分销渠道的盈亏临界点作为选择的依据。当销售量大于盈亏临界点的数量，选择直接分销渠道；反之，则选择间接分销渠道。在销售量不同时，则要分别计算直接分销渠道和间接分销渠道的利润，并进行比较，一般选择获利多的分销渠道。

6. 中间商

中间商实力、特点不同，如广告、运输、储存、信用条件、客户接洽、训练人员、送货频率、退货权利等方面的能力高低不同，会影响生产企业对分销渠道的选择。中间商的数目、地点、规模大小和产品分类等的不同也会影响渠道的选择。

三、国际分销渠道管理

国际分销渠道的管理，可以定义为一个企业通过计划、组织、激励、控制等环节来协调与整合销售渠道中其他主要渠道成员合作，有效率地完成共同的渠道目标，从而完成自己的分销任务的过程。其中渠道管理的核心是对中间商的管理。

（一）制定国际分销目标

一般来说，企业进行国际分销管理的总目标是取得较高的利润率，或一定的市场占有率等。为达到这些总目标，可以分为达到预期的顾客服务水平，与中间商保持良好的关系，保持对渠道的控制力，获取国际市场营销的经验和信息等具体目标或中间目标。

（二）选择国内外中间商

企业选择国内外中间商一般有以下几个步骤。

1. 寻找中间商

企业寻找中间商有很多渠道，如通过外国政府机构、国外领事馆、常驻国外的商务团体、中间人团体及银行、顾客和期刊等。制造商也可以通过更为直接的方式来吸引分销商，通过广告和贸易展览会寻找潜在的分销商；企业还可以用代理商机构或咨询公司提供服务来挑选分销商。

2. 确定选择中间商的标准

企业选择中间商的主要标准：

（1）财力和绩效。中间商能否按时结算贷款，包括在必要时预付货款，取决于中间商的经济实力和财务状况。如果财务状况不佳，流动资金短缺，中间商往往很难保证履约、守信。了解中间商的财务状况方式之一是审查其财务报表，尤其是中间商的注册资金、流动资金、负债情况。销售额是另一个重要的指标，中间商目前的业绩在一定程度上预示着其将来的表现如何。

（2）市场覆盖率。市场覆盖率不仅包括覆盖的地区大小、销售点数目、所服务市场的质量、销售人员的特点和销售代理人的数目也是主要参考指标。

（3）目前正在经营的业务。国际市场的经营者经常会发现，某个市场中最合适的分销商已经在经营竞争性的产品。在这种情况下，可寻找另一个具有同样资历的经营相关产品的中间商。

（4）信誉。中间商的信誉必须审查。一般通过中间商的顾客、供应商、联系机构、主要对手和其他当地商业伙伴来进行分析研究。

（5）合作态度。有的中间商尽管有健全的分销网络，但如果它对制造商的产品分销不能给予足够的重视，制造商也应考虑其他的选择。

3. 中间商的筛选

企业按照其制定的标准和寻找到初步符合标准的中间商后，应对其进行评估和筛选。

4. 双方签订协议书

当国际营销者找到合适的中间商后，双方应签订销售协议书。

（三）控制国际分销渠道

1. 业绩评估

企业可以确立一些标准对渠道成员进行绩效评估。评估方法有两类：一类是以产出为基础的定量测算方法，如销售额、利润和存货周转率等；另一类是以行为为基础的定性测算方法，如服务质量、产品保证、顾客投诉处理能力等。

2. 激励

对分销中间商的激励不仅包括给予丰厚报酬，还包括人员培训、信息沟通、感情交流、给中间商独家专营权利、共同开展促销等。如果这些未能发生作用，往往采用惩罚的办法，甚至中止双方的合作关系。

3. 及时调整

销售渠道各成员之间既存在着合作，又存在着矛盾和竞争，企业除了让各中间商了解企业本身的目标政策外，还应平衡各成员的关系，彼此互相协调、共同受益。调整渠道的方法有增减渠道或中间商、改变整个渠道系统等。

（四）协调国际分销渠道

海外渠道内部的协调往往比单一市场渠道的协调更具挑战性，因为渠道之间的力量基础及其行为基础存在差异。

第六节 国际市场促销策略

国际促销是企业为实现其国际营销目标，影响已有的和潜在的国际市场消费者行为的各种沟通方式，是国际营销组合的一个重要组成部分。

一、国际广告

广告是任何在传播媒体上登出的、付费的、对企业及其产品的宣传,是一种非人员的促销活动。国际广告是为了配合国际市场营销活动,在东道国所做的企业及其产品的广告。广告担负着传播和沟通信息的职能,广告本身又是一种文化行为。因此,在国际市场营销中,除了宏观环境的差异、消费者的复杂多样化以外,社会文化因素对广告的设计、推广和广告策略的制订和实施也有着非常重要的影响。因此,国际广告决策远比国内市场营销中的广告决策更加复杂和艰难。

(一)国际广告策略

广告策略是指企业在分析环境因素、广告目标、目标市场、产品特性、媒体可获得性、政府控制和成本收益关系等的基础上,对广告活动的开展方式、媒体选择和宣传劝告重点的总体原则作出的决策。

制定国际广告策略,首先必须有具体的广告目标。广告目标可以是通过广告在公众中树立企业或产品的良好形象,二是引起公众对本企业产品的兴趣并刺激购买。

1. 标准化策略与差异化策略

从事国际化经营的企业都面临国际广告标准化或差异化的选择。跨国广告的标准化策略是指企业在所有的目标市场上采用一致的广告,如美国的万宝路香烟和麦当劳快餐的宣传采取的是标准化策略。国际广告标准化策略有三个主要特点:

(1)可以降低企业广告成本;

(2)有利于建立统一品牌形象,提高知名度;

(3)没有考虑各国市场的特殊性,针对性差。

差异化策略也称本土化策略,是指企业针对各国市场的特点,向其传送不同的广告主题和广告信息。当面向的目标市场具有文化的差异性,产品的使用习惯、使用动机、用途差异,政府法律法规的特殊性等时,必须采取差异化广告。

国际广告差异化的主要特点:

(1)适应不同文化背景的消费需求。如宝洁公司在巴西推销汰渍洗衣粉时,广告宣传中没有宣传强调洗衣粉"增白"这一主题,因为巴西人较少穿白色服装。

(2)针对性强。不同国家的消费者对同一种产品可能有相同的需求,但对这种产品的看法不尽相同,所以广告就要有不同的侧重点。

(3)对各国市场的广告宣传较难统一,甚至会因侧重点相互矛盾而影响企业形象。

2. 形象广告策略与产品广告策略

形象广告策略是指广告主要目标是为了塑造企业及产品、商标形象,并巩固和发展这一形象,使消费者对企业及其产品产生信赖和感情,而不是单纯地为了销售产品。形象广告的目的是为了获得长久和稳定的利润,而不是追求在产品利润上立竿见影的效果。产品广告策略是指广告的目标在于推销产品,其核心是要采用各种方式介绍、宣传产品的特点,利用各种劝说内容和形式,促进顾客购买。如各种削价销售产品广告、抽奖广告等。产品广告按具体的预期目标和直接的使用目的分为创新性广告、说服性广告和提示性广告三种类型。

3. 满足基本需求策略和选择需求策略

满足基本需求策略是指满足消费者基本需求的产品,应当价廉物美、供应充足、长期耐用、维修方便,因此广告应着重塑造其产品大众化和实惠的特点,宣传货源充足,售后服务良好。满足选择需求策略是指满足消费者选择需求的产品,应有独特性,以满足消费者自尊、自我实现的较高层次需求,其产品广告应把宣传产品的独特性作为重点,显示产品的高品质和高价格。广告语应尽可能美好动听,格调高雅。

4. 推动需求策略与拉引需求策略

推动需求策略是在产品已经上市的情况下,利用广告宣传这些产品,推动需求,使消费者接受这些产品,从而扩大产品的销售。拉引需求策略是在一种新产品上市之前或一种产品在新市场上市之前,就用广告来宣传这些产品,使消费者先见广告后见产品,拉动消费者需求。

(二)国际广告媒体及其选择

在国际市场广告促销活动中,可以利用的媒介很多,使用的主要广告媒体有报纸、杂志、广播、电视、互联网、新媒体等形式。媒体的选择是国际广告中十分重要的一点。各国的广告媒体类型基本相同,但又各有其特点,在选择广告媒体时应主要考虑以下因素。

(1)媒体的传播与影响范围。同样的广告媒体在不同的国家的传播与影响范围不一定相同。大众媒体在发达国家和地区十分成熟,在占世界人口主要部分的不发达国家和地区,大众媒体发展远远落后。户外和交通广告在玻利维亚的宣传媒介支出中约占50%,而在美国却不到总广告费用支出的2%。因此,企业必须选择各国目标市场常用的媒体。

(2)产品的特性。性质、性能、用途不同,宜选择不同的广告媒体。例如,对于生活用品,可用电视、广播等媒体;对于专业技术性强的机械设备等,则宜利用专业性报纸杂志的广告形式,以便更直接地接触广告对象。

(3)费用。不同媒体的广告费用不同,同一媒体不同时间、位置的广告费用也会不同。企业要根据自身财力和对广告效果预期选择适宜的媒体。

（4）媒体组合。各种广告媒体的功能、费用不一样，这恰好给广告促销提供了互相配合的可能。因此，可以运用组合策略，确定主力媒体和辅助媒体，以便构成一个宣传效果更佳的广告媒体组合。由于各国的媒体特点不同，广告管理法规不同。因此，在运用媒体组合策略时必须考虑各国使用媒体的具体情况。

（三）影响国际广告的主要限制因素

1. 语言的限制

不同国家语言差异很大，有些国家内部语言差异也很大。如在美国做广告，除主要用英语外，还使用西班牙语、意大利语、法语、日语等语言；在泰国做广告，要使用英语、汉语和泰语等。国际企业必须使用这些不同语言与潜在的买主进行信息传递。在处理多国语言问题时，稍有不慎就可能犯错误。

2. 文化因素的限制

国际广告最大的挑战之一，是克服在不同文化的交流中遇到的问题。文化因素的范围很广，如传统习惯、社会价值观、宗教等。各国的习惯、社会价值观、宗教信仰差异很大。在一个国家中很成功的广告，而在另一个国家中，很可能不被认可。因此，企业应注意广告必须与东道国的文化习俗相适应。

4. 政府对广告的调控政策

世界各国政府对广告的限制和调控政策主要包括：

（1）对广告商品种类的限制。不少国家对广告商品类别作出明确的控制，如在西欧市场上，烟草产品和酒精饮料是严格限制做广告的。

（2）对广告内容的限制。世界各国都对广告的内容和表现方式做了不少限制。如德国禁止广告使用"最好"这种夸大字眼；比利时和卢森堡公开禁止产品比较型广告；在科威特，商业广告不允许使用形容词最高级进行描述，不允许使用粗俗的词语、恐怖或让人震惊的画面，不允许衣着不整或跳低俗舞蹈，不允许出现打斗、仇恨或复仇的画面，不允许攻击对手，不允许做香烟、打火机、药品、酒、航空公司、巧克力或其他糖果广告。

（3）对广告时间的限制。各国政府对广告时间有所限制。如在有些国家，政府控制的电视台每天只允许在晚上播放一定时长的广告。

（4）对广告税率的限制。有些国家通过对不同媒体广告征收不同的税率来加以调控。

二、国际人员推销策略

人员推销（personal selling）是指由企业派出专职或兼职推销人员直接与国外消费

者和用户接触、洽谈、宣传、介绍商品和劳务,以实现销售目的的活动过程。

(一) 人员推销的特点及功能

与其他促销方式相比,人员推销的主要特点:

(1) 双向沟通,信息反馈快。可以与顾客进行面对面的沟通,直接获取反馈信息。

(2) 人员推销形式最直接、最灵活,效果显著。

(3) 可以根据对方的具体情况介绍产品性能、使用方法及现场解答顾客的质询。

(4) 人员推销还可以促进与顾客的情感交流,培养买卖双方良好的关系。可建立长期的业务关系。

(5) 成本高。人员推销是一种昂贵的促销手段。国际市场营销中,推销人员必须在不同国家不同的文化背景下工作,对推销人员的综合素质和个人能力要求很高,企业很难找到合适的国际推销人员。

人员推销的主要功能:

(1) 收集、传递信息。推销者担当了教育消费者如何去了解并满足他们需求的角色,同时还向消费者提供可选产品、特殊功能、使用方法等进一步满足消费者需求的信息。

(2) 开拓市场。发现市场机会,挖掘市场潜在需求,培养国际市场新客户。

(3) 接近顾客,推销商品,说服顾客,接受订货,洽谈交易。

(4) 提供服务,打造企业形象。通过提供免费送货、上门安装、提供咨询服务、开展技术协助、及时办理交货事宜、必要时帮助用户和中间商解决财务问题、产品维修等服务,建立起企业品牌形象。

(二) 国际人员推销的结构

国际市场人员推销的结构,指推销人员在国际市场的分布和内部构成。包括四种类型。

1. 地区结构型

按区域划分来安排推销人员,每个推销人员负责一两个地区内本企业各种产品的推销业务。这种类型目标明确,容易考核推销人员的工作业绩,发挥推销人员的综合能力,也有利于企业节约推销费用。但是,当产品或市场差异性较大时,推销人员不易了解众多的产品和顾客,会直接影响推销效果。

2. 产品结构型

按产品类别分配推销人员,每个推销员专门推销一种或几种产品,而不受国家和地区的限制。如果企业的出口产品种类多,分布范围广,差异性大,技术性能和技术结构复杂,采用这种形式效果较好。但这种结构的缺点是不同产品的推销员可能同时进入一个地区（甚至一个单位）推销，这既不利于节约推销费用，也不利于制订统一的国际市场促销策略。

3. 顾客结构型

按顾客类型分配推销人员。因为国际市场顾客类型众多，所以国际市场顾客结构形式也有多种。可以按服务的产业顾客群划分，按顾客的经营规模划分，按顾客与企业的关系划分等。采用这种方式，推销人员可以深刻地了解他所接触顾客的需求和需解决的问题，采用针对性促销措施。如果顾客分布地区较分散或销售路线过长时，销售费用会过大。

4. 综合结构型

将上述三种结构综合运用来组织国际市场推销人员。当企业规模大、产品多、市场范围广和顾客分散时，上述三种单一的结构都无法有效地提高推销效率，可以采取综合结构型。比如，美国一大公司根据产品和市场特点，在东亚、东南亚、西亚、非洲等地区多采用地区结构型推销方式，而在西欧、澳大利亚和拉美地区，则更多采用产品结构型、顾客结构型和地区结构型相结合的形式组织人员推销。

（三）国际推销人员的管理

国际市场推销人员的管理主要包括招聘、培训、激励、评估等环节。

（1）推销人员的招聘。国际市场推销人员的招聘多数是在目标市场所在国进行的。因为当地人对本国的风俗习惯、消费行为和商业惯例更加了解，并与当地政府及工商界人士、消费者及潜在客户有着各种各样的联系。

（2）推销人员的培训。国外推销人员培训的类型可分为两种，即对企业外派人员的培训和对外籍人员的培训。对企业外派人员的培训重点是了解、适应东道国的文化，进行语言、礼仪、生活习惯和商业惯例方面的培训。对外籍人员培训的重点是了解企业的情况、产品性能、熟悉技术资料，以便向顾客提供咨询和技术服务。

（3）推销人员的激励。在国际市场人员推销的管理中，最普遍使用的激励措施是根据推销人员的业绩给予丰厚的报酬，如高薪金、佣金或奖金等直接报酬，并辅之以精神奖励，如晋升职位、进修培训或特权授予等，以调动他们的积极性。对海外推销人员的激励，更要考虑到不同社会文化因素的影响。

（4）推销人员业绩的评估。一是直接的推销效果，比如所推销的产品数量与价值、推销的成本费用、新客户销量比率；二是间接的推销效果，如访问的顾客人数与频率、产品与企业知名度的增加程度、顾客服务与市场调研任务的完成情况等。企业在对人员推销效果进行考核与评估时，还应考虑到当地市场的特点以及不同社会文化因素的影响。

三、国际营业推广策略

国际营业推广也叫国际销售促进，是指企业在国际目标市场上运用各种短期诱因，鼓励购买或销售产品、服务的促销活动，是一种短期的刺激消费者购买或提升中间商和零售商效率的促销活动。在国际市场上绝大多数企业都运用营业推广工具，原因是营业推广对刺激需求有立竿见影的效果。

（一）国际营业推广的对象

在国际市场上，企业可用的国际营业推广的对象一般可分为三类。

1. 针对消费者的营业推广

对消费者的销售推广大多数采取造成一种轰动效应，使一部分消费者的购买欲望高涨，然后进一步驱动更多的消费者购买的办法，如赠品、样品试用、折扣、优惠券、促销包装、有奖销售、现场示范和展销等。

2. 针对中间商的营业推广

出口企业为了激发中间商的销售积极性而采取的措施，如购货折扣、推销资金、推销竞赛、合作广告和联营专柜、帮助设计橱窗、举办展览会等。这类销售推广的方式，旨在促成企业和中间商之间达成协议，提高中间商经营本企业产品的效率，鼓励其增加进货，积极推销，尽力宣传产品。对于进入国际市场不久或在国际市场名气不大的产品，通过中间商促销是一种重要的途径。

3. 针对推销人员的营业推广

推销人员主要包括企业的外销人员，企业在国外分支机构的人员，出口商的推销人员，进口国中间商的推销人员。为了鼓励他们积极推销产品，开拓新市场，发展新客户，企业可根据具体情况，在红利及利润分成、高额补助等方面给予他们优惠条件，此外可采取如销售竞赛、比例分成、免费的人员培训和技术指导等。

（二）影响国际营业推广的因素

1. 当地政府的限制

很多国家对销售推广方式在当地市场上的应用加以限制。有的国家规定，企业想在当地市场上进行销售推广活动，要事先征得政府有关部门同意。有的国家则限制企业销售推广活动的规模。如法国政府规定，免费赠送物品不得超过消费者所购买商品价值的5%。

2. 经销商的合作态度

出口企业的销售推广活动多半是同中间商合作举办的。国际销售推广活动需要得到当地经销商或者中间商的支持与协助。例如，由经销商代为分发赠品或优惠券，由零售商来负责现场示范、商店陈列等。

3. 市场的竞争程度

市场的竞争程度、竞争对手在促销方面的动向或措施，将会直接影响到企业的销售推广活动。比如，竞争对手推出新的促销举措来吸引顾客争夺市场，企业若不采取相应对策，就有失去顾客、丧失市场的危险。

四、国际公共关系

（一）国际公共关系的含义和任务

公共关系是指企业为增强与社会各方面的关系，树立和改善企业形象，增进社会公众对企业的了解等一切活动的总称。公共关系是一种间接促销手段。国际公共关系是企业增强与国外社会公众关系、树立企业在国外良好形象的手段。

国际公共关系的主要任务有以下四项。

（1）宣传企业。通常对企业的宣传是由媒体自发采集报道的，不需要企业付费，但如果企业通过专门的协调和精心筹划，宣传将会取得更好的效果。宣传报道的内容针对性强，消费公众感觉它比广告更加可信。

（2）加强与社会各方面的沟通和联系。企业通过与当地政府、经销商、社会事业人士和团体、消费者联系，增进了解，加深感情。公共关系部门通过对外联络沟通、接待应酬、社会服务和社会赞助等各种各样的交往活动，为企业广结人脉，消除敌意。为了完成这项任务，企业可以在国际社会中进行一些赞助、捐赠、举办赛事等活动。

（3）信息收集。公共关系人员担负着为企业提供国际市场信息的任务。这些信息，如公众需求信息、公众对产品形象评价的信息、公众对企业形象评价的信息等，使企业对市场有敏锐的反应，保证企业经营管理的正确性。

（4）应付危机，消除不利影响。当企业的国际市场营销战略发生失误，或出现较大问题时，可以利用公共关系给予补救；对不利于本企业发展的社会活动和社会舆论，要运用公共关系进行纠正和反驳。

（二）国际公共关系活动的主要内容和形式

1. 加强与媒体的关系，制造新闻

企业决不能忽视与媒体的关系。大众传播媒体承担着传播信息、引导舆论和提供娱乐的社会职能，因此企业既要收集大量的社会信息，又要与媒体搞好关系，利用新闻记者的嘴和笔，宣传企业信息，比如将新产品的开发、新市场的开拓、企业的经营方针、经营理念等信息及时传播给公众，从而树立企业形象。此外，公共关系部门在营销传播过程中常用的一个手段是借助媒体，利用一些偶发事件进行宣传，制造轰动效应。

2. 改善与消费者关系

国际成熟的市场体制注重产品质量。打价格战或一味注重情感营销，这是公共关系的庸俗化。一个企业应以公众的支持为目标，为了企业长远的发展，合理利用竞争关系，不做损人利己的事情。企业运用公共关系同社会沟通思想，增进了解，使消费者对企业形象和它的产品产生良好的感觉。消费者对企业的看法，以及他们所持有的态度是衡量公共关系效果的一个要点。

3. 加强与政府的关系

国际企业在国际市场营销活动中，面临着各国政府不同的要求或压力。因此国际企业既要经常调整自己的营销策略以适应各国政府政策的变化，还要协调可能发生的冲突与矛盾。重视加强企业与地方政府的联系，获得政府部门的支持具有十分重要的意义。为了达到这一目标，企业可以举行公益活动，如为公用事业捐款，扶持残疾人事业，赞助文化、教育、环保事业等，树立为目标市场国家社会和经济发展积极做贡献的形象。

五、促销方式的动态组合

广告、人员推销、营业推广和公共关系等促销方式各有侧重，在国际企业的促销策略中，各种促销方式的主次划分通常是动态的。影响促销方式动态组合的主要因素包括以下三个。

（一）产品的技术含量、单价及类型

产品的技术含量、单价及类型对促销方式动态组合具有重大的决定性作用。图 7-2 能较好地反映这种内在关系。在图中，从左至右表示产品的技术含量及单价由高向低的变化，左侧对应的是工业用品、机电设备及高科技产品，右侧则是大众消费品。图的垂直方向反映出不同促销方式的动态比例关系。可以看出营业推广和公共关系的比例基本不变，而变化最大的是广告促销和人员促销的比重，二者之间大体上是此消彼长的关系，人员促销的比重上升，则广告促销的比重相应下降，反之亦然。

（二）目标市场客户分布及数量

对于客户分布广泛、数量较大、购买行为趋同的目标市场，应增大广告、营业推

广的比重；对于客户较集中、价值金额较高销售量较少的目标市场，人员促销居主导地位，配合广告和其他促销手段。

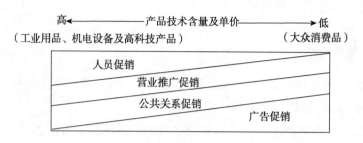

图 7-2　促销方式的动态整合

（三）产品和技术生命周期

在产品和技术投入期和成长期，倡导性与介绍性广告居于主要地位，配合少量的营业推广和人员促销；在成熟期应突出广告的的作用，再加上一定比例的营业推广；在衰退期，则是营业推广大显身手的好时机，通过各种奖品和折扣的强烈刺激，尽可能增加产品的"最后一季收成"。至于公共关系，本质上是一种长期的感情和心理投资，作用期长、收效慢，但任何一种组合中都应当加入它。

本 章 小 结

1. 国际营销活动的影响因素包括企业的可控因素、国内不可控因素和国外不可控因素三个方面。企业的国际市场营销的发展过程一般由非直接对外营销、非经常对外营销、经常性对外营销、国际营销和全球营销阶段组成。基本的营销观念可以概括为三种，即国内市场延伸观念、国别市场观念和全球营销观念。

2. 制订国际营销计划需要通过国际市场调研收集信息开始，全面分析和筛选国际目标市场，确立营销目标和营销组合策略，然后进行营销计划的制订、实施和控制。

3. 国际营销产品扩张策略具体可以有五种选择：产品和促销直接延伸策略，产品直接延伸、促销改变策略，产品改变、促销直接延伸策略，产品与促销双重改变策略，产品创新策略。

4. 影响国际营销定价的因素包括定价目标、成本因素、市场竞争结构和政府的价格调控政策。国际营销定价的主要方法有成本导向定价法、竞争导向定价法和需求导向定价法。

5. 国际市场分销渠道有间接分销渠道和直接分销渠道。企业选择中间商来进入国外市场的渠道为间接分销渠道。国际中间商有国内中间商、国外中间商，在产品从生产企业投入到国际市场最终用户过程中纵向、横向上中间商的数量决定分销渠道的长短与宽窄。

6. 国际促销是国际营销组合的一个重要组成部分。促销组合主要包括广告、人员推销、销售推广和公共关系等形式。

1. 国际营销的发展阶段一般包括哪几个阶段？国际营销观念有哪几种？国际营销的发展阶段与国际营销观念有何内在联系？
2. 什么是产品整体概念？产品整体概念对国际市场营销有何意义？
3. 国际营销产品标准化和差异化策略有何优缺点？在国际营销实践中应如何选择？
4. 国际营销产品扩张策略具体包括哪些内容？
5. 国际市场产品定价策略包括哪些内容？企业如何正确应用转移价格策略？
6. 什么是倾销？中国出口企业如何正确对待反倾销审查？
7. 什么是国际直接和间接分销渠道？国际中间商的选择标准有哪些？如何选择国际分销渠道？

第八章

国际企业人力资源管理

【学习目标】

- 掌握国际人力资源管理概念、特点及其内容
- 掌握国际企业人力资源招聘与配备方法
- 掌握国际企业人力资源培训与开发的特点与内容
- 理解国际企业人力资源绩效考核与激励的方法
- 了解国际劳工关系管理的主要内容

联想如何打造国际化人力资源管理

联想从一家营业额仅30亿美元、海外无人知晓的中国公司,成长为业务遍布160多个国家和地区的国际化公司。在其多年的国际化进程中,它的人力资源管理也实现了国际化,发挥着越来越重要的作用,并已成为联想国际化的重要内核。

首先,联想的人力资源管理人员拥有全球人力资源配置的大视野,实现对全球人才的利用。为了兼顾业务和人才发展两方面的需要,其选拔出一批业务和管理能力都突出的人才,外派到全球各个市场。外派人员不仅要把以往的成功经验复制到本地市场,完成业务指标,还要在本地迅速搭建业务架构,培养出一批可以独立运营和管理的本地团队。作为一家真正的国际化公司,联想还大量提拔并重用本地管理人才。例如,联想的德国、美国、印度等分公司都是由本地人进行管理和运营,他们已经完全融入公司的各个层面。

此外,很多国际化的公司都是按照地域划分为中国团队、美国团队等,而联想的岗位是根据职能来划分,在联想同一个岗位的众多员工,通常分布在世界各地,这样会更易于合理配置全球资源。

随着联想业务在全球市场的不断拓展,人才资源已经成为公司发展的第一要素,直接关系到联想未来的生存和发展。经过多年的亲身实践,联想总结出三条行之有效的人力资源管理国际化的实现路径:

第一，通过人才的梯队培养建立起强大的人才后备资源，是人力资源管理人员的首要任务。公司业务的高速发展，要求其不但要为新业务寻找更多合适的人才，而且要为重要职位储备和培养后续的接班者。人力资源管理人员要未雨绸缪地选拔和培养一批批接班人，以便人才变动后可以随时补充上去；同时还要对这批接班人进行不同程度的培训，这样就形成了梯队式的人才队伍。联想有多梯队的人才培养计划，正在全面培养各层次的人才，所以某一层有员工离开，也马上会有新的有能力胜任的人接任。

第二，在陌生的新市场上，团队建设是促进联想业务突飞猛进的重要法宝，这也是联想常说的"搭班子"的做法。联想外派优秀人才到本地市场，除了完成业务指标外，最重要的是要找到本地接班人。联想曾经把一名业务非常出色的中国高管派往俄罗斯，他迅速搭建起自己的班子，打通了各种销售渠道，同时对产品进行有针对性的定制。仅仅用了五年时间，联想就以14.1%的份额在俄罗斯计算机市场中成为第一。

除了外派，联想还会尽量发现和挖掘本地人才。其中，联想会花很大力气寻找一把手，并且非常注重一把手的人事任命。在欧洲市场上，联想任命了兰奇后，寻找其他职位的人选就事半功倍。可以说，一个成功的全球化公司最卓越的地方在于不管到了哪个国家都有最优秀的人才愿意加入。

第三，文化建设是聚合不同国籍员工的原动力。不同文化背景的员工对公司文化的理解往往不一致，要让他们达成文化共识，才能更好地理解公司的全球战略和管理，从而真正地融入公司中来。自2005年并购IBM PC（个人计算机）业务后，联想成为一家国际化公司，不同文化之间常常会有摩擦和冲突，甚至会在这个过程中产生不信任的因素。我们提出了"坦诚、尊重、妥协"的原则，进行了以信任为基础的文化融合。在员工讨论业务问题时，如果出现意见分歧，会放下业务话题，先来讨论文化，这在联想已经成为非常重要的管理文化。

在联想国际化成功的道路上，人力资源管理人员已经成为重要的推动力。虽然拥有国际客户、国际资本、国际市场渠道和海外办事处就可以被称为国际化，但是，只有全面拥有全球理念、全球战略、全球化的资源配置以及全球化的人力资源管理，它们统一在一起，才是真正的国际化。联想一直致力于按照这样的标准，不断地完善自身。

在联想向国际化公司成长转变的过程中，人力资源管理人员的角色也在发生变化。如果首席执行官在"带兵打仗"，而人力资源管理人员在"端茶倒水"，那没有意义。我认为，人力资源管理人员要做首席执行官的战略助手。人力资源管理者要有足够的力量去影响首席执行官，把首席执行官关注的重点聚焦在组织建设、人才培养和领导力建设上，这样更有利于制定和实施战略，提高销售业绩。

人力资源管理人员工作的成果直接影响着联想国际化发展的未来。在未来工作中，联想必须进一步提升人力资源管理人员的国际化水准。

面对多文化、差异化的挑战,联想将进行"文化重塑"。当前,在全球范围内,从高管到员工的各个层级,其全方位地沟通体现主人翁精神的"联想之道"——"说到做到、尽心尽力。"致力于塑造超越地域文化差异的企业文化,让不同国籍、不同文化的员工能够更深入地理解公司文化,并产生强烈认同感。在这个过程中,联想尤其注重沟通的方式,是一级级进行交流,而非简单地、从上到下地下达命令。

除此之外,联想还将进行"人才盘点",从人才发展的角度进行考量,对全球人才资源进行合理配置,让人才在全球范围内进行轮岗,提升业务能力,并积累国际化管理的经验。

如今的联想已经在国际化的道路上稳步前行,但联想并不满足于此。它立志要培养出更具国际化视野的管理人才。他们有着吃苦耐劳的精神,有着持续不断的学习能力,有着从零做起、乐于沟通的开放心态,他们将为把联想打造成为一家世界级的、卓尔不群、基业长青的全球化公司而努力,同时也把在国际化道路上所积累的"中国经验"分享给所有希望走出去的中国企业。

资料来源:新浪网。

第一节　国际人力资源管理概述

一、国际人力资源管理的含义和内容

一般而言,人力资源管理是指组织为有效利用其人力资源所进行的各项活动,一般包括人力资源规划、员工招募、绩效管理、培训与开发、薪酬计划与福利、劳资关系等。美国人力资源管理专家摩根(Morgan)提出国际人力资源管理(international human resource management,IHRM)的含义,认为国际人力资源管理是处在人力资源活动(获取、分配、利用)、员工类型(东道国人员、母国人员、第三国人员)和企业经营所在的国家类型(东道国、母国、其他国家)这三个维度之中的互动组合,也就是将国际人力资源管理定义为人力资源管理职能、雇员类型和经营所在国之间的相互作用。从上述定义可以发现,国际人力资源管理所涉及的基本职能与国内人力资源管理相同都包括人力资源的获取、分配和利用,但国际企业经营所在地涉及不同国家,因而其员工队伍是由不同国籍的雇员组合。

区分国内人力资源管理与国际人力资源管理的关键变量,在于国际人力资源管理因在若干不同国家经营并招募不同国籍员工所涉及的复杂性,而不是两者在人力资源活动实施方面的差异。具体说,国际人力资源管理与国内企业人力资源管理的职能活动都包括招聘与甄选、培训与开发、绩效管理、薪酬管理及劳资关系,而国际人力资源管理职能多了一项外派管理,即对派往海外工作人员的管理。

人力资源管理在一个纯粹的国内公司里已经是很复杂的工作,在国际企业里,由

于人员配置、业绩评定和报酬方案等行为要受到各国劳务市场、文化环境、法律体系和经济体系等诸多方面的影响，因而国际企业必须调整公司的人力资源管理政策，以适应公司经营所在国的风俗文化、商业规则和社会制度的要求。

二、国际人力资源管理的特点

（一）国际人力资源管理的范围更宽

（1）国际人力资源管理活动在两个或两个以上的国家实施。除了国际企业总部所在的母国以外，有关的国际人力资源管理活动必须在东道国或第三国实施。

（2）国际人力资源管理所涉及的员工类型比较多。除了母国员工以外，国际企业的人力资源管理者还必须对来自东道国或第三国的员工进行管理。

（二）对国际人力资源管理者的要求更高

（1）国际人力资源管理者必须承担更多的职能。相比于国内人力资源管理者，国际人力资源管理者的职能范围增加了许多额外的内容，比如国际税收、国际迁移、外派人员的管理、东道国政府的规章制度以及语言翻译。

（2）国际人力资源管理者必须更关心外派员工的工作和生活。为确保外派员工的工作效率，对外派人员的选择、职前培训、工作生活情况的关心就显得非常重要。

（3）国际人力资源管理者必须具备更广阔的视野。为了更好地履行国际人力资源管理的各项职能，国际人力资源管理者还必须具有更多的专业知识。

（三）驻外的风险

驻外失败或外派失败，是指跨国任职的驻外人员未能完成使命就回国。失败的外派任职所产生的人力资源与财务方面的损失通常远大于在国内任职中的损失。对于国际企业来说，外派任职失败的成本相对高昂。同时，外派失败还意味着丧失市场份额和损害海外顾客关系。

（四）受更多的外部因素的影响

影响国际人力资源管理的主要外部因素是东道国的类型、经济状况及其习惯经营方式。相对于发展中国家，发达国家劳动力的成本较高，更富有组织性，而且当地政府通常要求国际企业在当地的人力资源管理方式必须与当地在诸如劳动关系、纳税、健康与安全等方面的政策保持一致，某些国家要求当地国际企业给本国公民提供更多的工作机会等，这些因素在很大程度上限制了国际人力资源管理经理的活动。在一些发展中国家，人力资源经理必须花费更多的时间学习、了解和适应当地的经营方式和习惯行为规则。

第二节　国际企业人员的招聘、甄选与配备

一、国际企业人员的招聘与甄选

（一）国际人员招聘与甄选的概念、特点

招聘（recruitment）是企业获取所需人才的主要手段和渠道，是企业为了生存和发展的需要，根据工作分析和人力资源战略规划的数量、质量与结构要求，通过信息的发布和科学的甄选，获得本企业所需要的合格人才，并安排他们到企业相关岗位上工作的过程。

甄选（selection）是企业对应聘者或所需职位的候选人进行甄别、遴选的过程，它不仅包括了对企业要求、职位信息和应聘者信息的详细调查、研究与比较，而且包括了对各种各样的甄选技术、方法、程序的选择与运用。

不同国家的企业对人才甄选的标准和程序有很大的差异。更多强调个人主义的国家和地区，如英国、澳大利亚、加拿大等国家，将工作面试、技能和工作经验作为最重要的甄选标准，关注人才现有的能力。而更多强调集体主义的国家和地区，如日本、韩国比较重视个人潜能、团队意识和交往能力。美国正在弱化传统的对"工作经验"的偏重，而更注意"与人交往的能力"和"个人适应公司的价值观"等因素，并把它们作为招聘的标准。工作面试和技能要求在所有的国家都受到重视。

（二）国际企业人员招聘与甄选的内容

1. 招聘人员的来源

国际企业人力资源的重要特征之一就是其员工来自不同的国家或地区，这也是国际企业全球竞争力的一个重要基础。从国际企业的角度来划分，通常将国际企业员工按来源分为三类。

（1）从母公司派驻外人员。是指国际企业子公司中来自母公司所在国并拥有母国国籍的员工。母国员工也构成外派人员的主体，他们通常受母公司指派，到国外的子公司工作，母国外派人员一般是管理者和技术专家。母国外派人员在国际企业全球经营中具有重要的战略地位。他们的职能是平衡与控制，执行母公司高层的战略。

（2）从东道国招聘人员。招聘的东道国员工指的是那些在国际企业海外子公司工作的具有东道国国籍的员工。国际企业在海外子公司中使用东道国员工的主要优势在于他们熟悉当地的经济和人文环境，精通当地的语言或方言，具有在当地工作的经验，能够更为有效地与当地员工进行沟通和管理。此外，雇用东道国员工的成本较使用母国外派员工要低得多。

（3）招聘第三国员工。第三国员工是指来自子公司所在国和母公司所在国之外的第三国国籍的员工。例如，一位瑞士管理人员在加拿大国际企业设在日本东京的子公司工作，这位管理人员就是典型的第三国员工。许多国际企业，尤其是北美的国际企业，最近注重使用第三国员工来代替母国人员。第三国员工通常熟悉多种语言，能够用多种语言交流。而且第三国员工通常具有更强的文化敏感性，使得他们能在东道国建立更有效的人际关系。此外，在雇佣成本上，第三国员工通常低于母国员工，甚至低于东道国员工。

2. 招聘渠道

工作申请人通常只会感兴趣于对他们来说有吸引力的企业，进而决定是否愿意来该企业工作，而企业对职位申请人产生吸引力的前提是其对公司有所了解，是否录用一名员工取决于公司对员工的了解以及招聘渠道的宽窄。因此，招聘渠道和甄选技术的正确选择对有效的招聘程序来说就尤其重要。常见的招聘渠道有熟人引荐、专门机构推荐、广告招聘、同业推荐、校园招聘、网络招聘等。

3. 招聘地点的选择

由于企业的招聘是要花费成本的，因此招聘地点的正确选择对企业缩减招聘成本而言尤其重要，如果招聘地域选择太窄，无法吸引到合格的求职者，相反，如果招聘地域选择太广，会增加招聘成本。影响招聘地域的因素主要有人才分布规律、求职者活动范围、劳动力供求关系等。一般来说，高级管理人员和专家适合在全国或跨国范围内招聘，专业人员适合跨国招聘，办事人员一般采用就近原则在组织所在地招聘。

（三）国际企业人员招聘与甄选的组织与流程

人员的招聘与甄选的国际化，不仅仅指人员对象的国际化，也指选聘方式的国际化。但是不同国家有不同的文化，不同的企业有不同的做法，各个企业的选聘标准和方式不尽相同，但它们的目标却是一致的，即招聘到最优秀的人才。因此，不同之中又包含着许多相同或相似之处。根据研究，国际企业招聘高级管理人员的工作，一般注重以下三个程序。

1. 初步面试

初步面试通常由企业的人力资源部主管主持进行，通过双向沟通，使企业方面获得有关应聘者学业成绩、相关培训、相关工作经历、兴趣偏好、对有关职责的期望等直观信息，同时，也使应聘人员对企业的目前情况及公司对应聘者的未来期望有个大致了解。面试结束后，人力资源部要对每位应聘人员进行评价，以确定下一轮应试人员的名单。具体操作如下。

（1）就应聘者的外表、明显的兴趣、经验、合理的期望、职务能力、所受教育、是否马上能胜任、过去雇佣的稳定性等项目从 1 分到 10 分进行打分。

（2）就职务应考虑的优缺点，如对以前职务的态度，对职业生涯或职业期望等进行具体评议，应聘者提供的书面材料也作为评价参考。

2. 标准化测试

由企业外聘的心理学者主持进行。通过测试进一步了解应聘人员的基本能力素质和个性特征，包括其基本智力、认识思维方式、内在驱动力等，也包括管理意识、管理技能。目前，这类标准化测试主要有"16 种人格因素问卷""明尼苏达多项人格测验""适应能力测验"等。标准化测试的评价结果，只是为最后确定人选提供参考依据。

3. 仿真测验

这是决定应聘人员是否入选的关键。其具体做法是，将应聘者分为多个小组，根据工作中常碰到的问题，由小组成员轮流担任不同角色，以测试他们处理实际问题的能力。整个过程由专家和公司内部的高级主管组成专家小组来监督进行，一般历时两天，最后对每一位应聘者做出综合评价，提出录用意见。仿真测验的最大特点是应聘者的智商和情商都能集中表现出来，它能客观反映应聘者的综合能力，使企业避免在选择管理人才时感情用事。

小知识 8-1　IBM 的招聘机制

二、国际企业人员配备方式

人员配备方式是为各子公司内的各个职位配备合适雇员的原则和方法。国际企业中存在着四种人员配备方式。

（一）母国中心主义

母国中心主义，或称民族中心法，即人员配备偏向母国模式，从母公司选拔或在母公司公开招聘人员，经过必要的培训后派往海外子公司担任经理或其他重要管理岗位。

在母国中心主义配备方式中，母国的文化、价值观和商业活动占主导地位。由总部制定出一套管理和安置员工的制度并在全球范围内统一推广。采用这种方式的公司遵循如下假设：本国的模式是最好的，所有的子公司应当使用该模式。来自总部的经理负责关键决策并占据子公司中的重要管理职位以保证该模式的执行。这种做法曾经十分普遍，宝洁、飞利浦和松下等公司都采用这种策略。例如，飞利浦外国子公司的重要职位曾一度由荷兰人占据；丰田和松下等日企，到目前为止仍然由日本人出任国际业务中的绝大多数重要职位。

1. 主要优点

（1）熟悉母公司的经营哲学、管理风格和全球战略，能有力维护母公司利益。（2）子公司经理人员与母公司不存在文化差异，容易沟通。（3）有利于经营活动中技术的保密。（4）可以为母公司培养经营人才，实现母公司人力资本的增值。

2. 主要缺点

（1）外派人员不熟悉东道国文化，容易与东道国当地管理人员发生文化冲突。（2）外派成本太高。（3）过多任用母公司人员会引发东道国雇员不满，形成人员的大量流失。（4）母公司人员外派海外后，由于文化差异，必须有一个较长的适应期，最初一至两年工作效率较低。

由于母国中心主义配备方式的特点，实践证明，在某些特定情况下，国际企业的关键职务由母国人员担任较为合适。首先，公司可能认为东道国缺乏担任高级管理职务的合格人选，特别是当公司在欠发达国家刚开展经营时。其次，公司认为母国中心主义是保持统一的公司文化的最好方式，当一个公司十分看重公司文化时，这种方式容易占上风。最后，如果公司试图通过把母公司的核心优势传递给国外子公司来创造价值，它就会把母公司中了解这种核心优势的人员外派到国外子公司，这是达到这一目的的最佳方式。

但目前，越来越多的国际企业逐渐放弃纯粹的母国中心主义，向雇用当地人作为子公司经理的多国中心主义方式靠拢。

（二）多国中心主义

多国中心主义配备方式，或称多中心法，是指海外子公司的管理要职由各个东道国人员担任，而母公司的要职仍由母国人员担任。只要子公司能保持强盛的盈利能力及有效地实现经营目标，就可以让东道国管理者按照他们所熟悉的管理方式自主地管理各子公司的业务活动。现在，许多国际企业在海外子公司的低层或中层管理职位上大量使用当地管理者。有两点原因：第一，外派人员在海外工作的失败率较高，使国际企业为此付出沉重代价；第二，许多国家的政府希望国际企业聘用当地管理与技术人才。该方式主要的优缺点如下。

1. 主要优点

（1）当地管理人员熟悉当地政治、经济、文化，特别熟悉当地市场和消费者的消费行为。不会像外派人员那样，需要时间去适应当地的环境与文化。（2）东道国管理人员已经具有现成的业务关系网络，这便于公司业务的顺利扩展。（3）可以有效减少跨国人员流动带来的培训、安置、海外津贴等额外支出，减少人力成本。（4）东道国管理者可以帮助国际企业与当地雇员、消费者、政府机构和社区建立更加和谐的关系。

2. 主要缺点

聘请东道国公民担任当地子公司的管理人员，特别是高级职位，其主要缺点是：（1）母公司对东道国子公司业务活动的控制与协调相对来说比较困难。（2）一般来说，当地管理者对外国公司的忠诚度比外派人员要低，因此当地管理人员的流动性也较高，一旦公司高级管理人员"跳槽"，他们带走的不只是个人经验与能力，还可能是公司的部分业务。（3）当地管理者常常缺乏全球视野，对公司的全球战略意图的理解可能要比外派人员肤浅，使得总公司目标与当地子公司目标可能产生冲突，总公司对子公司的控制力较弱。

（三）地区中心主义

地区中心主义配备方式，或称地区中心法，是指按照地区划分对全球市场进行管理，从本地区寻求管理者，人员在地区中各国家之间流动。例如一家美国国际企业的子公司可能分布形成三个地区：欧洲地区、美洲地区和亚太地区。如欧洲某个国家子公司的管理人员可以在整个欧洲流动，而一般不会从欧洲地区调到亚太地区。2000年3月，法国的达能集团收购了乐百氏公司的54.2%的股份，新收购的乐百氏公司在中国设置的高管遵循原来的地区中心主义配备方式，由来自中国、马来西亚、印度的人员组成，中国的子公司的高管人员也可以在其他同地区国家的子公司中任职。各子公司的经理人员在本地区的流动，可以加强地区内部各子公司的合作，而且有利于逐渐向全球中心的人力资源管理模式过渡。这些来自同一地区的外国的管理人员（不是母公司人员）也被称为"第三国人"。

使用第三国人的主要优点：（1）他们的工薪与福利要比母国外派人员低得多，这样可以节省国际企业在人员工资方面的支出。美国国际企业常常雇用第三国的华人，到中国分公司担任管理职位，其中一个重要原因是节省成本开支。（2）第三国人常常能够从一个外来人的视野，更好地理解公司的政策，他们有可能比母国外派人员更有效地执行公司的政策。最后，来自同一地区的第三国人相对来说对文化的适应性更强，更富有经验，这有利于公司当地业务的开展。例如，一个葡萄牙人会比一个英国人更适应巴西的文化环境，因为葡萄牙和巴西的官方语言都是葡萄牙语。

（四）全球中心主义

全球中心主义配备方式，或称全球中心法，是指在全球范围以优厚的待遇选择最佳人员担任关键职位而不考虑其国别。经济全球化与管理国际化，必然伴随着人力资源的全球化。近年来，国际企业出现了在全球范围内招聘管理者，并派遣他们到公司总部担任高级管理职位的趋势。目前世界级国际企业几乎都有"外国人"在公司总部最高管理层担任职务。例如，美国通用汽车公司全球采购部的副总经理是西班牙人，施乐公司的副首席执行官是意大利人。

全球中心主义模式是为整个组织选择最佳人选来担任关键职务,而不考虑其国别。这种方法的主要优点是国际企业能组建一支较强国际高层管理人员队伍,并克服多中心法"联邦式"的缺点。此方式也有缺点,首先,东道国政府倾向于用本国人员,本国被录用者技能可能不达标,政府也可能通过移民限制使公司降低标准。另外,全球中心主义配备方式是在全球范围以优厚待遇招聘最佳人选,薪酬水平可能比本国高得多,使得全球中心主义模式的政策实施起来很昂贵。

三、外派人员的选拔与作用

外派是员工从母公司或总部调往国外子公司的过程,外派人员在国际企业全球经营中具有十分重要的作用。实践证明外派失败率较高,一旦外派失败,代价也非常昂贵,因此,要降低失败率和减少损失,需要制定有别于选拔本国工作人员的、正确的选拔标准。

(一)外派人员的选拔

为海外工作进行人力资源配备是一个复杂的人力资源管理过程。它与国内人员配备选择的标准既有相同之处,又有不同之点。国际企业派遣到国外工作的人员可以归为四类:第一,首席执行官;第二,职能部门主管;第三,排除技术故障的技术人员;第四,业务操作者。一般而言,国际企业在为其海外业务选择管理人员时,其标准包括如下几个方面。

1. 文化敏感性与适应性

文化敏感性与适应性是国际企业选择外派人员的最重要的标准之一,也是招聘国内管理者与国外管理者的最大区别之一。外派管理者必须能够适应与自己国家不同的文化环境,了解为什么外国员工会有与自己不同的行为方式。因此,外派管理者必须具有较强的文化敏感性。文化适应能力强的外派人员具有两个重要特征,一是与东道国国民发展长期友谊的能力强。二是使用东道国语言的愿望强烈。因此他们和东道国国民的接触非常有效,工作成功的可能性也就变大了。

2. 独立工作能力

一般而言,在国外工作的管理人员必须能够独当一面,有更强的独立工作能力,他们往往需要面对复杂多变的客观环境,在不请示国内总部的情况下独立自主地做出决策和承诺。为确定个人的独立工作能力,国际企业需要考察其国外工作经历和完成特殊工作项目或任务的经历,因为这些经历往往可以培养独立工作能力。一些需要有高度个人独立性的业余爱好也被当作考虑因素。

3. 年龄、经历与教育

国际企业发现，年轻的管理者更乐于到海外任职，也更愿意了解外国文化。但年长的管理者更有经验，更加成熟，这也是海外任职所需要的优势。为同时利用两种人的优势，很多企业将年轻人和年长者同时派往海外同一机构工作，以便他们取长补短、互相学习。学位与学历是所有国际企业在招聘外派人员时要考虑的重要标准，特别对国际高级管理人员。然而，关于最理想的学位究竟是什么，并不存在普遍的原则。许多国际企业都自己设计一些培训课程来培训自己的管理者。例如，德国西门子公司就为其国际管理团队提供特殊培训，以便帮助他们更有效地处理在海外工作中可能遇到的各种问题。

4. 语言能力

语言能力也是国际企业在招聘与甄选外派管理者的一个关键的标准。熟练的外语不仅可以使外派管理者直接地、无障碍地与当地员工自如沟通与交流，也是外派管理者与当地人建立关系、减少冲突的重要保证。

5. 家庭因素

当选择外派人员时，家庭是另一项被考虑的因素。为了获得成功，外派人员必须有一个支持他的外派工作并能适应新环境的家庭。一些企业如福特、埃克森等，在对职务申请人进行面试时，也对申请人配偶进行面试，并将配偶的态度作为决策的重要参考依据。而摩托罗拉公司还采取直接向配偶支付报酬的方式，鼓励管理者的配偶与管理者一起到国外工作。

6. 技术、管理与领导能力

技术、管理与领导能力是外派管理人员胜任国外工作的关键能力要求，也是甄选外派管理人选的主要标准。然而，并非所有的在国内成功的管理者都会在国外职务上做得出色。在确定职位申请人是否具有所需要的领导能力时，许多企业还会考虑如成熟性、情绪稳定性、沟通能力、独立性、创造性和身体健康等因素，这些都是具有领导潜能的很好特征。这些因素大部分可以面试、角色扮演和心理测试等正式程序加以评估。

（二）外派的动因

艾兹特洛姆（Edstrom）和加尔布雷斯（Galbraith）将国际企业派遣其母公司员工到海外任职的目的归纳为填补国外空缺岗位、国际化管理人员开发和组织管理开发三种。

1. 填补国外空缺岗位

填补国外空缺岗位是出于向国外经营转移技术与管理知识的目的而向国外指派管理人员的过程。国际企业在发展中国家任职的外派人员许多是出于填补职位空缺的考虑，因为在这些国家，技术工程师和优秀的管理者较少。企业有时也出于将其管理体制延伸到国外经营的控制。在国际企业中，这种控制通常是通过行政或财务控制体系来实施的。这种管理体制中的工作人员必须接受组织权威的合法性并了解相关的规则与规定，此外，他们还必须具备其岗位所要求的技术能力。

2. 国际化管理人员开发

基于管理人员开发的国际任职主要是使管理人员积累国际经验，为其将来在母公司或国外子公司担当重要岗位的工作奠定基础。这类外派不受国外经营所在地是否存在可供利用的合格人才状况的影响，主要是基于这种国际任职能否使外派人员获取特殊技能的考虑，并根据这种需要来确定外派人员的任职地点。这种调动通常面向技术和行政职能部门的母公司人员和少数东道国人员。管理开发性外派人员一般数量不多，但国际任职的次数较多。

国际任职或外派已经成为国际企业开发全球管理者和全球思维的一种重要途径。例如，爱立信公司经常有计划地每一两年就将 30~100 名工程师或管理人员从一国经营单位调到另一国的经营单位。

3. 组织管理开发

组织管理开发的目的是通过国外子公司之间或母公司与其子公司之间的大规模人员调动促进管理人员的社会化，并建立一种国际沟通与人际网络。企业可以利用管理人员的国际调动来保证公司管理体制更为有效地运转和有效地实施国际企业的变革。

可以说，外派人员对国际企业具有重要的意义，其不仅是决定国际企业经营成败的主要因素，也是国际企业获取和保持竞争优势的主要手段，是重要的战略性资源。

第三节　国际企业人力资源的培训与管理开发

培训（training）是改变雇员的行为与态度，使其更好地实现工作目标的过程。培训的目的在于提高员工目前的工作技能和行为。管理开发（managerial development）是使管理人员得到必要的能力、经验及态度，以便成为或继续成为成功领导者的过程。管理开发强调的是增加与未来的岗位或工作相关的，而且往往是管理方面的能力。这两个环节紧密相连。

一、美国、欧洲、日本人力资源培训与管理开发的特点

（一）美国企业人力资源的获得与开发

1. 人员选拔采用"全球中心方式"

美国人员选拔往往采取开放的方式，即不管是什么国籍，只要具有职业经验和工

作能力，就可以在国外子公司中担当要职。

2. 注重培训与开发

美国企业非常重视对职工的教育与培训，把教育与培训看作是获取与保持企业竞争力一项具有战略意义的人力资源活动。职业教育培训不仅得到政府与企业的高度重视，而且美国的一些行业协会如美国商会等也起到了积极作用。美国企业人力资源培训与开发的管理工作分为联邦政府和州政府、社区学院和专科学校、企业等三个层次。

3. 人力资源的市场化配置

（1）美国人力资源培训与开发，从发生、运转到发展，完全由劳动力市场需求来决定。人力资源培训内容的确定以及培训方式的选择，均取决于企业需要何种类型、何种程度的劳动力，并随着市场需求的变化而相应调整。因此，美国企业人力资源培训与生产力发展紧密联系，直接为其服务，并以能否增强市场竞争力和适应市场需求为检验企业人力资源培训教育工作是否成功的唯一标准。

（2）美国企业人力资源培训与开发的内容、形式、资金渠道等没有统一的模式和标准，完全由培训主体自行决定，形成灵活多样、分权管理和运行的机制。

（二）欧洲企业人力资源的获得与开发

1. 人员选拔，采用了"地区中心方式"

20世纪90年代以后，欧洲许多国际企业在选拔、任用和配置其管理人员时，在一定的区域范围内，挑选有才干、能胜任的人来担任重要职务。通常是面向整个欧洲的管理人员进行选拔。

2. 提供各种在职培训与开发

法国的职业继续教育模式是企业员工在职培训的一个范例。法国企业员工有法定带薪培训假期，雇主要缴纳本企业当年职工纯工资总额一定比例的职业继续教育税，以用于本企业职工的在职培训。大部分企业，特别是大型企业，都有自己的培训机构，面向生产经营实际需要进行在职培训，取得了很好的经济效益。

德国的"双元制"职业培训，也是举世公认的企业在职培训的成功模式。这种培训模式是20世纪60年代在德国出现的，是一种初级职业培训制度。它按照分工合作原则，把企业在职培训与学校教育有机结合起来。在培训期间，学员具有双重身份，既是职业学校的学生，又是企业的学徒工人。按照分工合作协议，学校负责理论教育，企业负责实际操作训练。在时间分配和教学管理上，以企业培训为主，侧重员工技能训练，最后由企业负责结业考试。这种"双元制"职业培训模式在德国经济的恢复与成长、提高企业的国际竞争力方面发挥了重要作用。

(三) 日本企业人力资源的获得与开发

1. 人员选拔，采用"母国中心"方式

日本国际企业海外子公司的大部分高级管理人员和一些技术人员，一般都由本国公民担任。随着海外企业规模的扩大，日本国际企业在用人方面也开始向当地化发展。

2. 注重员工的在职培训与开发

日本企业在人力资源管理上具有终身雇佣、年功序列、团队合作及家族化等特点，因此特别重视对员工的在职培训。日本企业普遍采取"上下一致、一专多能"的在职培训。所谓"上下一致"，就是凡企业员工，不分年龄、性别和职务高低及工种不同，都接受相应层次的教育培训；培训目标就是"一专多能"，各级员工既要精通一门专业技术，又能参与经营管理，具有较强的适应性。培训的内容有层次性的纵向教育培训，即针对一般职工、技术人员、骨干人员、监督人员、一般管理人员及经营领导人员设立不同的教育培训内容，也有职能性的横向教育培训。

二、人力资源培训与开发的主要内容

(一) 人力资源培训与开发的基本内容

企业培训的内容实际上就是企业希望通过培训传授给员工、团队的技能的内容。在企业培训中表现为以下三类技能。

1. 技术技能

技术技能既包括最基本的技能，如阅读、写作和数学计算的能力，也包括与特定职务相关的专业能力。技术技能是员工完成日常工作所需要的。日常工作完成的速度与好坏决定了企业运作的效率和效果，尽管它们不能为企业带来竞争优势，但却是组织存在的基础。

2. 问题解决技能

近年来，由于管理理论界十分强调授权、团队建设以及组织的灵活性，从而使问题解决技能越来越受企业青睐。过去问题解决技能只可能出现在领导者培训中，如今上至CEO，下至操作工人都需要问题技能来处理突发事件，同时它也是组织创新的关键。具体培养方法包括：让员工参加一些活动，强化其逻辑、推理和确定问题的能力；估计因果关系；设计有关问题解决的可行性方案，并分析方案和选定最终的解决办法等。

3. 人际关系技能

在一定程度上，员工的工作绩效取决于他与同事、上级相处的能力，包括学会如何做一个好听众，如何更清晰地表达自己的想法，以及减少摩擦冲突等。由此可以看

出人际关系技能并不为组织做出直接的贡献,其作用在于保证员工的技术技能和问题解决技能发挥作用,也就是说人际技能并不具体表现为员工的某种智力资本,但它却是智力资本转化的关键。人际关系技能在很大程度上决定了能否在组织内外实现有效的协作和交流,避免破坏性冲突。

(二)跨文化培训的主要内容

面临文化的不同、对异域文化的不了解,国际企业首先要做的是跨文化培训。跨文化培训是解决文化差异,减少文化冲突,搞好跨文化管理最基本最有效的手段。通常,跨文化培训的主要内容包括如下几项。

(1)语言培训。即学习东道国的语言,以便工作中正常的交流。

(2)对民族文化及原公司文化的培训。通过研讨会、课程、语言培训、书籍、网站和模拟演练等方式对员工进行培训,以便缩小其可能遇到的文化差距,使之迅速适应环境。

(3)文化的敏感性培训。训练员工对当地文化特征的分析能力,弄清楚当地文化如何影响当地人的行为,掌握当地文化的精髓,从而使员工更好地应付不同文化的冲击,减轻他们在不同文化环境中的苦恼或挫败感。

(4)文化的适应性训练。派员工到海外工作、出差或者学习,比如韩国三星公司每年都会派出有潜力的年轻经理到其他国家学习。学习计划由学员自己安排,除了提高语言能力外,还要深入了解所在国家的风土人情等。

(5)沟通及冲突处理能力的培训。管理者通过各种正式非正式的、有形无形的跨文化沟通组织与渠道引导员工学习处理人际关系、谈判和沟通的技能,从而促进员工之间的交流与合作。

(三)外派人员上岗培训

根据实践经验,国际企业外派人员上岗前的培训分三个阶段:预备培训、启程前培训、抵达后培训。在这三个阶段以及各阶段之间的任何时间点上,组织可以对所有的成员提供从课堂培训到在线培训,到以现场指导为基础的支持、评估和咨询等活动。

1. 预备培训

驻外人员应该接受预备培训,时间为一个星期左右,主要内容如下。

(1)了解所在国的情况,包括系统了解其政治制度、政府机构、历史背景、文化传统、生活条件、服饰与住房情况等。

(2)了解工作任务、职责与待遇,包括企业政策、驻外人员在外的期限、休假、岗位职责权限、工资、奖励和补贴、所得税的缴纳、回国后的待遇。

(3)家庭安排。

2. 启程前培训

启程前培训一般为 4~5 天，其内容有：所在国语言的培训，主要是加强口语和听力的训练，使员工能够在短期内提高口语和听力水平；从不同角度进行跨文化的教育，如通过录像、电影介绍本国与所在国的文化差异和价值观的不同，促使驻外人员认识文化差异，正确处理好与外国同事的关系，介绍旅途和抵达的注意事项以及碰到紧急情况时的处理方法。

3. 抵达后培训

抵达公司后培训的内容有：对周围环境的介绍，包括语言特点、文化差异、风俗习惯、交通状况、商店和银行的分布等情况，这种介绍可以使刚抵达的驻外人员很快熟悉周围环境；公司的情况介绍，最好请有经验的人给他们介绍在海外公司工作的亲身体会，使他们少走弯路，尽快适应当地的工作环境；所在国企业实际工作情况介绍，再次强调文化差异问题，介绍同事的特点，特别是要强调不同文化背景下的不同管理方式和工作方法。

许多研究都说明，驻外人员工作失败的主要原因是，他们自己不能适应不同的自然环境和文化习惯。因此，自始至终对编外人员进行跨文化的教育是至关重要的，这是国际企业在不同国家、不同文化背景下取得成功的先决条件。

（四）培训与开发在实际操作中注意的问题

（1）应该意识到跨文化培训的重要性。只有当组织的经理人员到跨文化培训的重要性，才能使组织内的跨文化培训更有效率，而不是走过场。

（2）要认识到不仅外派人员需要跨文化培训，组织内的其他成员也需要培养文化敏感性。国内的经理和员工也会接触到来自国内外的不同文化的人，如国外的客户、供应商等。当国内的经理和员工出差到国外时，也会遇到文化适应的问题。

（3）要认识到跨文化培训不是一时一地的一次性的培训，而是一个过程。为此需要培养员工终生学习的观念。

（4）要认识到培训的目的不仅在于改变员工的技术、态度、知识和开发员工的潜能，使其能力达到公司的需求，并且需要为员工提供职业安全，提升其就业能力。

（5）培训的方式与过去不同。国际人力资源培训与开发不是像以前那样注重训导式灌输，一人讲，大家听，或大家讨论。现在要求更有效、更节约成本的培训，比如通过一个项目，由导师带领，通过工作提高员工的技术。还有工作轮换、代理职务、易地派遣、学校教育、外部培训及内部培训等方式。

（6）录用、培训、选拔、管理实现一体化，统一由人力资源管理开发部门负责。从最基层抓起，从员工选拔抓起，调动员工主动参加培训的积极性。

三、人力资源培训与开发的组织流程

培训与开发的组织流程一般包括确定需求、制订计划、组织实施和效果评估几个步骤。

（一）确定培训需求

确定培训需求就是对企业未来发展、任务的内容和员工的个人情况进行分析，从而确定培训需求。培训需求通常在组织、任务和人员三个层次上展开调查。

（二）制订培训计划

制订培训计划要依据培训需求调查的结果，确定培训的对象、形式、内容，制订预算、编制课程。培训计划立足于创新，以激发学员的学习热情，让学员在创新的培训环境中参加学习。培训计划需要考虑到的问题很多，包括注意一些细节。比如教室座位的摆放，就是一个值得考虑的问题。

（三）培训的组织实施

培训的组织实施是指按照培训计划，具体进行培训。在实施过程中，应关注学员等方面的反馈，对计划进行必要的调整。同时，注意发现具备较好创新素质的人才。

（四）培训效果的评估

培训效果的评估是依据目标，运用科学方法，获得各种信息来判断培训效果。根据评估进行的时间长短，可分为即时评估、中期评估和长期评估；根据评估层次不同，可分为反应层、学习层、行为层和结果层。在不同时间进行的不同层次上的评估，都是培养和发现各种创新人才的机会。

小案例8-1　欧莱雅：培养CEO从"幼苗"抓起

第四节　国际企业人员的绩效考核与激励

一、国际企业绩效考核与管理

绩效考核又称绩效评估或绩效考评，是指企业通过对部门、员工或所属单位与个体的投入状况进行考察、衡量或比较，从而确定其行为价值，提高企业竞争力的一个重要过程。

（一）绩效考核的主要目的和意义

绩效考核一般需要明确考核的目的、考核的对象、考核的标准、考核的方法、考核的周期、评价者的选择、考核结果的运用等。通常认为绩效考核的目的主要有以下三个。

1. 改进组织与员工个人绩效

绩效考核可以为员工提供反馈信息，帮助员工认识自己的优势和不足，发现自己的潜在能力并在实际工作中加以发挥，改进个人工作绩效，同时也就改进了组织绩效。

2. 为薪酬与激励管理提供依据

绩效考核的结果可以为甄别高绩效和低绩效员工提供标准，为组织的奖惩系统设计提供依据，从而确定奖金和晋升机会在员工个人之间的分配。

3. 为组织的各项人事决策提供依据

通过绩效考核建立员工业绩档案资料，便于组织进行人事决策，包括人事变动、薪酬调整、培训计划的制订、员工招聘，以及确定再招聘员工时应该重点考察的知识、能力和其他品质等。

绩效考核与绩效管理已经成为人力资源管理的核心，也成为人力资源管理工作的重点。绩效考核中关键绩效指标已成为企业的关注对象，体现了企业的经营状况及发展态势，具有战略价值和意义。而绩效考核与绩效管理则是实现战略管理的主要手段，是承接战略规划与其他人力资源管理职能之间联系的主要纽带，是实现企业管理有效性的重要手段，是促进企业战略落地的主要方法。同时，绩效管理还可以为企业带来持续的制度化的竞争优势。

小知识 8-2　鲶鱼效应

（二）绩效考核与管理的基本内容

1. 绩效考核的主要指标内容

绩效指标一般分为两种，即结果目标和行为目标。结果目标指要达到什么结果，结果目标来源于企业目标、部门目标、市场需求目标、员工个人目标等。行为目标是确定怎样去做，才能更好地实现要达成的目标。

绩效考核的指标体系一般包括若干方面，涵盖主要的战略目标、业务职责和工作流程。按照目前流行的平衡记分卡的观点，它有四个维度，即财务指标、客户指标、经营管理过程、学习与成长。这几个维度只是参照，不同的企业或不同的职位可以有不同的解释或特点。考核时不仅要注重"结果指标"，比如财务和客户，还要注重"驱动指标"，比如过程及学习、成长。这四个指标维度之间存在因果互动关系，强调纵向统一和横向协调，所以称为平衡计分卡。

如何设置比较客观的科学的考核指标？一般遵循的是 SMART 原则。SMART 由五个英文单词首字母组成：S（specific）代表详细而精确，指绩效考核要切中特定的工作指标，不能笼统；M（measurable）代表可度量，指绩效指标应该可量化或者可行为化，这些绩效指标的信息数据应该是可以获得的；A（attainable）代表可实现性，指绩效指标在付出努力的情况下可以实现，也就是通常所说的"跳一跳能够着"，避免设立过高或过低的目标；R（realistic）代表现实性，指绩效指标是实实在在的，可证明和观察；T（time bound）代表时限性，注重完成绩效指标的特定期限。

2. 绩效管理的对象区分

企业绩效管理的对象一般按管理层级划分为管理人员和普通员工两类别。管理人员的特点是对公司经营结果负有决策责任，并具有较为综合的影响力。普通员工的特点是工作基本由上级安排和设定，依赖性较强，工作内容单纯，对生产经营结果只有单一的、小范围的影响。总之，因为不同的绩效管理对象承担不同的工作职责，岗位特点不同，所以应根据其特点建立绩效管理系统，明确绩效管理系统的适用对象，对应不同的绩效考核方法。

（三）国际企业绩效考核与管理的特殊内容

在国际企业人力资源管理中，绩效管理具有一定的特殊性。绩效管理在现代企业中与薪酬、晋升等密切相关，这在所有的企业中都是一样的，但是国际企业人力资源管理中绩效管理的目的不仅仅是为员工薪酬调整和晋升提供依据，而且加入了许多新的因素。比如重视个人、团队业务和公司目标的密切结合，将绩效管理作为把各方的目标相结合的一个契合点。

在国际人力资源管理中绩效考核的目标包括战略方向和业绩。这与一般企业通常关注业绩有很大的差别，特别突出了战略方向，有利于实现企业的长远发展。同时，在业绩评价中，国际企业的考核标准也更为全面，既包括员工在财务、客户关系、员工关系和合作伙伴之间的一些作为，又包括员工的领导能力、战略计划、客户关注程度、信息和分析能力、人力资源开发过程管理等方面的表现，要求较为全面、合理、综合地反映一个员工各方面的业绩。

（四）国际企业人员绩效管理的基本程序

绩效管理是指为实现企业的战略目标，通过管理人员和员工持续地沟通，经过绩效计划、绩效实施和促进、绩效考核与反馈、绩效结果应用（包括奖惩激励、绩效改进等）四个环节的不断循环，不断改善员工绩效，进而提高整个企业绩效的管理过程。

1. 绩效计划的制订

绩效计划是启动员工绩效管理系统的基础性环节。管理者和员工双方经过沟通商谈，依据"职位分类分层"的思想和岗位说明书的要求，为员工设定具体工作目标，由此衍生出与现有工作相关的、以战略为导向的、可评估的员工绩效考评标准，并进一步明确该绩效计划的执行时间和流程方式，最后形成绩效计划书面协议书，员工签字确认。

2. 绩效实施和促进

绩效实施是按照绩效计划对员工工作绩效进行原始数据搜集，并对员工绩效进行监控、辅导与改进的过程。

3. 绩效评定与反馈

绩效评定是在绩效周期结束后，检查员工所完成的工作，采取科学的评价方法将员工的工作成绩与绩效考评标准相比较并进行价值判断的过程。绩效管理的过程并不是为绩效考核打一个分数就结束了，主管人员还需要与员工进行一次甚至多次面对面的交谈，通过绩效反馈，使员工了解主管对自己的期望，了解自己的绩效，认识自己有待改进的方面。员工也可以提出自己在完成绩效目标中遇到的困难，请求上级的指导。

4. 绩效结果应用（包括奖惩激励、绩效改进等）

只有将绩效考核结果与员工的切身利益紧密联系起来，才能使绩效管理发挥出真正的威力而不流于形式。企业必须将绩效评价成果依据绩效计划书的责任及时进行奖惩兑现。绩效改进是依据上一轮评价的绩效考核的情况，对员工新一轮的绩效目标和评价标准进行修正的过程。

（五）国际人力资源绩效考核的一般方法

1. 多人比较法

多人比较法是将一个员工的工作绩效与其他员工作比较。这是一种相对的而不是绝对的衡量方法。此类方法最常用的三种形式：分组排序法、个体排序法和配对比较法。多人比较法可以与其他方法结合使用，以便得到一个按绝对标准和相对标准衡量都为优秀的人员名单。例如，可综合使用评价表法和个体排序法，以提供更为准确的有关被考评者的信息。

2. 工作述职法

工作述职法是写一份记叙性材料，描述一个员工的长处、短处、过去的绩效和潜能等，然后提出建议。这种方法多适用于管理人员的自我考核，并且测评的人数不宜太多。工作述职法可以让被考核者主动对自己的表现加以反省、考核。工作述职法常让被考核人填写一份工作述职表，一般在月末、季末以及年终进行。

3. 关键事件法

关键事件法是利用一些从一线管理者或员工那里收集到的有关工作表现的特别事例进行考核。通常，在这种方法中，几个员工和一线管理者汇集了一系列与特别好的或特别差的员工表现有关的实际工作经验。由于记录的只是一些正面和反面的案例，并没有贯穿整个过程，因而一般不会单独使用，只是为以后的打分提供有力的依据。

4. 评分表法

评分表法是一种最古老也最常用的绩效评估方法。它首先列出一系列绩效因素，如工作的数量与质量、职务知识、协作与出勤以及忠诚、诚实和首创精神等，然后评估者逐一对表中的每一项给出评分。评分表法设计和执行的总时间耗费较少，而且便于做定量分析和比较。

5. 目标管理法

目标管理法是对经理人员和专业人员进行绩效评估的首选方法。在目标管理法下，每一个员工都确定有若干具体的指标，这些指标是其工作成功开展的关键目标，因此它们的完成情况可以作为评价员工的依据。目标管理重结果而非手段，管理者通常以利润、销售额和成本等作为指标。

6. 关键业绩指标法

该方法是基于关键绩效指标的一种绩效考核方法。它是从战略目标出发，通过系统、科学的方法找出最关键的若干指标，再进行一步步分解，建立指标体系的方法。这种考核方法是在国际企业中运用得比较多的一种考核方法，可以使各海外子公司经理明确子公司的主要责任，并以此为基础，明确子公司人员的业绩衡量标准，使业绩考核建立在量化的基础之上。

7. 平衡计分卡法

平衡计分卡法是针对性地设计一套"绩效发展循环"，由此制作多维度评价指标系统，以促进实现战略目标的方法。它打破了传统的只注重财务指标的业绩管理方法，认为传统的财务会计模式只能衡量过去发生的事情。组织必须通过在客户、供应商、员工、组织流程、技术和革新等方面的投资，获得持续发展的动力。基于这种认识，平衡计分卡法认为，组织应从四个角度审视自身业绩：财务客户、经营管理过程、学习与成长、财务。平衡计分卡中的目标和评估指标来源于组织战略，它把组织的使命和战略转化为有形的目标和衡量指标。平衡计分卡法提出以后，其对公司全方位的考核及关注公司长远发展的观念受到学术界与实务界的充分重视，许多公司尝试引入平衡计分卡作为公司管理的工具。

二、国际企业人员的薪酬与激励

（一）国际薪酬与激励的特点

薪酬是指员工从企业所得到的金钱和各种形式的服务和福利，它作为企业给员工的劳动回报的一部分，是劳动者应得的劳动报酬。员工的劳动报酬收入不仅限于货币收入，还包括非货币收入。薪酬激励是人力资源管理的重要方面。良好而有效的薪酬激励有助于提高员工的工作满意度和工作绩效，进而提高企业的竞争力。

薪酬包括外在报酬与内在报酬两个方面。外在报酬是指员工因受到雇用而获得的各种形式的收入，包括工资或薪水、绩效工资、短期奖励、股票期权等长期奖励、津贴以及各种非货币形式的福利、服务和员工保护等。外在报酬的优点在于比较容易被定量分析。内在报酬是指企业为员工提供较多的学习机会、挑战性工作、职业安全感以及员工通过自己努力工作而受到晋升、表扬等奖励。内在报酬的特点是难以进行清晰的定义，不易进行定量分析和比较，操作难度比较大，需要较高水平的管理艺术。

由于国际企业人力资源管理需要面对不同国家的社会文化与法律制度背景，薪酬激励不能照搬本国企业的做法。即使在本公司内部，也要面临文化多样性的矛盾，国际企业需要开发特别的薪酬激励计划，以弥补工作人员及其家人为了国外工作所做的个人牺牲。因此，国际企业人力资源薪酬与激励管理面临着相当的复杂性，表现出诸多特点。

1. 国际薪酬的多样性

国际薪酬中涉及由于员工类型的多样性而引起的不同的薪酬待遇问题，国家差异引起的薪酬购买力问题，以及文化差异引起的薪酬福利或激励问题，等等。薪酬专业人员需要知道东道国员工、第三国员工和驻外人员之间的区别，这些区别需要在薪酬上有所体现。同时对于各国的生活水平、生活方式及通货膨胀与货币稳定性而体现的货币的购买力，也需要在薪酬体系中有所体现。例如，货币稳定性的因素使得在用母国货币支付工资时，工资要时常随着两国汇率的变化而变化。此外，由于国家文化的差异，子公司可能采用与母公司不同的薪酬，而不同国家企业的福利开支或者激励制度也会有很大不同，这些都增加了国际企业在海外进行薪酬管理的复杂性。

2. 外派人员的薪酬成本的计算问题及公平问题

企业为吸引母公司员工前往海外工作，应给予外派人员一定的补偿，总工资往往比较高，但是这种高工资需要与国际企业的全球竞争战略相结合，并且应考虑雇员所做的贡献。此外，由于外派人员在国外的薪酬与国内得到的薪酬的比较，外派人员与当地员工的工资比较，甚至所有外派人员群体的工资的比较等诸多因素的影响，兼顾公平就成了国际企业薪酬管理的一个重要课题。

（二）外派人员的薪酬与激励

在薪酬管理乃至整个人力资源管理领域中，外派人员的管理及薪酬支付都是一个难度相当大的问题。在各种可能的约束条件下，外派人员对公平性的要求是外派人员薪酬管理中的一个关键性因素。一般外派人员的薪酬由基本薪酬、津贴、奖金、福利和激励薪酬构成。

1. 基本工资

基本工资是企业按照一定的时间周期，定期向员工发放的固定报酬。基本工资主要反映员工所承担的职位的价值或者能力的价值，即以职位为基础的基本工资和以能力为基础的基本工资。外派人员的基本工资通常与其在母国类似职位的基本工资水平相同，以其母国货币或所在国货币支付。

2. 津贴

显而易见，国内和东道国的工作环境和生活环境之间存在很大的差异，而企业向外派人员支付津贴的目的就在于对他们的生活成本进行补偿，使他们得以维持在国内时的生活水平。津贴通常有四种形式：生活成本津贴、住房津贴、教育津贴、安家津贴。当子公司所在地的商品与服务价格高于母公司所在地时，国际企业就会向外派人员提供生活成本津贴。住房津贴一般是保证外派人员在国外能够支付得起与母国同质量住房的费用。在住房非常昂贵的地区（如伦敦、东京），这类补贴会高达外派人员总体报酬的 10%～30%。教育津贴用以确保外派人员子女能够接受充分的母国标准的学校教育。东道国的公立学校有时不适合外派人员的子女，在这种情况下，他们需要进入私立学校就读。安家津贴主要是用来弥补外派人员因到海外工作重新布置家庭的费用。

3. 奖金

国外服务奖金是外派人员由于其在本国以外工作而得到的额外报酬，是激励员工接受国外任命的手段。外派人员必须生活在远离家庭和朋友的异国他乡，必须应付新的文化和语言，必须适应新的工作习惯和做法，这些不适可以通过国外服务奖金得到一定的补偿。多数公司的国外服务奖金是税后基本工资的 10%～30%，通常为 15%，与每月工资同时发放。有些公司确定一个奖金总额，称为工作变动奖金，于外派工作开始和结束时分两次发放。

4. 福利

许多公司还要保证其外派人员在国外的医疗、养老金等福利与母国一致。通常，大部分美国企业的外派人员均享受母国的福利。对公司来说，这项费用成本较大，因为许多福利在公司母

小案例 8-2　TCL 对外派员工的弹性薪酬管理

国属于纳税可抵扣项目（如医疗和养老金福利），而在国外却不可以抵减。欧洲的母国人员和第三国人员在欧盟内享受可转移的社会保险福利。

第五节　国际劳资关系管理

一、劳资关系的概念及内容

（一）劳资关系的概念

劳资关系是指劳动者与雇主在实现劳动过程中所建立的社会经济关系。所谓劳资关系管理，是指为了促进企业经营活动的正常展开，缓解和调整企业劳动关系的冲突，以实现企业劳动关系的合作，提高企业劳动效率为目标的各种措施和手段。劳资关系管理是人力资源管理的一个方面，它强调的是劳资集体谈判及与之相关的调解架构。

国际企业用以处理劳资关系的方法在不同国家是非常不同的。在许多国家中，劳资关系不仅受传统与法律规定的影响，而且也受文化及社会政策环境的影响。一个具体国家的劳资关系体制对国际企业选择进入这个国家的战略，是一个重要的限定因素。例如，由于东道国在一个具体产业领域中规定了工资水平，就会限制一个公司的投资欲望，较高的工资水平或许会降低企业在那个国家中的竞争能力。这对那些想到工资水平较高的发达国家进行投资的企业来说，更是一个需要考虑的因素。当一个企业在全球从事经营活动时，管理者必须清楚地认识到，不同的国家处理劳资关系的方法及态度是不同的，法律与法规及环境压力也是不同的。

（二）影响国际劳资关系的主要因素

国际企业管理者必须注意考虑不同国家劳资关系有不同的特征。影响国际企业处理劳资关系的主要因素有参与管理工会、工资差异和劳动待遇。

1. 参与管理

参与管理是指工会和员工代表参与企业的决策。在许多国家，工人要求有参与重要决策的权利，这些决策内容包括利润分享、工厂扩建和关闭、解雇、工资、红利分配、休假等。工人要求参与管理，要求在工作和企业决策过程中扮演重要的角色，这是现代工业文化的重要组成部分，国际企业应予以充分重视。工人参与管理可以有许多方式，如工人管理、共同决策、少数参与权、工作审议会、丰富工作等。劳工参与管理制度在欧洲国家是一种较为普遍的现象。英国、法国、德国、意大利、奥地利、瑞典、丹麦、挪威、荷兰等国家的劳工法都规定了工人参与企业管理的权利。而在英国，工会主要是通过集体谈判的形式参与企业的经营管理。

2. 工会

工会在不同国家的发展情况和作用有所不同。国际企业必须处理好与工会的关系。工会原本是劳动者的联合组织，是劳动者为维护并实现自身的利益而与资方抗衡的代表。在各国的宪法和法律中，对工人组织工会的权利以及工会的地位和职权一般都有所规定。不同国家的工会的作用及工会化程度不同，各国工会所扮演的角色有很大的差异。例如，在美国，工会是以行业为范围组织的，目的在于限制雇主对职工滥用权力的行为。一个工厂内，由大多数工人所选定的工会参与谈判时，具有法律上的独占力。集体谈判在美国通常只限于单个企业或限于当地，所达成的协议也能对参与谈判的工会和公司具有约束力。雇主与工会所达成的集体协议高于任何个人的雇佣合同。欧洲的集体谈判是由雇主协会的代表和工会的代表在全国性（但通常是在地区性）的基础上共同议定的。这种协议往往确定了整个工业的最低条件，但不一定能优先于个人雇佣合同。日本工会大部分是由企业组织的，往往充当劳资双方的调解人，有的甚至成为资方的附庸。

在法律和习俗的允许范围内，企业与工会集体自由谈判，这是在某些国家建立工作条件的最重要的方式。集体谈判是在全国层次、地区性层次，还是企业层次，这与东道国工会中央集权程度、政府干预程度、工会化程度、谈判范围等有关。国际企业应谨慎处理好与东道国工会的关系。总的原则是，应关心和改善工人的生活和工作条件，注意与工会组织的关系。

3. 工资差异和劳动待遇

国际企业具体的人力资源政策与规定包括劳动力的选择和晋升、训练和发展、工资和福利等。人力资源是一个组织的重要投入，选择和晋升员工具有重要的意义。国际企业在选择和晋升员工时应注意：第一，选择和晋升员工的过程应尽可能系统化和正式化。所谓系统化和正式化是指整个过程有规定的程序和客观明确的标准。第二，应该注意适应当地劳动法律以及社会环境。第三，雇用和提升当地人。有些国家的法律要求企业雇用和提拔当地人。由于东道国社会经济发展的限制以及必须雇用当地人的政策，因此，通过内部训练，提高工人的技术素质，使之符合企业发展的需要，就显得十分重要。国际企业内部训练的方式可以是在职训练，也可以是与学校合作进行训练。

工资差异和劳动待遇是能够影响国际企业制定劳工政策和处理劳资关系的重要因素之一。各国对最低工资标准、年平均工作日和年节假日天数的规定不同。例如，欧洲发达工业国的最低工资标准高、节假日多、年平均工作日大大低于其他国家。国际企业有关工资和福利策略的选择是多种因素的结果。这些因素包括东道国的法律和政策、提供能招收和留住素质较高的工人所需的工资、工会的压力、公众的压力等。

二、劳资关系中的冲突与解决方法

（一）劳资关系中的冲突

劳资关系中形成的冲突是影响公司中人们行为与绩效的重要因素之一，它同时也会影响人力资源管理。在企业经营过程中冲突主要由以下五个方面的原因造成。

1. 价值观的差异性

导致冲突的最常见的原因是价值观的差异性，这种差异性通常存在于工会与管理层之间。价值观差异性的程度将会对冲突强度产生重要的影响。

2. 资源分配

许多企业由于资源的有限性和节约成本的考虑，要求员工或部门共享企业资源。这通常是造成冲突的潜在因素。例如，在股东、管理层及雇员之间的财富分配方式，是最典型的一种产生冲突的因素。

3. 竞争性目标

企业各部门的目标是互不相同的。财务部门的目标与人力资源部门的目标是不同的，与市场营销部门的目标也是不同的。工会与管理层的目标更是不同的。这些不同点常常会导致冲突。

4. 责任和义务的模糊

当对工作的职责模糊时，也会产生冲突，由于这个原因，运作不佳的绩效管理系统就可能导致大量的冲突。同样，纪律程序及由于不良行为和能力不足而解雇雇员，也是导致冲突的重要原因。

5. 缺乏沟通

误解与困惑常常是由于缺乏或无效沟通造成的。在劳工关系方面，各方在沟通过程中形成误解与困惑是屡见不鲜的，因此冲突在所难免。尤其是在跨文化环境中，无效沟通会扩大冲突的范围。

（二）解决劳资关系冲突的方法

在选择解决劳资关系发生冲突时，有很多可使用的方法和技术，现介绍其中较为基本的五种方法。

1. 竞争

竞争是指冲突中的一方试图采取强制性手段以在争议中获胜，显然，这是一种"输或赢"的冲突解决方式。在这种方式中，一方要求的满足是以另一方的要求被忽略为条件的。这种方法具有明显的劣势，这种方式常常出现在澳大利亚和英国的劳工关系中。

2. 和解

在使用和解战略时，一方投降，另一方获胜，故这种方法也是解决冲突的"输或赢"方法。在工会非常激进的环境中，管理层通常希望采取这种方法以获得有利的地位，降低工会在未来处理问题的激进程度。

3. 妥协

妥协是介于竞争与和解之间的一种战略。争议双方可以达成一种具有可行性的协议。在这种协议中，争议双方对他们可接受的结果获得了有限的满足，它导致一种"半输半赢"的局面。

4. 回避

回避是指一方回避或延迟冲突的爆发。在有些情况下，采取这种战略是合理的，但在很多情况下，回避战略表现的是一种双输情景，即冲突的核心问题并没有获得解决，而是仍然保留下来或得到了压制。当一种诱发因素打乱了工作关系时，那些没被解决的问题或许会导致集中爆发。

5. 合作

合作是指冲突各方建立一个满足各方要求的创造性解决方案，这是一种双赢结果。但合作性解决方案常常需要时间，且达成这种方案相对来说是困难的。德国的工业关系体制的典型特征就是它更多地使用合作解决工业争议的方法。

在不同的国家中，文化差异使企业对待冲突的态度、对冲突情景的反映和采取的解决冲突的方式具有重要区别。一般来说，与信奉集体主义文化的中国和日本相比，个人主义文化的国家如澳大利亚和美国具有接受公开冲突的倾向。此外，个人主义文化也具有采取竞争性方法解决冲突的倾向，而集体主义文化则倾向于采取妥协与合作的方法解决冲突。权力距离也会影响冲突的解决方式。在低权力距离的社会中，人们不愿意接受权威式的命令，因此在低权力距离的澳大利亚等国家，工会较为激进，冲突频繁发生。

本 章 小 结

1. 国际人力资源管理（IHRM）与国内企业人力资源管理相比，其职能都包括招聘与甄选、培训与开发、绩效管理、薪酬管理及劳资关系，而国际人力资源管理职能多了一项外派管理，即对派往海外工作人员的管理。

2. 国际企业人力资源的员工来自不同的国家或地区，这也是国际企业全球竞争力的一个重要基础。从国际企业角度来划分，通常将国际企业员工分为三类，即母国人员、东道国人员与第三国人员。

3. 国际人力资源管理研究者根据不同的人力资源配备的价值取向，将国际人力资源的配备划分为母国中心主义配备方式、多中心主义配备方式、地区中心主义配备方式和全球中心主义配备方式。

4. 母国外派人员在国际企业全球经营中具有重要的战略地位。他们实际上执行的是一种平衡与控制职能，国际企业通过向海外公司派遣母国人员来确保下属公司经营平衡并符合母公司高层的战略意图。

5. 国际企业外派人员选拔从需要考虑文化敏感性与适应性，独立性与稳定性，年龄、经历与教育，语言能力，家庭因素，技术、管理与领导能力六个方面考虑。国际企业外派动机包括填补国外空缺岗位、管理开发、组织开发三个方面。

6. 国际企业人力资源培训与开发的特殊之处在于重视跨文化培训，跨文化培训的主要内容包括语言的培训、文化的敏感性培训、文化的适应性训练、沟通及冲突处理能力的培训和对民族文化及原公司文化的培训。

7. 国际人力资源绩效考核的操作包括多人比较法、书面描述法、关键事件法、评分表法、行为定位评分法、目标管理法和关键业绩指标法等。

8. 典型的外派人员的薪酬包括基本工资、资金、津贴、福利等。

9. 国际企业用以处理劳工关系的方法在不同国家是非常不同的。在许多国家中，劳工关系不仅受传统与法律规定的影响，而且受文化及社会政策环境的影响。国际企业管理者必须注意考虑不同国家的员工参与公司经营过程的程度、工会在员工与管理层关系中的角色和重要性、具体的人力资源政策与规定等内容。

10. 在解决与管理国际劳工关系的过程中，存在着大量可使用的方法和技术，如竞争、和解、妥协、回避和合作等。

复习思考题

1. 什么是国际人力资源管理？国际人力资源与国内人力资源管理相比有什么相同点和不同点？
2. 国际企业人力资源管理的特点有哪些？
3. 国际企业人员配备方式有哪些？各自的含义是什么？
4. 一般而言，国际企业在为其海外业务选择管理人员时，其标准和必须具备的素质是什么？
5. 国际企业为什么要进行跨文化培训？跨文化培训包括哪些内容？
6. 国际企业在涉及不同国家劳资关系管理时必须注意的影响因素有哪些？简要说明。

第八章 国际企业人力资源管理

第九章

国际企业组织管理

【学习目标】

- 掌握国际企业组织的法律形式
- 掌握国际企业组织结构的基本特征和适用范围
- 理解国际企业组织结构设计的原则及影响因素
- 了解国际企业控制和协调方式及模式

华为的组织结构重组与国际扩张

2009年,在国际金融危机的大背景下,对中国许多企业来说都是备受考验的一年。然而华为公司(下称华为)却在这一年中逆势增长,美国业务增长60%,全年营业额超300亿美元。作为中国最成功的民营企业,华为的营业额已经步入世界500强的门槛,成为真正意义上的世界级企业。长江商学院院长项兵认为:"华为模式不仅成为中国企业学习的样板,也是许多华为全球竞争对手重点研究的内容。"

任正非判断国际化是华为度过"冬天"的唯一出路。20世纪90年代中期,在与中国人民大学的教授一起规划《华为基本法》时,任正非就明确提出,要把华为做成一个国际化的公司。与此同时,华为的国际化行动就跌跌撞撞地开始了。1998年,英国《经济学家》杂志说过:"华为这样的中国公司的崛起将是外国国际企业的灾难。"在思科与华为的知识产权纠纷案之后,思科总裁钱伯斯表示:"华为是一家值得尊重的企业。"美国花旗集团公司执行董事罗伯特·劳伦斯·库恩博士曾称,华为已经具备"世界级企业"的资质,它的崛起"震惊了原来的大佬们——如诺基亚、阿尔卡特、朗讯"。在任正非的领导下,华为成功地迈出了由"活下来"到"走出去",再到"走上去"的惊险一跳,依靠独特的国际化战略,改变行业竞争格局,让竞争对手由"忽视"华为到"平视"华为,到"重视"华为。在和国际企业产生不可避免的对抗性竞争的时候,华为屡屡获胜,为中国赢得骄傲。然而,这份骄傲来得并不那么容易。

在最初的国际化过程中,华为是屡战屡败,屡败屡战。最终华为是采取了巧妙的

"农村包围城市"的办法取得了国际化的初步胜利，华为凭借低价优势进入大的发展中国家，避开了发达国家准入门槛的种种限制，而且海外大的电信公司难以在发展中国家与华为"血拼"价格。即使今天，亚非拉不发达的国家和地区，依然为华为创造着很大的利润。但在华为总裁任正非看来，北美才是他认定的真正意义上的全球主流市场，因为全球电信设备的最大买主大部分集中在北美，这个市场每年的电信设备采购量是全球电信开支的一半。以华为为首的中国制造业典范，正是用自主创新的技术，引领着中国制造业复苏。

中国电信业咨询公司 BDA China 的分析师张冬明认为，华为公司的国际化过程伴随着自身的组织结构的重组："华为的组织结构重组是将原来按照职能为主的结构模式转换成为以产品线为主的结构模式，以前该公司以研发、销售、生产等来划分各个职能部门，调整后主要以产品线为主导划分部门。在组织结构重组过程中，华为会对不同的产品线进行评估。"华为新闻发言人傅军也确认，华为公司已经自 2004 年下半年开始完成了此次组织结构调整，之后公司部门基本上按照产品线来划分，现有部门包括移动通讯、下一代网络、接入网络、程控交换、光传送网、数据通信、智能网络、增值业务、运营支撑、支撑网络、多媒体通信和配线设备 12 大部门。张冬明认为，华为的组织结构重组是为了巩固现有的产品线，从而更好地进行海外扩张。华为在强化各产品线之后，在不同的海外市场可以重点推广不同的产品，以获得更多收益。

资料来源：刘文栋. 华为的国际化[M]. 深圳：深圳发行集团，海天出版社，2010。

从引导案例可以看出，国际企业的组织结构合理与否，是决定企业经营战略能否顺利实施的重要因素。一个成功的组织结构，能使企业具有高效率的决策机能和通畅的信息交流渠道，能使企业的经营机制有效运行。当一家企业由国内经营扩展为国际经营时，其组织结构必然发生变动。同时在国际企业持续发展的各个阶段，组织结构也需要经常做出调整。国际企业的组织形式多种多样，并没有一个完全适用于所有国际企业的最佳组织模式。因此，每个国际企业应围绕自身的经营战略，根据企业内在特质、国际化经营水平和外部环境因素来选择在特定环境、特定时间内有效的组织结构。

第一节 国际企业组织管理概述

一、国际组织结构的含义

组织结构是依据既定的目标，经由分工合作及不同层次的权力和责任制度而构成的一种权责结构。组织管理职能（包括组织结构设计）的作用在于为企业的有效运作建立框架与结构，企业为了有效实现组织目标，既要根据分工的原则，建立横向结构，对企业的各项活动划分为多项业务,将这些业务分配给适当的部门,有利于充分发挥各部门和组织成员专业化能力又要按照统一指挥、统一领导和提高效率的原则,建立纵向的层次结构,通过管理层次的划分和合理授权,确定分支机构、组织各部门和岗位的职权职责及相互关系,以利于有效的沟通和控制,为实现企业目标服务。由上述两方面建立组织的横向和纵向结构,企业在组织管理方面的这种工作也就是组织结构的设计。

国际企业的组织结构总体上可以分为两类:组织的法律结构与组织的管理结构。组织的法律结构涉及组织的法律形式,它规定了国际企业母公司与国外各子公司及分公司之间的法律关系和产权关系。组织的管理结构又称为组织的实际结构,它是国际企业在经营活动中各分支机构、各部门任务和职权的分工,是企业的指挥和控制系统。组织法律形式的选择与确定属于管理计划职能研究的领域,国际企业管理则以组织的管理结构为主要研究对象。

国际企业组织管理的实质是使企业的组织结构设置有利于提高企业的国际竞争力。国际企业的各分支机构所在国的政治、法律、经济、技术和文化各不相同,因此其组织管理比国内企业更为复杂。国际经营环境的复杂性、差异性和多变性,要求国际企业组织具备更好的灵活性、学习能力和自我调控能力,能够有效激励并有利于资源的共享和协调。

二、国际企业的法律组织形式

企业在国际化经营过程中,经过对外直接投资,到海外设立分支机构,从法律形式上看,形成了母公司、分公司、子公司等结构。

(一)母公司

一家公司如果拥有另一家或几家公司的股权,并足以控制后者的业务活动,则该公司就是母公司(parent company),而另一家或几家公司就称为子公司。母公司的形成与控股公司的发展有关。一般来说,各国法律都规定,控股公司必须掌握其他公司的控制权。控股公司通过掌握其他公司的股权,能以较少的资本控制许多公司的生产经营活动,从而维持其垄断地位。

控股公司按是否从事工商企业经营活动可以分为纯控股公司和混合控股公司两种。纯控股公司只掌握其他公司的股权或有价证券,不再从事其他的业务活动,也不参与被控制企业的经营管理活动。混合控股公司既进行控股参股活动,又从事其他的工商企业经营管理活动。混合控股不仅盛行于制造业,在金融业也十分流行。

一般来说,国际企业的母公司是一种混合控股公司,母公司掌握和控制子公司的股份,通过人事参与、战略管理和大政方针的决策,将子公司的生产经营活动纳入母公司经营战略轨道。为了有效、全面控制海外子公司、分公司的运作，母公司必须做到：①制定整个公司的总体经营战略；②组织公司的生产、销售活动，开发公司所需的技术；③收集、处理、分析和提供各种信息；④确定母公司、分公司、子公司之间的转移价格；⑤负责海外机构的重大人事安排、培训等；⑥制定各种惯例标准、行动守则，包括公司惯例程序、仲裁标准、管理准则、评价指标体系、晋升奖励制度等；⑦处理与子公司、分公司之间的各种冲突、纠纷，以保证海外机构工作的自主性、积极性与创造性；⑧向海外机构推广新的管理技术与管理方法。

（二）分公司

分公司（branch）是指母公司的直属分支机构，无独立法人地位，必须正式授权东道国的某一公民或公司担任母公司在法律上的代理人，由母公司直接领导并对其控制。

分公司的基本特征是：①使用总公司名称，没有自己独立的名称；②股份资本完全属于母公司；③没有独立的资产负债表；④以总公司名义，受其委托进行业务活动；⑤其清偿责任不限于分公司的资产，而是整个母公司的资产。

企业在国外设置分公司的有利方面，主要体现在以下三点：①设置程序简单。分公司不是独立的法人，在设置上只需要以母公司的名义向所在国的有关管理部门申办即可。②管理机构精简。分公司在所有的经营决策上均服从于母公司，不需要过多的管理部门与层次，只需保证顺利地执行母公司的决策即可。③直接参与母公司的资产负债。分公司自己不具有资产负债表，其收益与亏损都反映在母公司的资产负债表上，而且直接分摊母公司的管理费用。

企业在海外设立分公司也有不利的方面，主要体现在以下三点：①母公司要为分公司清偿全部债务。在特殊情况下，所在国的法院还可以通过诉讼代理人对母公司实行审判权。②母公司在设置分公司时，所在国的有关部门往往会要求其公开全部的经营状况，这不利于母公司保守其财务秘密。③所在国往往关心自己本国的企业，一般很少关心国外分公司的经营状况。

（三）子公司

子公司（subsidiary）是指那些资产全部或部分为母公司所拥有，但根据所在国的法律在当地登记注册的独立的法人组织。子公司在法律上的独立性主要表现在：①它有自己的公司名称、公司章程和资产负债表；②可以独立地召开股东大会和董事会；③以自己的名义开展各种经营活动，有诉讼的权利。从经营形式上看，子公司可以是母公司的独立企业，也可以是合资企业。

企业在海外设置子公司有利的方面：①子公司可以使母公司以相同的资本额控制更多的企业，即母公司原用于控制分公司的百分之百的股份，可以分成若干部分分别控制不同的子公司；②子公司独立承担债务责任，减少母公司的资本风险；③子公司可以有较多的资金来源渠道，充分利用所在国的资金市场；④子公司可以享受所在国的税收优惠政策，同时，子公司之间、子公司与母公司之间可以充分利用转移价格、转移利润达到少纳税或不纳税的目的；⑤子公司具有所在国企业的形象，可以被当地接受，在经营业务上也很少受到限制。

企业在海外设置子公司不利的方面：子公司在国外注册登记的手续比较复杂，需要经过严格的审查程序；②子公司在所在国除了缴纳所得税以外，还必须缴纳汇出利润所得税和预提所得税；③子公司不能直接分摊母公司的管理费用。

分公司与子公司的特征及区别可用表 9-1 说明。

表 9-1　分公司与子公司的比较

分　公　司	子　公　司
设立并不复杂，只需得到当地政府批准，但批准可能随时会被取消	须依当地法律设立，注册费用较低，成立之后不易被取消
母公司对之有完全控制权，不利于公司形象的建立	控制权在子公司管理层，有较佳的公司形象，但母公司难以控制
资本全部来自母公司，母公司承担分公司全部债务	能适应本地资产参股，偿还责任限于子公司资产
分公司亏损可以从母公司赢利中扣除。若赢利，汇回母公司时母公司必须缴纳预扣税。在当地，所得税享有租税抵扣待遇	亏损不得自母公司赢利中扣除，股息汇回母公司时，母公司必须缴纳预扣税，享有租税抵扣待遇
在天然资源开发上享有租税方面的减免待遇	无租税上的减免待遇

国际企业在设置国外组织机构时，需要从企业实力、社会形象、预期经营状况以及所在国的法律等方面综合加以考虑，采取更为合适的法律组织形式。

一般来讲，企业实力雄厚，国际知名度高，可选择分公司的形式，以利于借助母公司的名誉，打入国外新的市场；同时，如果预期企业在国外的机构在初期时会有亏损，则需要选择分公司，以减少总体的亏损。但是，如果所在国的法律对分公司的形式有较严格的限制，则需要考虑采用子公司的形式。

总之，国际企业需要从上述因素出发，综合分公司与子公司各自的利弊，以实现企业总体目标为目的，选择最适合企业利益的国外组织机构形式。

第二节　国际企业组织结构的类型

国际企业组织结构的类型是在国内企业组织结构的基础上发展起来的，它们与国内企业的组织结构有着许多相似之处，但国际企业组织结构随着国际企业经营环境的不断变化和公司战略的调整而发生变化，具体来说，国际企业组织结构的演变是伴随着国际企业国际化程度不断提高、国际业务活动范围的扩大和国际业务种类的变化而发生变化。

一、出口部结构

在国际化的初期阶段，企业开始以出口方式向海外销售产品。国际企业的出口部通常是在企业现有的国内组织结构的基础上，在销售部下增设的，或在总经理下增设与国内销售部和其他部门并行的出口部。当出口产品的比重不大，企业可仅利用与国内销售相同的结构、程序和人员完成产品的出口业务。当出口占企业销售的比重很大，而且需要对出口经营实施更大的控制时，企业往往会考虑建立独立的出口部，由其负责所有海外销售业务，如对国际市场产品的定价与促销，负责选择和处理与外贸企业（出口中介）、国外分销商以及国外客户之间的关系，或建立国外销售和服务机构、仓储设施等。

出口部结构的优点是结构简单，便于管理，它能够适应企业国际化起步的需要。出口部结构的局限性在于这种结构只适用于具有简单出口业务的企业，难以适应国际化发展程度高、国际业务规模大和从事多种经营活动的国际企业。出口部结构如图 9-1 所示。

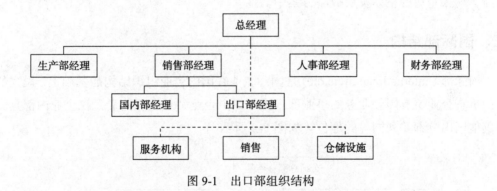

图 9-1 出口部组织结构

二、自治子公司结构

自治子公司组织结构与出口部组织形式相同，它们都是对企业国内组织结构的一种补充。但它们在内容上也有很大不同，出口部只负责企业的出口业务，企业在国外没有设立独立的子公司，而自治子公司结构是指母公司以直接投资方式设立海外子公司，子公司在国外进行生产和销售等活动。其结构如图 9-2 所示。自治子公司结构最重要的特点是国外子公司拥有很大的决策权和经营权，基本上实行自治管理、自主经营。一些母公司由于缺少管理海外子公司的经验和对海外市场缺乏了解，对子公司的干预和控制较少，控制的重点是子公司的营业额和利润，控制的手段主要是子公司经理向总经理汇报和对子公司定期或不定期的访问。子公司在经营上拥有很大的自主权，只要子公司能完成公司的利润目标，母公司将不会干预子公司的经营活动。

图 9-2　自治子公司组织结构

自治子公司结构的主要优点：一是子公司具有相当大的经营自主权，对东道国社会、政治、经济情况了如指掌，能够根据东道国的市场需求和变化及时调整公司战略和经营策略，有利于开拓国外市场，使子公司的管理具有较高的工作效率；二是有利于子公司实施本地化经营战略，生产和销售适合于国外市场需要的产品，并可以吸收当地的资金和人力资源，参与社会公益活动等，搞好与当地政府的关系。

自治子公司结构的主要局限性：（1）母公司与子公司缺乏密切联系，这会造成母公司缺乏对子公司经营状况的了解，从而对子公司缺乏有效控制和支持；（2）自治子公司只关心自身利益的发展，而很少会考虑企业的整体利益，企业很难将自治子公司的经营纳入企业的整体发展战略方案中。

三、国际部结构

国际部（international division）是国际企业在国内企业组织结构的基础上，设立的专门负责企业所有国外业务的事业部。国际部由企业副总经理负责，在企业内部具有与其他国内分部并列同等的地位（如图 9-3 所示）。

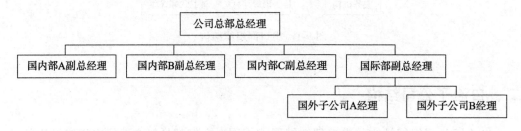

图 9-3　国际部结构

国际部通常把国外业务的绝大部分经营管理权集中起来，统一指挥，但是给予作为独立法人的国外控股公司较大的独立自主权。此外，许多规模大的国际企业实行国际部区域化方案，设立地区国际部。

国际部结构的主要优点有：第一，有利于企业对国外业务进行集中管理和协调，使企业能够加强对国外子公司的支持和控制，有效协调国外各子公司之间的关系，实施企业总的发展战略；第二，有利于企业利用专业化分工原则，开拓国际市场；第三，有利于培养国际型管理人才；第四，有利于满足国外市场对标准化产品和服务的需求。

国际部结构的主要缺点有：一是不利于企业国际部与国内部的沟通与交流，甚至会导致二者的冲突；二是由于国外子公司的决策权受到限制，其灵活性较差，对国外市场变化的反应速度受到较大影响。如果一个企业的国外业务活动对国内生产的依赖性很大，没有与国内部有效地沟通和协调，企业就无法充分利用国外市场的发展潜力，原因是国内部对国际市场需求调整生产的兴趣不大。国内部与国际部在目标、利益、市场、经营管理等方面的差异有时会引发冲突，从而不利于企业总战略的实现和资源的优化配置。

国际部结构是国际企业采用最多的一种组织结构。当国际企业的国外业务规模不是很大、多样化程度较低，且还不具备足够的掌握国际管理知识和技能的管理人员时，较适合采用这种组织结构。

四、全球组织结构

随着国际企业规模的迅速扩大和国际业务量的猛增，企业的国际化程度不断提高，国际业务以及国际管理的复杂程度也在不断提高。传统的组织结构已经无法适应这种发展的需要，于是形成了全球性的组织结构。

全球组织结构又称一体化组织结构，总体特征是企业把国内业务和国际业务视为一个整体，企业设立部门不再把国内业务和国际业务割裂开来，使企业的每个部门都既管理国内业务又管理国际业务，按照层级制原则设立组织机构。根据一体化程度的不同，国际企业的组织结构又有区域一体化组织结构和全球一体化组织结构之分。前者是局部性的全球组织结构，后者是完全的全球组织结构。全球组织结构可以大体分为五种类型：全球职能结构、全球产品结构、全球地区结构、全球矩阵结构和全球混合结构。

（一）全球职能结构

全球职能结构（global functional structure）是国际企业按照生产、销售、财务、采购和研究与开发等职能设立分部，每个分部统管相应职能领域的国内业务和国际业务（如图9-4所示）。该结构是最简单的企业组织结构，绝大多数小公司都采用职能结构。

全球职能结构的主要优点：第一，有利于充分发挥专业化分工的优势，对国际企业的复杂业务活动实行统一、有效的专业化管理。第二，易于实施全球战略。由于企业按职能把其国内外经营决策权加以集中,就使其能够根据全球战略的需要对企业的业务活动进行集中控制和协调。第三,能够减少对管理人员数量的需求。全球职能结构可以避免机构、人员的重复设置和多头领导,使企业用较少的管理人员实施对庞大、复杂组织的控制。第四,有利于减少国外子公司之间的矛盾与冲突。因为成本核算和利润考核工作主要集中在企业总部,子公司不存在利润核算问题,这就减少了各子公司之间可能出现的利益冲突。

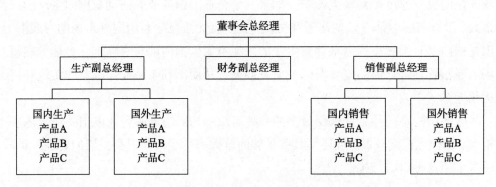

图 9-4　全球职能结构

全球职能结构的局限性主要表现在:第一,企业总部的协调工作量大。因为企业的各职能部门缺乏横向联系,企业总部需要协调各职能部门,特别是有密切联系的研究与开发、生产和销售部门。第二,不适合企业开展多种经营活动。按职能设计组织结构通常只适用于无差异或少差异化的产品生产和销售企业,多种经营活动会影响企业的决策速度,加大企业的协调工作量。第三,不利于企业经营活动的地域扩张。因为不同国家的市场条件不同,企业总部很难要求在不同国家的子公司都按与总部相一致的职能要求设立部门。

(二)全球产品结构

全球产品结构(global product structure)是一种把产品或产品线作为设立事业部门标准的组织结构类型,每个产品分部都对国际和国内范围的研究与开发、原材料的采购、产品的生产和销售负责(如图 9-5 所示)。

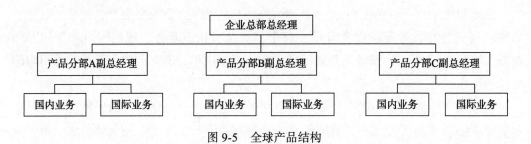

图 9-5　全球产品结构

据统计,20 世纪 70 年代初,《财富》杂志排名前 500 家公司中的大约 90%采用的是产品部门结构。之所以有如此众多的国际企业采用全球产品结构,主要是因为这种组织结构具有以下几点突出的优点:第一,它有利于协调全球范围内的产品生产和销售,发挥规模经济效应,提高企业全球生产和经营效率;第二,它有利于国际企业进行多元化经营,扩大国际化经营和减少风险;第三,它有利于企业分权管理,让各产品分部独立核算,自主经营,促进其内部竞争,最大限度调动各产品分部的积极性和工作效能。

产品种类多、数量大,且产品的全球标准化程度高的国际企业,特别适合采用全球产品结构。当然,全球产品结构并不意味着企业提供给国内市场、国际市场的产品和服务必须是统一的、标准化的。国际企业可以在产品分部下再设立国内业务和国际业务分支机构。对于一体化程度较高的区域,如欧盟的成员国间的国际商务活动被看作是"国内业务",与非成员国的商务活动才是国际业务。

全球产品结构的主要缺点有:第一,导致各分部人员和设备的重复设置,造成组织资源的浪费。第二,不利于不同产品分部之间的沟通、协调和合作,不利于产品分部之间的资源共享和利用。产品分部之间缺少沟通和协调,会使本可以共同委托第三方完成的项目不得不由各个产品分部独立进行。此外,同一地区的不同产品也难以实现协调,一个产品分部很难满足其经营地区对其他产品的需要。第三,容易过度强调产品特征,从而容易忽视企业的全局利益。

以多元化经营为主,在全球范围内使用不同的技术,以及进入结构不同的国外市场的国际企业适合采用全球产品结构类型。

日本松下电器公司 1993 年引入产品分部结构。其成功之外是通过把每个产品部门看作独立的小企业,促进内部竞争,实现最大限度的国际发展,这使得公司的销售额和利润剧增;其失败之处是由于实施产品结构,把研发工作集中在日本,从而错过了一系列发明革新。

(三)全球地区结构

全球区域结构(global area structure)是按国际企业业务活动的空间区域不同(如亚洲、欧洲、北美洲等)设立分部门的一种国际组织结构类型。在全球区域结构中,区域分部的管理人员只对特定地区的产品和经营活动负责,每个区域分部主管一个或若干个国家或地区的业务,下设国家或地区的子公司。根据需要,区域分部的下属机构可以按区域,也可以按产品或职能设立(如图 9-6 所示)。

全球区域结构给予地区和下属国家子公司高度的决策权和经营权,它们有权根据所在区域和国家的特殊环境确定及调整经营战略。例如,美国的 IBM、通用汽车公司,欧洲的飞利浦、西门子公司等在全球许多区域都设有影响很大的区域总部。

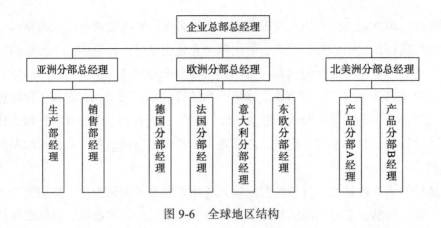

图 9-6　全球地区结构

采用全球区域结构的国际企业，一方面能够提供适合于一个区域的标准化、同质性的产品和服务，另一方面又积极推动本土化战略，企业的区域分部致力于生产和销售适合于特定国家和地区的产品。例如，企业生产与销售针对不同国家和地区环境特点的化妆品及饮料等。

在国际化经营实践中，很多强调销售和营销对企业发展具有作用的企业采用全球区域结构。美国的企业在采用全球区域结构方面已取得了很大成功，欧洲的企业也逐渐接受了这种组织结构类型。此外，也有些国际企业采用全球区域结构是为了利用或消除国家贸易壁垒、获取利润。例如，母公司为子公司提供生产技术和管理支持，子公司在所在国生产和销售与母公司同质的产品。这使企业易于进入所在国市场，又可以靠所在国的贸易壁垒防止其他新竞争者进入，从而保证企业能够获利。

全球区域结构的主要优点有：第一，易于适应区域环境。一方面，企业容易适应所在地的政治及法律环境；另一方面，企业也容易更快、更好地适应区域市场和经营环境的变化。第二，有利于企业各子公司之间业务的协调。区域分部可以在区域范围内对市场所需的各种产品进行协调，以更好地满足市场需求，克服全球产品结构只能协调本产品分部生产和经营的产品缺陷。第三，有利于对区域分部内各国资源的统一调配和充分利用，提高资源的使用效率。第四，有利于培养国际管理人员。企业总部的管理人员可以通过区域分部收集和利用不同地区、不同国家的市场信息和经营经验，提高企业战略的质量，提高协调区域业务的能力。与全球职能结构和全球产品结构相比，全球区域结构的分部管理人员需要协调、处理有关管理各个职能和不同产品生产的多种复杂关系，从而有利于培养具有整体协调能力的国际性管理人员。

全球区域结构的主要局限性：一是不利于区域分部之间的交流与协调；二是容易使区域分部过度强调区域特点和区域利益，影响企业全球竞争优势的发挥；三是不利于区域分部之间相互学习，因为环境不同，在一个区域成功的管理经验不一定可以运用到另一个区域；四是对含有较多异质性产品生产的区域分部，进行协调的工作量和难度都很大。生产标准化和同质性产品的国际企业更适合于采用全球区域结构。

（四）全球矩阵结构

全球矩阵结构（global matrix structure）是全球地区结构、全球职能结构和全球产品结构的组合型组织结构，它通常是二维矩阵结构（如图 9-7 所示）或三维矩阵结构（如图 9-8 所示）。全球职能结构和全球区域结构的组合是国际企业采用较多的矩阵结构类型。但是有的国际企业也采用三维甚至四维矩阵结构。例如，美国道化学公司（Dow Chemical Company）就是采用全球三维矩阵结构的国际企业，其组织结构由 5 个地区、3 种职能（营销、生产和研究）和 70 多种产品组成。四维矩阵结构则是在职能、产品和区域基础上，再加上时间或项目等因素作为第四维度构成的组织结构。例如，当一个国际企业进入的多个国外市场处于不同的发展阶段时，就有必要采用考虑时间因素的四维矩阵结构。

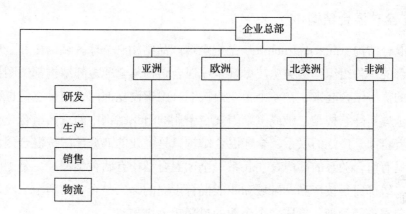

图 9-7　二维全球矩阵结构

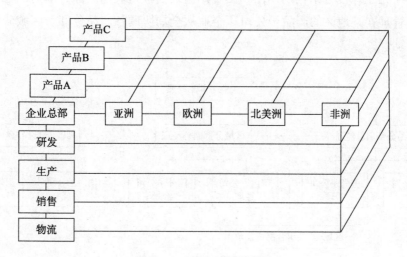

图 9-8　三维全球矩阵结构

全球矩阵结构的优点是：第一，有利于应付日趋复杂的国际经营活动，兼顾产品结构、区域结构和职能结构的优势。一维组织结构的弱点是强调一种组织结构的优势量，一般无法兼顾利用另一种组织结构的优势。例如，采用全球产品结构无法兼顾对不同国家的不同产品进行集中协调。全球矩阵结构能够较好地解决这一问题。第二，有利于企业内部区域、产品和职能部门之间的合作与协调以及企业全球战略的实现，防范企业经营分散化风险。

全球矩阵结构的主要局限性是：第一，存在的多重指挥系统会导致企业管理效率降低。第二，协调工作量大，管理成本高。企业总部需要协调产品、地区和职能分部之间的关系，而庞大、复杂的组织需要较多的管理层次。第三，企业需要拥有足够的、训练有素的国际管理人员。复杂的全球矩阵结构要求管理人员熟悉多维管理系统，掌握处理企业内部复杂关系的管理技巧。例如，3M 公司要求各部门主管必须向职能、区域和经营主管报告工作。

（五）全球混合结构

全球混合结构（mixed structure）是把全球产品结构、全球区域结构和全球职能结构加以组合的一种组织结构类型。尽管全球混合结构与全球矩阵结构都试图把二维或多维因素的优势结合起来，在一个企业内按混合因素设立部门，但是它们也存在着重要区别。全球矩阵结构是二维或多维因素在企业的组织结构中的全面组合，企业各部门之间有着全面、广泛的联系；全球混合结构只是企业的部分部门按混合因素进行组合，只有具有组合关系的部门存在联系。全球混合结构有两种类型：一是国际企业总部之下的二级部门是按产品、区域和职能混合设立的；二是企业的两个二级部门混合对下属子公司进行管理，形成一个企业的局部矩阵结构。

图 9-9 是全球混合结构的简图，图中用虚线连接是表示产品分部与区域分部负责共同协调管理在某地区的产品子公司。企业从全局协调各产品分部、区域分部和职能分部的活动。

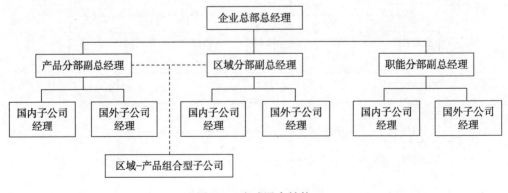

图 9-9　全球混合结构

全球混合结构的优点大体与全球矩阵结构相同。一是有利于吸收产品结构和区域结构的优点，既保证企业全球战略能够得以实施，又使企业能够根据区域和国家市场的特点及时对产品进行调整；二是有利于加强企业各部门之间的横向联系，促进部门间的合作与协调；三是易于进行组织结构的调整，企业可以根据经营环境的变化和国际经营的需要，及时调整现有的混合型部门或设置新的混合型部门。

全球混合结构的局限性主要表现在管理方面的难度和部门协调方面的难度上。由于全球混合结构是一种非常规化的组织结构，因此，各部门之间的差异性很大，不易管理和协调。

小案例 9-1　壳牌的组织变革

第三节　国际企业组织结构的设计

国际企业的组织结构设计与企业的国际化发展阶段有着密切的关系。在激烈竞争的国际环境中，企业不进则退，只有组织结构不断创新发展，形成自己的组织优势，才能在竞争中生存和发展。世界上一些大型和超大型国际企业能够历经百年而长盛不衰，其组织结构不断创新发展是重要原因之一。

一、国际企业组织结构设计的原则

现代企业组织设计一般要遵循以下原则：目标导向原则，分工与协作原则，信息沟通原则，统一指挥、分级管理原则，权责对等原则，精简高效原则，稳定性与适应性原则。对于国际企业而言，还需要重点关注以下原则。

（一）平衡全球化与本地化原则

全球化与本地化是影响国际企业组织设计的两个非常重要的变量。如何平衡全球化与本地化，是国际企业在机构设计中必须考虑的问题，也是国际企业在组织设计中最具有挑战性的任务。为在全球市场上获得竞争优势，更有效地利用全球资源和降低经营成本，这就要求国际企业必须增强其在全球范围内的控制与协调能力，实行集权结构，在全球范围各实体共享管理、技术、知识和信息资源，实现最佳资源配置。此外，企业的国际化经营要求企业能根据各国市场的具体环境进行本地化经营，实行分权，从而能根据市场的变化及时对经营策略和产品进行调整。灵活性的分权组织结构能使企业更加贴近市场，降低部门间的沟通成本，缩短管理决策的时间。因此在组织设计过程中，国际企业必须兼顾全球化与本地化的要求，其结构选择必须既有助于全球资源整合，又能够推进国际企业的本地化经营。

（二）文化适应性原则

在进行组织设计时，国际企业必须考虑文化因素。由于不同国家文化的差异、人们对组织的理解不同，各国的组织权力的分配、组织内部的人际关系、人们在组织中的活动方式等方面都存在差异。例如，在权力距离指数高的国家，窄幅度、多层级的组织结构能被员工接受，而在权力距离指数低的国家，宽幅度、少层级的组织结构更能有效运作。在回避不确定性程度高的国家，决策的高度集中是风险管理的有效形式；而在回避不确定性程度低的国家，决策分散化则会成为鼓励员工冒险精神及创造性的激励因素。因此，对国际企业来说，在进行整体组织方案设计时，必须考虑下属公司所在国家的文化特征，在结构设计中也应体现这种文化的多样性。

二、影响国际企业组织结构设计的因素

国际企业组织结构的设计，与国内企业一样，也要根据影响组织结构的主要因素而设计，如战略、规模等影响因素。因此，国际企业通常必须首先制定出国际经营战略，然后在战略的指导下，确定能有效实施这一战略的组织结构。此外，国际企业组织结构还应根据多个影响因素的作用来设计。

（一）企业国际化发展阶段

如前所述，企业国际化发展是由初级到高级的过程，随着企业涉外业务的增长和国际化程度的加深，国际企业的组织结构也会随之而发生变化。其基本变动的轨迹是：当企业步入国际化初期，企业海外业务量小的情况下，企业的经营重点是国内业务，因而成立出口部或自治子公司就能满足经营上的需要；随着国外子公司规模和业务量的扩大，企业国际化的发展，企业的国外业务在企业整个业务中占有重要地位时，企业就需要采用国际部结构，加强企业各部门的横向联系。随着国外子公司规模和业务范围的进一步扩大，使企业国内业务和国际业务进行分别管理的国际部结构已经不能适应新形势的需要了，这导致国内业务和国际业务一体化组织结构即全球组织结构的出现。总之，企业要根据国内市场、国际市场的相对重要程度和发展战略来进行结构的设计。

（二）国际企业的产品或业务种类

国际企业的产品或业务种类同样是影响国际企业组织结构设计的重要因素。如果一个国际企业只生产几种产品，市场相对集中，产品需求差异性不大，那么全球职能结构较为适宜，是国际企业的首选结构。如果国际企业产品线不多，最终用户在一个地区内，产品的营销与销售渠道具有相似性，那么，全球地区结构比较适合。当国际企业产品线多、最终用户分散、涉及高新技术领域时，全球产品结构具有较大的优势，

它可以使子公司具有最大限度的灵活性和快速反应能力。

（三）国际企业管理人员的能力

企业拥有的管理人员的数量和质量也决定着企业对组织结构的选择。一般来说，企业的组织结构越复杂，要求管理人员的数量越多，质量越高。因此，如果企业拥有一大批高素质的管理人员，就有能力选择全球性结构；反之，企业的管理人员数量少、质量又不高，则只能选择相对简单的母子公司结构，子公司拥有一定的自主经营和决策权限，以发挥子公司的能动性，从而加强公司的整体的竞争优势。若人员少但素质高，则可以采用全球性职能结构。

（四）国际企业经营哲学

有些国际企业成长很快，又愿意冒经营风险，因此不断调整组织结构，而有些企业比较小心谨慎，只有在迫不得已的情况下，才改变其结构。同样，国内总部对海外经营保持严格控制的公司与那些给予地方子公司自主权，鼓励它们自主决策，以保持在当地竞争力的公司相比，会采取不同的组织结构。欧洲一些国际企业的经营哲学使企业更倾向于选择有利于实行集中管理的结构形式，多使用职能结构。而美国的国际企业常乐于采取分权决策结构，为使这种结构更有效地运行，常设立某些控制机构，如设置利润中心来实施控制、监督与协调。因此，许多美国公司在产品结构和区域结构基础上建立公司的组织结构。

第四节　国际企业的控制和协调系统

除了选择不同的子公司来执行专门任务和责任，高层管理人员还需要设计组织系统来控制和协调子公司之间的活动，这个任务比较艰巨。国外子公司能挖掘到的人才和资源各不相同，当地市场、文化以及法制又千差万别。对于国际企业来说，一些程序如衡量、监督和反馈等构成了组织控制系统，这些程序主要聚焦于支持企业战略的子公司活动。

控制系统（control system）能在垂直方向将组织的上下层级联系起来，主要通过两条路径达到这种联系：第一，衡量或监督在企业战略中承担一定角色的子公司的业绩；第二，对子公司效率方面的问题予以反馈。衡量或反馈机制有助于高层管理者与子公司交流企业战略目标。此外，奖励系统（如提升或加薪）能帮助管理者指导子公司朝适当的方向发展。

协调系统（coordination system）在水平方向上将组织联系起来，为子公司之间提供信息交流通道，使子公司之间协调活动。例如，福特公司实施企业战略时就使用先进的信息系统，使欧洲、美国以及日本的设计工程师之间就销往全世界的汽车的设计进度进行协调。工程师能够相互交流，即时分享复杂的设计信息。

一、控制系统的类型

国际企业控制系统有四种类型：产出控制、官僚主义控制、决策控制和文化控制。

（一）产出控制

产出控制是指基于子公司的产出结果来评价其绩效。企业高层管理者与子公司经理经常一起讨论和控制子公司符合企业整体战略的产出目标。总部根据子公司实现目标的程度来评价其绩效并给予奖励，由此实现控制。

产出控制最普遍的做法是负责盈利。利润中心（profit center）是指控制利润和损失的单元。总部基于各利润中心的收益和损失对各子公司进行比较评价。控制型子公司通常是一个利润中心。利润中心型子公司通常独立于总部，可以制定子公司的战略、雇用当地的工人。高层管理者根据子公司为总部所创造的利润来评价子公司。

除了利润，其他产出如市场份额、开发新技术及提供高质量的原材料，也是控制子公司的绩效目标。例如，公司战略和组织结构不同，对于公司的评价方式也不尽相同，或许会基于子公司对世界型产品的开发贡献，或许会基于子公司市场渗透占领的市场份额。

（二）官僚主义控制

官僚主义控制关注组织内部管理行为而非结果。典型的官僚主义控制包括预算、统计报告、标准化运营流程（SOP）等。

（1）预算机制可以用来控制子公司的行为，主要是为子公司设立规则以限制其活动开销。预算机制主要关注成本控制，强调有效目标，也就是说，如果子公司设立的目标有效，则能在固定预算内产生更多的产出。

（2）统计报告为高层管理者提供非财务产出的相关信息。例如，服务型组织可能每周汇报其顾客投诉率，制造业组织可能汇报产出量或质量不合格比例。

（3）标准化运营流程能为企业提供规定合理行为的规则与制度。例如，标准化运营流程会规定所有子公司按照标准指导人力资源评价。

（三）决策控制

决策控制是指系统体现组织各层级的决策等级水平，即管理人员决策时的集权程度。组织的高层管理者几乎不可能包揽所有决策，分权化组织中，较低一级的管理者会做更多更重要的决策，集权型组织则相反。大部分产品型结构中，产品部门负责人集中控制各职能及战略活动，位于各国的子公司管理者只是与当地管理人员、法律和金融相关事务打交道。相反，分权化的决策行为在地区型结构中更为常见。跨国网络型结构极少集权化，国际企业的几位高层管理者基于子公司的当地专家和战略环境来控制其决策，基于子公司的能力高低，决策权有可能由负责人控制，也可能下放到更低的管理层。

（四）文化控制

文化控制是指使用组织文化来控制员工的行为和态度。强组织文化能在员工中形成共同规则、价值观和传统。这种文化鼓励员工对企业有更高的忠诚度和更大的支持力。员工和管理者理解管理目标，并直接予以支持。现在许多专家认为，对于国际企业分散于不同国家文化的管理者之间的协调，强组织文化是唯一有效的途径。

文化控制系统多用于跨国网络型结构，虽然国际企业也采用官僚主义和产出控制机制，但是由于国际环境的不确定性和复杂性，这些控制机制不如文化控制有效。例如，巴黎总部设立的预算和产出目标，对于改变布达佩斯或新加坡子公司的状态而言，存在滞后性。相反，总部会依靠当地管理者对企业目标的承诺，并且相信他们会根据当地条件适当地调整目标。

二、国际企业的控制模式

（一）国际企业典型的组织控制模式

国际企业无论采用哪种组织结构形式，在内部管理体制上都必将涉及如何处理企业总部与各个子公司之间的关系。按总部与各子公司间在集权和分权程度上的不同，可划分为三种控制模式：母国中心组织控制模式、多元中心组织控制模式、全球中心组织控制模式。

1. 母国中心组织控制模式

母国中心组织控制模式是指母公司对国外子公司的管理采取集权式的管理体制。国际企业出现初期，一般都由母公司对子公司进行管理，这是最传统的管理体制。它的基本思想是以本民族为中心，去别国投资生产时，一切管理方式以母公司的制度为标准。

母国中心组织控制模式的基本特征：

（1）国外子公司的一切决策权基本集中在公司总部，公司总部是国际企业的最高决策机构，它建立起各种控制标准，要求子公司必须遵照执行，并进行定期或不定期检查；

（2）信息交流是单向的，即母公司向子公司输送大量控制指令；

（3）公司派遣母公司的人员担任海外子公司的各层主管，而不用当地人员；

（4）母公司采用自上而下的方式制定公司的经营战略。

这种组织控制模式强调的是公司整体目标的一致性，以及在协作生产中节约资源与提高效率。其好处是能发挥母公司总部的中心调控职能，优化资源使用。但该模式较易激发与子公司的矛盾，不利于发挥子公司的自主性与积极性，东道国不太欢迎这种模式。一般来说，产品单一、技术市场比较稳固的国际企业比较乐于采取这种模式，如可口可乐公司。

2. 多元中心组织控制模式

多元中心组织控制模式是指母公司对国外子公司的管理采取分权式的管理体制。各子公司均是独立的利润中心，有自主经营权，母公司不加以干涉。

多元中心组织控制模式的基本特征：

（1）母公司允许国外子公司根据自己所在国的具体情况独立地确立经营目标与长期发展战略，各子公司均是独立的利润中心，有权决定产品设计、生产、销售、市场开拓等重大经营问题；

（2）有利于鼓励各海外子公司相互竞争，充分调动各子公司工作的积极性、主动性和有效性。

这种组织模式强调的是管理的灵活性和适应性。其优点是能充分发挥子公司的自主性与积极性，易受东道国欢迎。但不足之处是母公司难以统一调整资源，各子公司的信息、技术、资源等难以共享。对于市场分散、投资国环境稳定、难以统一行动或无须统一的国际企业比较适合这种模式。

3. 全球中心组织控制模式

全球中心组织控制模式是指母公司对国外子公司的管理采取分权式的计划与集权式的控制，即集权与分权相结合的一种管理体制。

全球中心组织控制模式的主要特征：

（1）母公司通过公司目标、战略规划、控制准则等控制子公司，各子公司可以在母公司的总体经营战略范围内自行制订具体的实施计划，调配资源；

（2）凡是同时涉及母公司和子公司利益问题，均需双方协商后提出解决的途径。

这种组织模式强调的是在保证企业总部有效控制的前提下，给予子公司较大的自主权。全球中心组织控制模式淡化了企业的具体国籍，着重反映全球经营活动。当企业规模较大、大股东来自世界各国，且国外公司众多、产品品种多、市场遍布的国际企业比较适用这种模式。

需要指出的是，企业的组织控制模式不是一成不变的。20世纪90年代以来，随着计算机大量应用于管理，信息网络化与信息高速公路化，使国际企业更加具备了调控庞大的全球公司的能力。因此，许多企业开始放弃母国中心组织控制模式或多元中心组织控制模式，转而采用全球中心控制模式。通过合作，母公司与子公司的经营目标充分实现，双方的积极性得以释放，也照顾了母国和东道国的利益，缓解了国际性的经济矛盾和政治矛盾。

三、横向协调系统的设计

国际企业横向协调系统有六种基本形式：文本式沟通、直接沟通、联络角色、全职协调人员、任务小组、团队。

（一）文本式沟通

所有组织都使用文本式沟通，如邮件、内部通知、报告来协调子公司之间的活动。部门通过电子邮件汇报其活动，保证其他部门了解问题、企业产出水平、创新和其他重要信息。随着计算机等设备的成本降低和购置更加便利，无纸化通知和报告越来越普遍，邮件或本地网站公告形式越来越多地被采用。因为相距较远或存在时差的子公司之间更需要快速交流，所以这种电子交流方式更受国际企业的欢迎。

（二）直接沟通

直接沟通意味着管理者和员工面对面交谈。对于国际企业，直接沟通常需要更复杂的视频技术来支持，并且要求沟通者掌握通用的语言。例如，福特公司引入计算机辅助设计系统，欧洲与美国的工程师可以相互交流设计想法。

（三）联络角色

联络角色是部门中某个员工的具体工作职责，负责与另一个部门联系。联络角色只是管理层工作职责的一部分，例如，在国际企业中，各国子公司管理者都有责任协调本区域内的营销工作。

（四）全职协调人员

全职协调人员与联络角色相似，但全职协调人员只负责协调这一项任务。通常情况下，产品经理就是全职协调人员。产品经理要与设计团队、生产部门、销售和促销部门进行协调。国际企业的产品经理经常是产品设计与各国当地运营机构之间的协调者。

（五）任务小组

任务小组是为了解决特殊问题而被设立的，通常涉及两个以上部门。例如，为了抓住中国这一新兴市场中的机会，联合利华从其一百多个国家和地区子公司的运营机构中，挑选出能说中文的专家，成立一支任务小组，前往中国。这支任务小组单独成立工作室，制定战略，成为一个新组织，待完成任务后其成员再回到各自的原部门。

(六)团队

团队作为协调组织,具有最有效的一种协调机制。不像任务小组那样存续时间较短,团队是长期存在的组织。团队的人员来自不同的子公司,会针对一些特殊问题专门成立团队。例如,进行新产品开发的团队包括产品部门的研发人员以及营销部门的管理人员。国际企业得克萨斯仪器公司组建了一支名为"游牧民族"(Nomads)的永久性专门团队,这支团队主要负责在意大利和新加坡建立芯片制造工厂。

与控制方式选择一样,国际企业即使不采用以上全部协调机制,也会在某一时期选择使用其中的几种。矩阵型和跨国网络型结构非常需要协调机制,任务团队、全职协调人员、团队的共同应用会发挥显著的作用。对于跨国网络型组织,由于其子公司的分散式地理分布,团队越来越成为一种虚拟型组织,团队成员几乎很少碰面。

本 章 小 结

1. 国际企业的组织结构总体上可以分为两类——组织的法律结构与组织的管理结构。组织的法律结构涉及组织的法律形式,它规定了国际企业母公司与国外各子公司及分公司之间的法律关系和产权关系。组织的管理结构又称为组织的实际结构,它是国际企业在经营活动中各部门、各分支机构任务和职权的分工,是企业的指挥和控制系统。组织法律形式母公司、子公司、分公司结构的选择与确定属于管理计划职能研究的领域,国际企业组织管理则以研究组织的管理结构为主要对象。

2. 国际企业组织结构的演化是伴随着国际企业国际化程度不断提高和跨国经营规模不断扩大而发生变化的过程。国际企业的演变大致经历四个阶段,即出口部阶段、自治子公司阶段、国际部阶段和全球组织结构阶段。前三个阶段的结构称为传统组织结构,其共同的特点是国际企业的国内业务和国际业务是相互分离、各自独立的。全球组织结构又称一体化组织结构,其总的特征是企业设立部门不再把国内业务和国际业务割裂开来,使企业的每个部门既管理国内业务又管理国际业务,按照层级制原则设立组织结构。

3. 现代企业组织设计一般要遵循以下原则:目标导向原则,分工与协作原则,信息沟通原则,统一指挥、分级管理原则,权责对等原则,精简高效原则,稳定性与适应性原则。对于国际企业而言,还需要重点关注平衡全球化与本地化原则、文化适应性原则。国际企业组织结构的设计,与国内企业一样,也要根据影响组织结构的主要因素来设计,如战略、规模等影响因素。因此,国际企业通常必须首先制定出国际经营战略,然后在战略的指导下,确定能有效实施这一战略的组织结构。此外,国际企业组织结构还需根据多个影响因素的作用而设计,这些因素包括:企业国际化发展阶段、国际企业产品或业务种类、国际企业管理人员的能力、国际企业经营哲学等。

4. 国际企业控制系统有四种选择形式：产出控制、官僚主义控制、决策控制、文化控制。国际企业无论采用哪种组织结构形式，在内部管理体制上都必将涉及如何处理企业总部与各个子公司之间的关系。按总部与各子公司间在集权和分权程度上的不同，可划分为三种控制模式：母国中心组织控制模式、多元中心组织控制模式、全球中心组织控制模式。

5. 国际企业横向协调系统有六种基本形式：文本式沟通、直接沟通、联络角色、全职协调人员、任务小组、团队。

1. 什么是国际企业海外子公司和分公司？它们有何不同？
2. 国际企业组织结构演变中包括哪些结构类型？
3. 什么是出口部和自治子公司结构？它们有何相同和不同之处？
4. 试述国际部结构的适用条件与优缺点。
5. 什么是全球组织结构？简述全球组织结构包括的类型及其含义。
6. 简述全球职能结构的适用条件与优缺点。
7. 简述全球产品结构的适用条件与优缺点。
8. 简述全球地区结构的适用条件与优缺点。
9. 简述国际企业组织结构设计的原则。
10. 国际企业组织结构设计需要考虑的因素有哪些？
11. 简述国际企业组织控制系统的四种形式。

第十章

国际企业生产与运营管理

【学习目标】

- 掌握国际生产系统的标准化与差异化的内涵及表现
- 理解国际生产区位的选择因素
- 了解国际企业生产运营中可能产生的问题及原因
- 理解国际采购的程序及选择供应商的主要条件
- 了解影响技术选择的因素及国际技术转移的主要方式

冯氏集团与全球生产

2012 年 8 月 1 日香港利丰集团（Li & Fung Group）更名为冯氏集团（Fung Group），其内部业务框架并没有调整。作为一家具有百年历史的国际商贸企业，冯氏集团目前的业务涉及出口贸易，经销批发和零售三大领域。作为当今全球著名且最具规模的供应链管理商之一，冯氏集团从最初的采购代理商、采购公司一路走来，经历了两个重要阶段。

20 世纪 80 年代，它从采购公司向前迈进了一步，成为无边界生产的计划管理者与实施者。它根据客户提供的初步的产品概念，如产品的外形、颜色和质量方面的要求等，进行市场调查，采购合适的布料及配件来制造样品。在客户对样品进行确认后，它会提出一个完整的生产计划。此外，它会对工厂的生产进行规划和控制，以确保质量和及时交付。

在无边界的生产模式下，它在中国香港从事如设计和质量控制等高附加值的业务，而把附加值较低的业务分配到其他可能最具优势的区域进行生产。正如冯氏集团主席冯国经先生所讲的："我们并不寻求可以生产最好产品的国家和地区，相反，我们对价值链（生产过程）进行分解，然后对每一步进行优化，并在全球范围内进行生产。"以生产一种毛绒玩具为例，当时的利丰集团综合价格和质量等方面的因素，从韩国一些地区购买毛绒玩具的外层布料，从中国内地购买毛绒玩具的填塞料。在所有的原材料采购完毕后,该毛绒玩具的制造在劳动力成本比较低的中国青岛进行。这种业务模式实际上是一种价值增值的组织方式。

此后,在推行无边界生产的计划与管理的基础上,它的业务又向前迈进了一步,发展出虚拟生产模式。不同于以往的业务中,它以一个中介人的角色代表境外买家与供应商接触,并管理采购和生产业务;在虚拟生产模式下,它是客户直接的供应商,直接和境外买家签订合同,并供应买家需要的产品。它依旧没有工厂,生产任务以外包的形式交给工厂进行。它负责统筹并密切参与整个生产流程,从事一切从产品设计、采购、生产管理与控制、物流与运输等其他辅助性的工作。

资料来源:利丰集团研究中心. 供应链管理:香港利丰集团的实践[M]. 北京:中国人民大学出版社, 2009。

第一节 国际企业生产系统

生产管理是指企业日常生产活动的计划、组织和控制,是与产品制造密切相关的各项管理工作的总称,是企业管理的重要组成部分。国际生产管理主要是指国际企业对用于生产的资源所进行的设计、计划和控制等活动。国际生产管理的根本目的是在生产过程中实现对企业所获资源的最有效利用。国际企业的生产管理与国内企业的生产管理在职能上是相似的。但是国际企业将资源配置在不同的国家或地区,以多国甚至全球作为其运营的舞台,由此产生国际企业生产系统的选择与布局等问题。

一、国际企业生产系统设计

国际企业的生产系统由其在海内外各地的工厂和相应的采购、技术、设备维修等辅助机构所构成。国际企业在确定其在世界范围内的厂址、工厂技术和规模设计等之前,必须首先确立国际生产系统的指导思想,即国际生产系统是实行标准化还是差异化。

(一)国际企业生产系统的标准化

1. 国际生产系统标准化及作用

国际生产系统的标准化是指在为产品生产制造活动的各个环节制定并推行统一标准,包括产品设计、生产工艺、生产流程和产品质量检验方法的标准化,产品的包装、维护、储运规范化等。一般而言,国际企业希望其生产制造过程和程序标准化,这样能简化行政管理,提高管理效率。由于生产制造的统一,企业总部的各种管理职能也能更好地发挥其作用。

国际企业生产中推行标准化的作用,具体包括:精简机构,简化行政管理,提高管理效率；加强生产的专门化，促进生产资源的合理配置，产生规模经济，从而降低全球生产成本，增加利润；降低技术的复杂性，便于后勤供应，从而减少技术培训的需求，方便技术的调整与更新；便于公司总部的统一控制与协调。

2. 国际生产系统标准化的主要表现

国际企业生产中的标准化，往往从母公司的生产系统开始。母公司生产系统的标准化可以为国外子公司的标准化提供模板。母公司生产系统的标准化主要表现在以下两个方面：①产品的标准化。以标准化产品为基础开展跨国经营，可以实现生产资源的合理配置，从而节省设计费用，并为各工厂零部件互换与设备维修创造条件，达到提高全球性经营效率的目的。②生产过程和方法的标准化。国外子公司采用与母公司相同的生产过程，母公司的生产方法、操作技巧和生产经营可以直接转移到国外子公司中去，使生产技术人员容易在国外子公司间流动，减少管理成本和调整费用。

国际企业生产实行标准化的过程中会遇到障碍：一是跨国经营环境的复杂性，如文化背景、消费习惯、经济收入的差异，各国消费者的偏好往往不相同。政治因素尤其是东道国政府实施的当地化政策，不利于生产标准化的实施。二是推行产品生产的标准化通常需要采用资本密集型的自动化生产线，企业的资金实力是决定能否推行标准化生产的一个重要因素。正是这些因素，使企业在生产标准化的推行过程中常常面临困难。

（二）国际企业生产系统差异化

1. 国际企业生产系统差异化及其表现

国际企业生产系统的差异化是指由于种种障碍而使标准化难以实施之时，国际企业在不同国家或地区采用不同的生产体系，以达到企业经营的目的。提供差异化产品虽有巨大市场，但平均成本往往很高，在这种两难选择中，国际企业为求经济效益，往往选择标准化来迫使顾客适应企业的经营要求。然而，科学技术的进步及其在生产中的应用，特别是计算机在生产制造过程中的广泛应用，以计算机集成制造（CMS）和柔性制造系统（FMS）为典型代表的一大批先进制造技术，为差异化生产制造提供了降低成本的利器。新技术的广泛使用与顾客差异化意识的觉醒成为推动差异化生产制造的巨大力量。

国际企业生产系统差异化表现为这几个方面：①产品的设计和生产体现当地特色。由于母公司提供的产品技术要根据当地市场需求的特点进行适应性调整，因此，同一品牌、规格的产品在不同国家可能具有不同的性质和特点。为了在当地市场获得尽可能多的份额，新产品的设计和开发、品牌的建立都应体现当地的特色，由此产生的结果是，生产中使用的机器设备可能是非标准化的。②强调各子市场生产技术的适用性。世界上没有普遍适用的生产技术，适合于某一国家文化、经济和政治环境的技术并不一定适用于另一国家。这意味着，即使生产相同的产品，在不同国家也可能需要采用不同技术。例如，在教育水平高、经济较发达国家采用资本密集型技术，在经济落后的发展中国家采用劳动力密集型技术。③各子公司生产系统相对独立。由于强调根据东道国当地经营环境自主发展，子公司的生产系统往往自成体系，追求小而全。

2. 国际企业生产系统差异化的执行

为实施执行国际企业生产系统差异化，提高当地化的生产效率，国际企业必须注重与东道国的顾客、供应商、政府和其他机构建立密切联系，注重吸引当地的管理和技术人才，根据当地市场需求开发和销售产品，从而具有较强适应能力和经营灵活性。在决定实施差异化生产系统，提高当地化生产效率时，需要注意以下两个重要因素。

（1）当地化生产管理的授权。实施分权式管理，授予各东道国子公司高度自主经营权，并授予东道国子公司负责生产的经理必要的权力，提高他们根据当地化需求对生产经营管理的决策和应变能力，从而提高经营效益。例如，飞利浦公司实行多国战略，每个国外子公司都具有高度自主经营权和分权控制的管理模式，使子公司经理能够有效地管理各种生产经营活动。

（2）子公司内部各种职能工作的一体化。在分权管理的国际企业中，各子公司内部的跨职能一体化可以提高当地化生产经营的效率，这种跨职能一体化可以表现在国外子公司组织结构的不同层面上。在基层，每种产品项目小组由来自生产管理一线的管理人员、技术人员和销售人员构成，负责制订产品生产和销售计划；中层管理人员负责考核经营绩效，推荐正确的行动方案，解决不同职能部门之间的冲突；高层管理人员负责协调各职能部门的活动，保证经营战略的顺利实施。

二、国际企业生产布局的方式

国际企业生产布局主要有两种方式：一是集中生产方式，二是分散生产方式。

（一）集中生产方式

国际企业采用集中生产方式，又称中心生产方式，是指在某国、某地设立一个可以供应全球市场的成品生产基地，一个或几个较大规模的工厂，集中生产，分销世界各地。

1. 集中生产方式的主要优势

（1）可充分利用规模经济的效应，有利于降低成本。在有些产量低、投资大的行业，集中生产可能是经济上唯一可行的方式。大型民用客机的生产就属于此类。美国波音公司的民用客机的生产就集中在西雅图一地；日本的丰田汽车过去也是采取集中生产的方式，在日本的"丰田汽车城"生产，然后向世界各地出口。其次，可充分利用"经验曲线"的效应，有利于单位成本下降。经验表明，在既定设备条件下，随着累积产量的上升，因为"熟能生巧"，导致单位成本下降。在很多行业，累积产量每翻一番，单位生产成本可以下降约20%。如果企业在现有地点、现有设备基础上扩大生产，可以充分利用现有人员、设备和组织的经验，降低在不熟悉的环境开设新生产点过程中不可避免的各种风险。

（2）集中生产可最大限度地利用特定地点的比较优势。由于种种天然或历史原因，某些国家和地区往往提供了从事某些价值活动的最佳环境，其他国家地区很难取代。如果国际企业把价值活动的每个生产点都集中在该价值活动的最佳地点，则可以降低整个价值链的成本，提高整个价值链的竞争能力。

（3）集中生产还有助于协调同一个生产点上的其他各种经营活动。生产、销售等部门管理人员各自所处经营管理角度的不同，生产管理人员和销售管理人员常常对同一问题持不同看法，如生产管理人员希望少品种、大批量，而销售管理人员希望多品种、小批量。如果生产环节和销售环节分设两地，则会增加产销之间的协调难度。反之，如果把生产环节和销售环节安排在同一地点，则有助于增加交流和沟通，达成共识，促进产销协调。价值链的其他环节之间也存在类似的"友邻效应"。

2. 集中生产方式的主要缺点及适应性

集中生产方式的主要缺点是，产品销售受到销售市场所在国政府的关税及非关税壁垒等进口限制的影响，易受到汇率变化的影响，大批量生产的适应性、灵活性较差。当国际产业结构、国际市场产品需求发生变化时，均可能使生产的规模经济遭到破坏。

因此，选择集中生产方式的国际企业的产品应具有广泛的国际市场，且产品的需求在较长时期内具有一定的稳定性，企业本身有较高的生产效率，能以低成本优势占领较大范围的国际市场。

（二）分散生产方式

分散生产方式是指国际企业依据产品需求特点在全球各国划分若干个销售市场，并在各主要市场国设立生产制造工厂，当地生产，当地销售的一种生产方式。

1. 分散生产方式的主要优点

分散生产方式的主要优点包括：①可以按照国际市场的不同需求，改进产品设计，增强企业产品在当地市场的竞争力。②可以根据各国法律政策的差异，采取不同的组织、管理、科研、生产和营销方式，有利于企业协调与所在国政府的关系，最大限度地满足所在国政府增加产出、提高技术的愿望。③可以根据汇率的变化，灵活地调整生产。如果企业分散布点，则可以根据汇率的变化调整各生产点的产量，选择汇率成本最低的国家作为生产和出口基地。④在一定程度上有助于降低风险。从汇率风险的角度来说，由于分散布点，企业在当地市场生产和销售，生产成本和经营收入都以同一种货币结算，有助于外汇平衡，降低外汇风险。同时，由于同一价值活动分散于几个国家，即使某一生产点出现故障或事故，也不会影响其他点继续生产，整体风险较小。此外，同一价值活动可以同时采用几种不同的方法，这提供了各点之间取长补短、互相学习的机会，有助于整体系统水平的不断提高。

2. 分散生产方式的缺点及适应性

分散生产方式的缺点：不具备大工厂规模经济的生产效果；不能在国际企业范围内进行更精细的国际分工，因而不利于进一步提高生产效率。因此，选择分散生产方式的国际企业多是产品为有当地化特征，通用性差，成品运输困难或运输成本较高的组装型产品的企业。

三、国际生产区位的选择

从一家国际性大企业的生产管理的角度来看，生产区位即厂址的选择涉及三个层次：一是厂址设在哪一国，二是设在某国的何地，三是具体地点及工厂内车间、设备的布置。

国际企业建厂的国家选择，与国际企业总体跨国经营战略以及目标市场的各种比较优势有关，属于目标市场的进入战略问题。一般借助于国家定位组合矩阵来完成。该矩阵考虑了国家吸引力和竞争能力两方面的因素。有吸引力的国家应当政治稳定，经济技术发展水平符合生产要求，资本和利润汇出方便，经营环境和劳资关系较佳，各种投入要素供应稳定并易于获取。如果产品就地销售，需要有足够的市场容量；如果产品外销则需要与目标市场有便捷的联系，运销成本低。竞争能力的衡量因素主要有竞争者生产能力利用程度，竞争者的技术优势与劣势，产业集中度，各竞争者的市场力量、相互关系以及与政府的关系，顾客的数量与集中状况等。

影响厂址选择的因素而言，选择一个合适的厂址应考虑多种因素。

（1）气候条件。一些幅员辽阔的大国，不同地区的气候条件差异较大。一些产品的生产对温度的要求较高，选择气候条件合适的厂址十分重要。

（2）基础设施。包括通信、交通、供电、供水等。

（3）劳动、资本和土地等生产要素的成本。人力资源可供量，包括技术人员、管理人员、熟练工人和非熟练工人的可供量。在人力资源方面国际企业选址的策略，一是在发展中国家设厂，利用其廉价的劳动力，生产劳动密集型产品，以便取得或维持其所生产产品的市场竞争地位；二是在发达国家设厂，利用所在国技术和熟练劳动力，使之与先进的资本设备相结合，生产资本密集度较高的产品。

（4）原材料、零部件的可供量。对于有些行业来说，原材料、零部件是否接近原料产地或供应市场是选址决策的主要条件。

（5）运销成本。运销活动也称为后勤工作，是企业产品的实际分配业务，包括外包装、仓储、装卸和运输、分销渠道和设施等。其中，运输问题常常是国际企业选址的重要决定因素。当一个国际企业的厂址远离它的产品市场时，显然要付出较高的运输成本。为了使运输成本最小化，企业有必要考虑运输路线和运输方法。

（6）当地政府的补贴或其他优惠政策。在保税区或经济特区建厂，通常可以享受一些优惠政策。关税和配额是一种更为直接的贸易壁垒，东道国常以此来限制外国制品的压价倾销，政府的优惠政策往往对国际企业选址决策有很大的影响。

对于厂址的选择，除了以上因素外，还在一定程度上取决于谈判的结果。谈判的对象包括备选厂址所在地的当地政府机构、供货商、合资伙伴，尤其是对于采用合资经营方式的国际企业，最终厂址的确定很可能取决于在哪里可以找到合适的合资伙伴。

小案例 10-1　肯德基的选址秘诀

第二节　国际企业生产系统的营运与控制

一、国际企业生产系统的营运

国际企业生产系统的营运分为生产性活动和辅助性活动。

（一）生产性活动

生产性活动的主要内容包括：管理部门要求整个生产系统能按一定的速度和设计的生产能力进行生产，以满足市场的需要。为了及时生产所需的一定数量的产品，并按预算的成本使产品符合所要求的质量，各级管理人员有责任把劳动力、原材料和机器有机地结合起来，以确保生产的正常进行。

在生产性活动过程中出现的主要问题如下。

1．产量方面的问题

生产系统如不能达到设计标准的产出量，可能有以下原因。

（1）原材料的供应商不能及时交货或所供应的原材料不符合规格。这种现象在发展中国家的卖方市场中很是普遍。采购部门必须选择合格的供应商并影响供应商，让其明白产品质量和及时供货的重要性。如果在"只此一家，别无分号"的供货条件下，采用这一战略的效果是有限的，增加购货付款额和派技术人员去帮助供应商通常能改善上述情形。

（2）生产计划调度混乱。生产计划调度的不协调会延误最终产品的交货。因此，应加强对计划调度员的培训和监督。企业不仅要教会他们怎么干，而且要使他们懂得那样做的目的是什么，以提高生产调度员的专业能力和正确的工作态度。有的企业根据订单的交货期经常突击加班生产批量很小的产品来满足供货，说明企业的生产系统运营不协调，为此应保证适当的库存，并增加每批产品的作业量，这样也就能随时满足订单的要求，及时交货。

（3）缺勤。在有的发展中国家，缺勤已是工厂不能达到预定产量的一个重要原因。农忙时，有的工厂甚至被闲置起来。而交通运输系统的落后又使一些工人不能准时上班，所以企业得自备厂车。为了减少职工因病痛或因伤造成的缺勤，有的国际企业提供津贴性的工作午餐，并由专职营养师负责配菜，以确保职工饮食的营养与卫生，有的企业则免费提供一些劳动防护用品，如工作服、工作鞋等，并鼓励员工对安全作业提出建议。雇员士气的低落也是造成缺勤率的一个原因。在不同的国家，同样的领导作风会有不同的效果。在发展中国家，工人遇到各种个人问题，如个人债务、婚姻与家庭的纠纷等，都希望企业领导能帮助解决。正确处理好管理人员和职工的关系在国际企业中也是十分重要的。

2. 产品质量问题

产品质量的好坏是相对的。同样的产品，在工业化国家被认为是高质量的，但在某些国家中，却因维修与操作技术的不足，被认为是差的或不够牢固。产品或服务能满足用户购买的目的，那么买方就认为该产品的质量是好的。产品质量标准不能凭个人的想象主观、武断地制定。从某种意义上讲，要对目标市场进行研究后，选择最适当的价格与质量组合来满足该市场的需要。在掌握市场信息的基础上，才可以确立原材料、在制品及制成品的质量标准。

如果国际企业的总部坚持要让设在国外的子公司保持其国内生产厂的质量标准，有时会引发不少问题。一些地区的生产由于投入品本身的质量较差，又没有其他的货源，因此加工出的产品往往很难符合标准。即使使用了一些自动化程度较高的设备来加工产品，也常常因其对原材料的质量要求较高而不能生产出满意的产品来。为了维护其产品在国际上的声誉，国际企业的母公司常常要求子公司按统一的质量标准来生产，但这会导致某些地区的产品成本过高。许多国际企业就采用一些较为折中的办法，允许附属子公司制造质量稍逊的产品，但不得使用相同的品牌。假如它们希望某地区成为其全球运销系统的一部分，则应要求其子公司生产符合出口标准的特殊质量的产品，在一些地区"出口质量"意味着优质产品。此外，产品的质量管理并不一定由子公司自己控制，多数国际企业要求其海外生产厂提供成品样本以进行常规质量检验。

3. 制造成本问题

出现制造成本过高的现象，即超出了预算成本，这不仅是生产方面人员的责任，营销及财务经理人员也应关注这一现象。实际上，导致产量低的因素都可能引起成本问题，预算本身也可能引起成本问题。此外，销售预算过于乐观、供应商交货脱期、政府未对基本原材料的进口及时签发许可证，以及水、电供应的短缺也都可能引起制造成本上升的问题。

原材料、零部件和制成品的库存管理在发展中国家常常处于非正常状态，因为在那里供应情况有很大的不确定性，易于失控。为了避免因某一原材料的耗尽而影响到生产作业计划的完成，企业常常不得不储存过量的投入物。维修人员储存过量的零部件，以备不时之需。营销部门则担心因生产延误而不能按时交货，于是也增大了不必要的库存。在许多国家，即使销售量下降，生产还将照旧，但却不能裁减工人，因为劳工法的规定使得裁员的代价高昂。在有的国家，因为技术工人很短缺，所以即使法律允许解雇工人，管理部门也不敢轻易辞退他们。在短期内唯一的选择就是仍然保持工厂运转，这样就大大增加了不必要的库存成本。

一般来说，企业总部的财务部门总是设法限制库存，但是由于一些国家惊人的通货膨胀，积压的库存有时反而能够赚取大量利润。子公司和母公司有时会在库存管理上存有严重的分歧，但是如果在通货膨胀得以合理控制的地区，供应商发货正常，那么谨慎的办法应是把库存压缩至最小，即根据保险库存量和经济订货批量进行管理。

（二）辅助性活动

每一个生产系统都需要提供一些辅助性活动，这对于生产的正常运行是必不可少的。

1. 采购

生产有赖于采购部门购买的原材料、零部件、其他供应物及生产制品所需的机器设备。这些材料若不能在需要时及时提供，将导致停产和滞销等重大损失。如果采购人员以高于竞争对手的价格买进各种材料，那么企业或者提高成品的价格，或者用削减利润的方法使价格保持竞争力。此外，成品的质量也可能因所购进材料的质量不合格而出现问题。

由此，采购人员的素质十分重要。在国际企业大部分材料依靠进口的情况下，雇用采购人员的主要标准是他们是否熟悉有关进口方面的知识及其与当地政府官员的关系，是否时刻关注政府可能影响其所得外汇的各种行为。因此，国际企业应当在其附属的国外子公司或厂家中选择合适的采购人员。

2. 维修保养

为防止因设备损坏而引起非计划性停工，企业往往专门设立维修保养部门。从一定意义上说，适当的维修保养比工人全勤更为重要。一个生产小组中缺了一两名工人一般不会造成停产，但是如果一台重要的机器设备坏了，就有可能造成整个工厂停产。然而，许多企业对设备的维修采取了一种消极的态度，比如任其运转，不坏不修。这种态度对企业生产计划的顺利执行产生了很大的威胁，如一旦设备损坏，生产计划被迫停止，许多相关资源（劳动力、资金等）就会被闲置。现阶段，许多国际企业建立了预防性维修制度，对企业的厂房和机器设备实行以预防维修为主的维修制度，以防止因机器设备的突然损坏而影响生产。根据制度，机器将定期被检修并更换磨损的零件。生产部门在生产安排上可以提前准备，停机维修保养前，让该机器进行超时工作，并存储一定量的备件，以确保下道工序能继续进行。

3. 技术职能

技术部门的职能是提供生产所需的制造工艺规范，并对检查投入物和成品的质量负有责任。为适应市场需要，国际企业需要不断地推出逐步优化的产品，这在客观上要求技术部门对制造工艺进行技术创新。现阶段，国际企业的技术创新机制主要通过四种典型的具体形式来运作。

（1）母公司的研究与开发。这几乎是所有国际企业都采用的形式。

（2）创办海外技术创新机构。如飞利浦公司在各个国家的子公司中都拥有规模不一的属于子公司自己管理和支配的研究及开发机构。松下电器公司在美国的子公司成功地兼并美国摩托罗拉公司的电视部门，使该部门规模庞大的研究与开发实验室成为松下的海外技术创新机构。

（3）参与教学、科研、生产联合体。这主要的指国际企业与国内外高等院校在技术创新领域的合作。埃克森石油公司与麻省理工学院签订了为期十年的改进燃烧系统和节能的合作研究协定，日立公司在加州州立大学欧文分校创办了生物工艺学实验室。国际企业与高等院校在技术创新领域的合作关系是十分紧密的。

（4）与其他国际企业缔结技术创新战略联盟。如英国的罗尔斯–罗伊斯公司和法国的斯奈克玛公司共同开发新一代超高速发动机，日立公司与IBM签署协议共同开发用途广泛的各种计算机软件。战略联盟的优势在于各国际企业可以相互利用对方的高新技术力量、资金和设备，从而分摊技术创新的风险，并因科研互补而提高技术创新的成功率。

二、国际企业生产系统的控制

国际企业生产是在比国内公司生产的地理范围大得多的多国空间进行的，因而其生产系统往往比国内公司大得多，整个生产系统的控制较为复杂，因而企业生产系统的控制如产品质量控制、库存的控制等显得复杂而重要。

（一）国际企业产品质量控制

1. 国际企业产品质量控制的意义

质量是产品的灵魂，以质量求生存、以质量求发展是世界公认的经营之道。世界著名企业之所以具有强大的竞争力，很重要的一点就在于，它们始终围绕"质量既是挑战又是机遇"这一主题，改善经营管理，发展科学技术，不断开拓质量方面的新领域和潜在方向，从而生产出质量很高的产品。对于国际企业而言，其质量控制是非常重要的。随着国际经济合作和竞争的深入发展，不少国家纷纷以质量为武器抵挡国外产品进入本国市场，因此，国际竞争在很大程度上是质量的竞争。

2. 国际企业质量控制的特点

在实际工作中，国际企业的产品质量控制除了必须遵循一般企业质量管理的原则外，还必须注意以下要点。

（1）争创名牌并注重其扩张。同国内一般企业一样，国际企业也考虑提供优质产品和提高产品更新换代的速度，争创名牌产品。但它们更注意对现有名牌的扩张效应，将生产能力向国外延伸，在国外生产现有规格和质量标准的优质知名产品。国际企业十分重视把同种产品在各国市场上的差异与各国子公司的产品质量控制结合起来，用严格的质量控制树立企业产品长期、稳定的名牌形象，同时辅以大量的国际广告宣传来强化这种名牌形象，从而使名牌产品具有更强的生命力，使企业取得最大的经济效益。

（2）建立国际标准的软硬件质量控制体系。产品的质量要在国际市场得到认可，要具备国际市场特别是与发达国家接轨的软硬件质量标准体系，包括建立 ISO 9000 质量管理体系及检测系统，还需要向各子公司输入用于质量控制的硬件系统，如一些精密仪器、测试手段和生产设备。这样有利于建立整个质量控制体系，保证产品质量。

（3）吸收国际先进的管理技术。国际企业活动舞台的广阔有利于吸纳世界各地的先进质量、管理技术。国际企业采用合资、合作和收购方式成立的国外子公司，其前身往往是东道国有一定经营实力的企业，在并入国际企业之前，其质量管理方面通常有一定的合理成分。因此，国际企业可以兼容管理的方法和技术，吸收、利用国外一切合理化、有效的成功经验，建立起高效的质量管理体系。

3. 国际企业对主要供应商的产品质量管理

当国际企业采用外部筹供方式，即通过国内外的外部交易市场，为公司一些企业取得有关投入物时，用不同供应商提供的原材料和零配件，生产出具有同一质量水平的产品，质量控制的难度大，所以供应商的产品质量管理对于国际企业产品质量的控制是非常重要的。为了保证以各条渠道汇集到本企业又分配到企业下属各子公司的原材料、零配件的质量，国际企业应指派专人进行这方面的管理，对供应商的产品质量管理工作，主要包括在全球范围选择合格的供应商、对供应商资信能力的调查和对供应商的产品进行管理与监督等内容。

对于所有可能成为本企业供应商的对象,应组织力量进行调查,以确定调查对象是否具备足够的能力生产出满足本企业产品质量的原材料和零件,是否有良好的资信记录以证实其质量管理的稳定性和履约的可靠性,调查的结果作为选择供应商的依据。调查可以采用实地考察和调查表两种方法。采用实地考察方式,企业要选调财务、采购、工程制造、质量控制、工艺管理等部门的人员组成考察小组,去现场考察供应商的设施、经营管理现状、技术水平、制造能力和质量保证体系,掌握供应商在资信方面和能力方面的第一手材料,这种调查的可靠程度高。采用调查表的方法调查,调查表要精心设计,明确提出各种问题,以简便方式送达被调查的供应商,供应商在规定期限内填好并寄回调查表。对供应商的产品进行管理和监督,应该在合同中列出具体的质量要求。为了加强监督,可以派人员定期走访供应商工厂,也可向其派出常驻审核员。

(二)国际企业库存控制

越是需要互换产品和零部件的国际企业,库存控制的过程就越困难。距离、时间、国际政治和经济环境不确定等风险因素,使得企业难以确定最佳订购批量,通常为规避这些风险因素造成的不利,采取增大订购批量,增加库存的办法。例如,假如在弱币国家的一个制造企业经常从强币国家进口库存原材料或零部件,管理层就可能不顾高昂的存储成本的风险,仍然准备储藏库存物资以应对货币贬值。当管理层预期会因政治不稳定而影响进口时,会准备增加库存。而当国际企业为增加利润时,减少库存资金和库存成本,需要减少订购批量,从而要减少库存量。

近年来日本人十分推崇 JIT(just in time)生产系统概念。JIT 生产系统作为全面质量管理(total quality control,QTC)的一个组成部分,在美国制造商中也越来越流行了。JIT 生产系统的实质是原材料、零部件必须按时、准点运送到所需的生产工序,其结果是企业不需要有很多库存,这样就可以节省库存资金和库存成本。按 JIT 生产方式的要求,原材料或零部件质量要过关,并且在需要使用时能准点送到,因此供应商能准时供货也是选择供应商时的一个非常重要的条件。

小知识10-1　JIT 生产系统

第三节　国际企业采购管理

一、投入物的自制与采购决策

所需的各种生产投入物可以通过对外采购即从企业外部来源获得,也可以通过企业内部自制取得。选择自制还是采购，涉及成本收益分析，除此之外，还要考虑其他相关因素。

（一）采购与自制的成本比较

如果采购的成本低于自制的成本，从经济角度出发，应选择采购；反之，则选择自制。例如，某种零件每件采购成本为 3 元。如改为自己生产，需增加一些设备，设备购置和安装总投资 10 万元。按使用期 10 年计算，每年折旧费 1 万元。生产该零件每件所用原材料、动力、工资等成本 2.8 元。我们很容易计算出，当零件产量为每年 50 000 件时，自制与采购的经济效益相等；年产量达不到 50 000 件时，自制零件成本高于采购零件的成本，因而应选择采购；年产量超过 50 000 件时，应选择自制。

（二）供应商的可靠性

国际企业在决定自制还是采购时，除了经济合理性外，还应考虑其他的经济因素。能否不间断地供应企业所需的原材料、半成品、成品，对于企业的生存和赢利有很大影响。这是决定自制还是采购的另一个重要因素。

（三）技术因素

在资本密集行业以及使用连续过程型生产技术（process production）的领域，国际企业很可能利用内部资源取得所需材料，否则，可能会形成生产的瓶颈。有些行业生产所需的零配件属于专利技术或专有技术产品，企业不具有自制的能力，只能选择外购。

（四）管理者的偏好

管理者的偏好有时对采购与自制的选择也有很大影响。一般来说，美国和欧洲的国际企业比日本的国际企业更喜欢利用内部资源和选择自制的方式，但日本企业通常以长期合同方式与外部的供应商保持密切的联系。

（五）政治因素

有关国家特别是东道国的进出口政策、当地化政策、民族感情等因素都有可能影响企业对自制与采购的选择。

（六）国际企业整体运转的需要

在生产一体化程度高的国际企业中，各子公司或分支机构可以进行广泛的分工与协作，相互提供部件与半成品（水平联合），或在生产阶段形成生产流水线（垂直联合），由总部协调或安排它们之间的物流，从而决定了有关公司或分支机构的内部采购。即使某一子公司所产零部件的质量、成本在市场上缺乏竞争力，或者这些零部件需求的季节性较强，总部为了维持公司整体的正常运营，也有可能要求其他子公司采购该子公司的零部件，以保证该整个公司的均衡运营。

二、国际企业采购方式

国际企业的采购方式主要有集中式采购、自主式采购和混合式采购三种。

（一）集中式采购

集中式采购指由母公司统一建立基地，通过企业内部交易取得所需的生产投入或产品。

国际企业建立集中的供货来源，集中式采购适合于进行集中设点的生产方式，即把特定的生产过程或整个产品的生产集中在某个地区的几个工厂，然后分销到各地，以求最高的经济效率。

集中式采购方式的主要优点：有利于实现规模经济，降低生产成本；有利于快速开发新产品；有利于减少库存。

集中式采购的主要缺点：不能满足东道国政府就地生产的要求，因而有失去该国市场的危险；对市场和消费者偏好变化的适应性弱；主要生产基地所在国如发生社会经济和政治事件，国际企业容易受到损害。

国际企业采用集中式采购方式要有一定的条件。从行业角度看，最好是产量与单位成本高度相关的行业。产量越高、单位产品成本越低，采用集中采购方式就越能取得规模经济。从技术角度看，生产系统最好能运用连续过程型的制造技术。从地区角度看，一些国家对出口采取鼓励政策，有利于集中采购方式的采用，例如，世界各地有许多出口加工区，它们成为美国、日本等国的国际企业的供应来源基地。其部分原因是当地政府有出口补贴，且劳动成本较低。

（二）自主式采购

自主式采购由国外各子公司或工厂自主地从国际企业外部获得所需的生产投入或产品。国际企业采用自主式采购方式的优缺点正好与集中采购的优缺点相反。

如果国际企业是分散设点的生产方式，在关税和运输成本高、外汇汇率波动的条件下，采取自主式采购方式是合适的。

（三）混合式采购

实际上，集中式采购和自主式采购只是两种极端的方式，国际企业常常将两者结合起来，采用混合式采购：在一些国家，对一定的产品，采用集中式采购的方式；在另一些国家，对一定的产品，采用自主式采购方式。

混合式采购的采用往往受下列因素的影响：①技术。例如，在资本密集型行业，随着产量的增加，单位产品的间接费用减少，可以取得规模经济。在这种情况下，很有可能选择集中生产，实行集中式采购。②市场竞争。如果某个市场竞争激烈，则要求企业尽可能降低单位产品成本。在这种情况下，集中生产和采购也就显得十分必要。③零部件的互换性。国际企业在全球市场产品是标准化，零部件具有互换性，可以实行集中式采购，集中生产；否则，适合自主式采购，分散设点生产。④东道国政府的要求和压力。一些发展中国家如印度、印度尼西亚、马来西亚、巴西等，为了自主发展本国经济，不但要求国际企业在本国生产制造产品，而且设置了高额的关税和罚款。在这种情况下，实行自主式采购方式是适宜的。

三、国际企业的全球采购

（一）国际企业全球采购的含义

国际企业全球采购是指国际企业利用全球资源，在全世界范围内去寻找供应商，寻找质量最好、价格合理的产品。同时，通过采购规范的操作，有效地对采购过程中的绩效进行衡量、监督，从而在使服务水平不降低的情况下，实现采购总成本最低。与国内采购相比，国际企业的全球采购具有以下特点：

1. 采购范围拓宽至全球

采购范围不再局限于一个国家或地区，而是在世界范围内配置资源。因此，可以充分利用国际市场和国际资源，并且要从国际物流角度来处理物流具体活动，使采购物品更及时地运到生产基地。

2. 风险性增大增强

国际采购通常集中批量采购，采购项目和品种集中，采购数量和规模较大，牵涉的资金较多，而且跨越国境，受东道国政策等环境因素的影响，存在许多潜在的风险。

3. 采购价格相对较低

由于全球采购是在全球范围配置资源，可以通过比较成本的方法，寻找价廉物美的产品。

4. 选择供应商的条件严格且与之形成长期合作关系

由于全球采购，供应商来源广泛，所处环境复杂，因此制定严格标准和条件去遴选和鉴别供应商尤其重要。一般选定供应商后，采购方与供应方会选择建立起长期的战略合作伙伴关系。通过与供应商的长期合作，供应方能更好地了解采购方的需求，能取得对产品设计和对产品变化更快的反应速度，从而满足产品的市场需求，使采购方和供应方达到双赢。

（二）国际企业全球采购的流程

企业在进行全球采购时，通常遵循着一定的步骤。尽管各公司进行全球采购时，执行的流程有可能会有所差异，但是要想成功地进行全球采购，这些步骤都是必须完成的。

1. 选择首先进行全球采购的物品

企业应该选择质量优、成本低、购买量大、便于装运且无风险的商品进行国外采购。企业首先可以选择一个或多个商品进行评价。如果国外采购无法满足期望，那么就必须在国内采购。此外，企业进行全球采购时还必须使其他部门知晓全球采购的产品是什么。同时，应该提前通知潜在供应商有关数量和交货要求的计划。

2. 获取有关全球采购的信息

在确定需要进行全球采购的物品之后，企业就要收集和评价潜在供应商的信息或者识别能够承担该任务的中介。如果公司缺乏全球采购的经验，与外界联系较为有限或获得信息有限，那么获取有关全球采购的信息对于这些企业而言可能就比较困难，下面介绍一些确定潜在供应商的方法。

（1）国际工业厂商名录。工业厂商名录随着互联网的发展而迅速增加，它是产业供应商或者区域供应商信息的一个主要来源。数以千计的名录可以帮助公司迅速识别潜在的供应商。

（2）贸易展销会。贸易展销会是收集供应商信息的最佳途径之一，这些贸易展销会可能会发生在世界各地。大多数商业图书馆都有世界贸易展销会的目录，企业通过互联网还可以搜索到贸易展销会的时间、地点和注册方法。一些大型的、既定的展销会，可以吸引到世界各地的供应商。展销会为企业采购提供良好的机会，企业不仅可以签订采购合同，还可以搜集到产品和生产商方面的信息。中国著名的展销会如广交会就为国外企业订购中国产品提供了便利。

（3）贸易公司。一些中介型的贸易公司可以为买方提供各类服务，在信息搜索成本较高的情况下，企业也可以通过贸易公司来牵线搭桥。

（4）驻外代理机构。企业可以在外设立代理机构，由专门的人员提供全球采购服务。

（5）贸易咨询机构。买方可以与目标国国内主要城市的对外贸易咨询机构进行联系。

（6）其他来源。包括城市或企业的互联网主页、贸易杂志、销售手册和目录。

3. 评价供应商

无论是买方公司还是外国代理机构进行全球采购，企业评价国外供应商的标准都应该与评价国内供应商的标准相同（甚至更加严格）。国外供应商不会主动达到买方的绩效要求或期望。企业在对国外供应商进行评价，需要考虑国内资源获取与国外资源获取之间是否存在着显著的成本差别，国外供应商提供的价格稳定性如何，供应商的技术和质量能力怎样，供应商是否应用严格的质量控制技术，供应商是否具备稳定的装运制度，本企业能否与供应商建立长期的合作关系。

通常，企业会采用实验性的订货方式来评价国外供应商。买方通常不会与某一个国外供应商签订全部采购合同，而是用少量或实验性订货来建立供应商的绩效跟踪记录。

4. 签订合同

确定了合格的供应商之后，买方就要征求供应商的评价建议书。如果国外供应商并不具备竞争力（通过评价建议书来确定），那么采购员就会选择国内供应商。如果国外供应商能够满足买方的评价标准，那么买方就可以与供应商磋商合同条款。无论与哪个供应商合作，买方都要在合同的整个有效期内对供应商进行持续的绩效考察。

（三）国际企业全球供应商选择应满足的主要条件

很多企业建立了详细的供应商评价标准，用来帮助进行供应商的选择。一般来说，国际企业全球采购中供应商的选择应考虑满足以下主要条件。

1. 质量规格达到明确标准

采购物品的质量是衡量供应商的最重要因素。一般产品价值中一半以上的部分是经过采购由供应商提供的，那么企业产品质量更多地控制在供应商的质量管理过程中，这也是"上游质量控制"的体现。上游质量控制得好，可以为下游质量控制打好基础，通过采购将质量管理延伸到供应商，是提高企业自身质量水平的基本保证。全球采购中，采供双方就采购物质量达成明确标准非常重要，否则以后双方产生分歧，处理费用十分昂贵。

2. 价格合理

采购物品的价格是选择供应商的另一个主要因素。原材料的价格会影响最终产品的成本，因此应该选择能提供有竞争力价格的供应商，但这并不意味国际企业必须选择报价最低的供应商。合理价格是综合考虑供应商提供产品的质量、数量及附带服务后确定的价格。供应商还应该有能力向购买方提供改进产品成本的方案。

3. 交货准时可靠

交货准时是指供应商应将产品及时送达指定地点。如果供应商的交货准时性低，就会影响生产商的生产计划和销售计划，导致供应链的低效率和生产商的损失。此外，供应商的信誉也需要被考量，应该选择有较高声誉、经营稳定、财务状况良好的企业。

4. 具有较高的生产能力和服务水平

生产能力是指供应商必须具备相当的生产规模与发展潜力，这意味着供应商制造设备必须能够在数量上达到一定规模，能够保证市场变化供应增加所需数量的产品。另外，供应商的服务态度、服务质量和技术服务水平的高低也会影响对供应商的选择，不同的产品会产生不同的服务要求，如购买计算机、设备等技术产品或部件，就要求有培训、上门安装、维修方便等服务。因此，企业在选择供应商时还必须考虑是否具备自身所需求的服务。

小案例 10-2 福特汽车公司配置全球资源的策略

第四节 国际企业技术选择与转让

一、技术及其分类

世界知识产权组织在1977年版的《供发展中国家使用的许可证贸易手册》中，给技术下的定义为："技术是制造一种产品的系统知识，所采用的一种工艺或提供的一项服务，不论这种知识是否反映在一项发明、一项外形设计、一项实用新型或者一种植物新品种中，或者反映在技术情报或技能中，或者反映在专家为设计、安装、开办或维修一个工厂或为管理一个工商业企业或其活动而提供的服务或协助等方面。"这是目前国际上给技术所下的最为全面和完整的定义。知识产权组织把世界上所有能带来经济效益的科学知识都定义为技术。

广义地讲，技术是人类为实现社会需要而创造和发展起来的手段、方法和技能的总和。作为社会生产力的社会总体技术力量，包括工艺技巧、劳动经验、信息知识和实体工具装备，也就是整个社会的技术人才、技术设备和技术资料。

技术按照不同的角度分类，有不同的类型。技术按生产行业的不同，技术可分为农业技术、工业技术、通信技术、交通运输技术等。技术按先进程度，可以分为先进技术、中间技术和落后技术等。技术按其变化程度，可以分为原有技术、改进技术和新的技术等。按照知识产权保护角度，技术可以分为专利技术、专有技术、商标、版权和商业秘密等。按照生产要素密集程度不同分类，技术可以分为劳动密集型技术和资本密集型技术。

二、影响技术选择的主要因素

（一）生产规模

一般来说，生产规模越大，就越有可能运用资本密集型的生产技术，原因是自动化程度高的机器设备专用性强,需要长期按设定能力进行生产才能保证单位产品折旧成本降到可行的水平。如汽车制造和许多耐用消费品的生产即属于这种情况。如果市场容量有限,则工厂难以长期满负荷生产,这时,如果技术上可行,自动化程度低、通用性较强的技术设备就是一种必然的选择。

(二)对产品质量的要求

国际企业为了维护其产品在市场上的质量地位,或保证多工厂体系中各工厂相互之间的正常交换,从整体利益出发,会强调使用先进技术,即使该工厂是建在劳工成本低廉的国家。

(三)劳工成本与人员素质

从经济的角度来看,技术型设备利于劳动成本的节约,当东道国劳工对资本的相对成本低廉时,选择半手工操作的劳动密集型技术无疑会大大降低技术资本的投入,从而保证生产成本的节约。例如剃须刀的生产需要劳动密集型的技术,考虑到马来西亚劳动力成本低,以及政府对进口的限制,美国吉列公司就设计了一座微型工厂,这个工厂的自动化程度比吉列公司在其他任何地方的工厂都要低,在这座微型工厂里,大部分包装工作是手工完成的。因为马来西亚劳动力成本较低,所以这座小型工厂的总成本比大工厂的成本低得多。同时,也可以满足马来西亚政府对雇用更多工人的要求。吉列公司在马来西亚的实验取得成功以后,又在菲律宾、印度尼西亚等地开设了相似的工厂。此外,现代化生产过程需要有现代化的管理人员进行管理和调度,需要有高水平的技术人员对设备进行安装、调控和维护。

(四)行业类型

行业类型直接影响企业的技术选择。有些行业,如纺织、制鞋、木制品、制药、食品等,可以选择劳动密集型技术或资本密集型技术。但对另一些行业,如石油化工、电子设备、重型机械等,选择劳动密集型技术的可能性很小,这就是说,这些行业的生产需要使用具有一定技术含量的生产设备的刚性较大。

(五)技术发展

还有一些其他因素影响企业对技术的选择。如在选择技术时,还应考虑投资技术的生命周期,如果选择即将过时的技术,该工厂在将来会无法与本公司其他现代化工厂及竞争对手竞争。

三、国际企业技术转让

技术的创新和进步是世界经济增长的重要因素,先进技术在生产中的应用常常会带来巨大的经济效益，并且日益成为国际竞争的主要动力，技术优势成为国际企业保持垄断优势的重要部分。世界上先进的生产技术绝大多数由国际企业开发、拥有和控制。因此，国际企业被称为国际技术转移的"重量级选手"。

（一）国际技术转让的含义

技术转让（technology transfer）是指拥有技术的一方通过某种方式把一项技术让渡给另一方的活动。技术转让的行为，从技术供应方的角度来看，是技术的输出；从技术接受方的角度来说，是技术的引进。技术转移可以发生在一国范围内，也可以发生在不同国家之间。国际技术转让（international technology transfer）是指跨越国界的技术转移。具体来讲，国际技术转让是指一国的技术拥有者通过贸易、合作、交流等形式，将其所拥有的技术及有关权利，提供给另一国的技术需求者的行为。国际技术转让可分为有偿和无偿两种。有偿的技术转让也称为国际技术贸易，无偿的技术转让属于非经常性质的技术援助。国际技术转让一般是指有偿的技术转让。

从事国际经营活动的国际企业为了获取竞争优势，时常要设法从国际上引进先进技术；同时，有些企业为了谋取最大利益，也考虑将本企业所拥有的技术使用权有偿转让出去。因此，国际技术转让是企业国际经营活动的重要内容，是企业家必须重点关注的事项之一。

需要指出的是，技术的国际流动不是完全自由的，各国政府均设有政策限制。第一，技术转让要受母国政策的影响。任何国家为了保证自己的某些技术在世界上的领先地位，总是对先进技术的输出制定种种限制性规定。第二，技术转让会受东道国政策的影响。任何国家都会根据自己的国情，制定对技术的引进或限制政策。

（二）国际技术转让的主要方式

拥有技术的企业一般通过技术专利、专有技术、商标、版权和商业秘密这五种方式保持其对某项技术的产权。技术转让就是对上述五种产权的转让。国际技术转让由于所转移的具体项目的性质、水平、渠道不同而采取不同的实施方式。国际技术转让的具体方式很多，但可分为两大类，一类是单纯技术转让，这就是通常所说的知识产权转让或技术许可证贸易；另一类是通过货物贸易或对外直接投资附带进行的技术转让。目前，国际技术转让的主要方式有许可证贸易、技术服务、合作生产与合资经营、国际工程承包、补偿贸易等。

1. 许可证经营

许可证经营是目前国际间进行技术转让的最主要方式。随着科学技术的进步、新技术的不断涌现，以及技术在经济发展中作用的日益明显，各国都把引进技术作为当务之急。而技术的提供方为了获取高额利润，或绕过贸易壁垒，或开拓新的技术市场，不断以有偿的方式出让技术的使用权，这就促使许可证经营在全球范围内得以迅速发展。

按交易的标的划分，许可证经营可分为专利许可、专有技术许可、商标许可和综合许可。①专利许可。专利许可是指将在某些国家获准的专利使用权许可他人在一定的期限内使用。专利许可是许可证经营的最主要方式。②专有技术许可。专有技术许可是指专有技术的所有人在受让人承担技术保密义务的前提下，将专有技术有偿转让给他人使用。③商标许可。商标许可是指商标所有者授予受让人在一定的期限内使用其商标的权利。④综合许可。综合许可是指技术的所有者把专利、专有技术和商标的使用权结合下来转让给他人使用。许可证贸易大多为综合许可，单纯以专利、专有技术或商标为标的的许可证贸易很少。

按授权的范围划分，许可证经营可分为普通许可、排他许可、独占许可、分许可和交叉许可。①普通许可。普通许可是指许可方将技术和商标的使用权、专利产品的制造权和销售权，授予被许可方在一定地域或期限内享用，许可方在该地区享有上述权利，及将上述权利转让给该地区第三者的权利。②排他许可。排他许可是指许可方将技术和商标的使用权、专利产品的制造权和销售权，让被许可方在一定地域或期限内享用，许可方在该地区仍享有上述权利，但不得将上述权利转让给该地区的第三者享用。③独占许可。独占许可是指许可方将技术和商标的使用权、专利产品的制造权和销售权，转让给被许可方在一定地域或期限内享用，许可方不仅不能在该地域内将上述权利转让给第三者，而且自己在该地域内也丧失上述权利。独占许可合同一般价格较高。④分许可。分许可亦称可转售许可。是指许可方将其技术和商标的使用权、专利产品的制造权和销售权，转让给被许可方在一定地域或期限内享用以后，被许可方还可以将得到的上述权利转让给其他人使用。⑤交叉许可。交叉许可又称为互换许可，是指许可贸易的双方将各自所拥有的技术和商标的使用权、专利产品的制造权和销售权相互交换，互相许可对方享用其上述权利。交叉许可交易既可以是普通许可，也可以是排他许可或独占许可。

2. 技术服务

技术服务是伴随着技术转让进行的。目前，国际上出现了很多以提供信息、咨询、技术示范或指导为主的技术服务性行业。它们主要是通过咨询服务和人员培训来提供技术服务的。咨询服务的范围很广，如帮助企业进行市场分析和制定行业的规则，为项目投资进行投资前可行性研究，为项目施工选择施工机械，对企业购置的设备进行技术鉴定，为大型项目提供设计服务等。人员培训提供者为生产企业所需的各类技术人员进行专业培训，培训的方法既可以是需要培训的人员到技术服务的提供国接受集中系统的培训，也可以是由技术服务的提供方派专家到技术服务的接受方所在国进行讲解或实际操作示范。

技术服务与许可证贸易不同，它不涉及技术所有权与使用权的转让，而是技术的提供方用自己的技术和劳动技能为企业提供有偿服务。

3. 合作生产与合资经营

合作生产指的是两个不同国家的企业之间根据协议，在某一项或某几项产品的生产和销售上采取联合行动并进行合作的过程。而合资经营则是两个或两个以上国家的企业所组成的共同出资、共同管理、共担风险的企业。合作生产与合资经营的区别在于，前者强调的是合作伙伴在某一领域合作中的相互关系，而后者主要强调企业的所有权及其利益的分享和亏损的分担问题。

不管是合作生产还是合资经营，技术在合作生产或合资经营过程中都实现了转让。在合资经营中，一方一般以技术为资本来换取效益和利益，而另一方可以用多种形式的资产作为股本，成为技术的受让者。合作生产的内容比合资经营更为广泛，既可以是项目合作、开发合作、生产合作，也可以是销售合作。在生产合作过程中，其中一方实际上是以获取技术要素为宗旨，以提高其产品质量及增强企业实力为目的。利用合作生产或合资经营来引进国外先进技术，已成为世界各国的普遍做法。

4. 国际工程承包

国际工程承包是指通过国际间的招标、投标、议标、评标、定标等程序或其他途径，由具有法人地位的承包人与发包人之间，按一定的条件和价格签订承包合同，承包人提供技术、管理、材料，组织工程项目的实施，并按时、按质、按量完成工程项目的建设，经验收合格后交付给发包人的一项系统工程。

工程承包方式适用于大型的建设项目，如机场、电站和各类生产线的新建或扩建等。这类项目不仅规模大，而且伴随着技术转让问题。在施工中，承包人提供最新的工艺和技术，并采购一些国家的先进设备。有些项目还涉及操作人员的技术培训，生产运行中的技术指导，以及专利和专有技术的转让。由于目前的国际工程承包活动盛行建设–经营–转让（BOT）等方式，这就使国际工程承包中技术转让的内容十分广泛。现在许多国家都通过国际工程承包活动来带动本国企业的技术改造。

5. 补偿贸易

补偿贸易是指在信贷的基础上，一国企业先从国外厂商那里进口技术和设备，然后以回销产品或劳务所得的价款，分期偿还外商提供的技术和设备的价款。补偿贸易也是发展中国家引进技术的一种途径。因为在补偿贸易方式下，技术和设备的出口方向进口方提供信贷，正好解决了急需技术和设备的进口方的资金问题。通过补偿贸易，一些老企业得以进行技术改造，填补了进口国的某些技术空白，增强了进口国的出口创汇能力，进而推动进口国技术进步和经济的发展。

(三)技术转让的价格和支付

技术是有价值的,技术的价格也是以技术的价值为依据的,但技术的价格与其价值并不完全相同。技术的价格实际上是技术的接受方向技术的提供方支付的全部费用,同时也是超额利润和新增利润的分层。技术的价格总是在不断变化的。技术价格的确定一般取决于技术的研发成本、技术的市场需求、技术的生命周期、支付方式以及谈判的策略和技巧等影响因素。

1. 技术价格的构成

技术的价格一般由以下三个主要部分构成。

(1)技术的研发成本。这部分成本主要包括研究开发技术所消耗的物化劳动和活劳动,它大约占技术价格的 60%~70%。

(2)交易费用。技术的提供方为转让技术而支付的各种费用,如派出谈判人员、提供资料和样品、培训人员、签订合同、提供技术指导及管理等费用。

(3)利润补偿费。由于技术的转让,技术的提供方在技术的受让国市场或第三国市场因失去该技术产品的市场份额而蒙受利润损失。其应得的补偿也是价格的一部分。

2. 技术转让费的支付

技术贸易的支付方式与商品贸易有所不同。目前国际上通行的技术转让费的支付方式大致有以下三种:

(1)一次总付。一次总付是指双方在技术转让合同时确定一个总价格,然后由技术的受让方一次性或分期支付。这种支付方法尽管价格明确,但由于利润与收益无关,技术的受让方难以得到提供方的技术帮助,从而使技术难以发挥最大的效益。同时,提供方也丧失了提高利润的机会。

(2)提成支付。提成支付是双方签订技术转让协议时不确定技术的总价格,而是规定根据所转让的技术投产后的实际经济效益在一定的偿付期限内按一定的比例提取技术转让费的一种方式。提成支付可按销售额、利润或产量提成。其特点可归纳为八个字——"事后计算,按期偿付"。提成支付的最大好处是技术引进风险小,在整个协议期间,技术转移双方的利益或风险都捆在一起,因而可使技术供应方尽心尽责地传授技术,帮助受让方迅速进入正常生产阶段。

(3)入门费加提成。入门费加提成是总付和提成支付两者相结合的支付方式。它是在双方签订了技术转让合同之后,技术的受让方按协议规定,先向技术的提供方支付一笔款项,即入门费,是指许可方为约束接受方严格履行合同收取的定金,也是对许可方提供资料、披露技术机密、传授技术的报酬,一般为技术价格的 15%左右,然后在转让的技术投产后,按销售额、利润或产量提成支付。入门费加提成的支付方式可约束技术引进方和供应双方共担风险，并设法提高项目的实际经济效果，保证技术引进双方的利益，是目前国际技术转让中使用最广泛的一种支付方式。

本 章 小 结

1. 国际企业的生产系统由其在海内外各地的工厂和相应的采购、技术、设备维修等辅助机构所构成。国际企业对其在世界范围内的厂址选择、工厂技术和规模设计等作出最终抉择之前，必须首先确立国际生产系统的指导思想，即国际生产系统是实行标准化还是差异化。国际生产系统的标准化是指在海内外各地的工厂在产品生产制造活动的各个环节推行制定统一标准，包括产品设计、生产工艺、生产流程和产品质量检验方法的标准化、产品包装、产品维护、储运规范化等内容。国际企业生产系统的差异化是指由于种种障碍而使标准化难以实施之时，国际企业在不同国家或地区采用不同的生产体系，以达到企业经营的目的。

2. 国际企业生产布局主要有集中生产方式和分散生产方式两种。国际企业采用集中生产方式，是指在某国家或地设立一个可以供应全球市场的成品生产基地，一个或几个较大规模的工厂，集中生产，分销世界各地。分散生产方式是指国际企业依据产品需求特点在全球各国划分若干个销售市场，并在各主要市场国设立生产制造工厂，当地生产，当地销售的一种生产方式。集中生产方式和分散生产方式各有优缺点，选择集中生产方式的国际企业的产品应具有广泛的国际市场，且产品的需求在较长时期内具有一定的稳定性，企业本身有较高的生产效率，能以低成本优势占领较大范围的国际市场。

3. 国际企业选择一个合适的厂址应考虑多种因素，其中主要包括气候条件，基础设施，生产要素成本，原材料、零部件的可供量，运销成本，当地政府的补贴或其他优惠政策等。

4. 国际企业生产系统投入营运时，包含生产性活动和辅助性活动两类。国际企业在生产性活动过程中出现的主要问题有产量、产品质量和制造成本等，企业应根据产生问题的不同原因采取相应对策，以确保生产活动的顺利进行。每一个生产系统都需要提供一些辅助性活动，如采购、维修保养、技术职能等，这对于生产的正常运行是必不可少的。

5. 国际企业的产品质量控制除了必须遵循一般企业质量管理的原则外，还必须注意争创名牌并注重其扩张、建立国际标准的软硬件质量体系和吸收国际先进的管理技术等。供应商的产品质量管理对于国际企业的产品质量控制而言是非常重要的。对供应商产品质量管理工作主要包括在全球范围选择合格的供应商、对供应商资信能力的调查和对供应商的产品进行管理与监督等内容。国际企业库存控制较国内企业因原材料、零配件跨国供应带来的风险更强,因而最佳订购批量和库存量难以确定。JIT 生产系统在日本率先兴起,JIT 以订单驱动,与原材料或外购件的供应者建立联系,以达到 JIT 供应原材料及采购零部件的目的。通过看板,采用拉动方式把供、产、销紧密地衔接起来,使原材料、在制品和成品库存大为减少,库存成本大大降低,提高了生产效率。

6. 国际企业采购决策,首先要考虑所需的各种生产投入物,是选择自制还是外购,选择的影响因素有采购与自制的成本比较、供应商的可靠性、技术因素、管理者的偏好、政治因素、国际企业整体运转需要等。国际企业的采购方式有集中式采购、分散式采购和混合式采购三种。国际企业通过全球采购,在全世界范围内去寻找供应商,寻找质量最好、价格合理的产品,并实现采购成本最低。全球供应商的选择条件包括质量规格达到明确标准、价格合理、交货准时可靠、较高的生产能力和服务水平。

7. 国际企业生产技术的选择与转让是生产管理的重要内容。影响企业技术选择的因素主要有生产规模、对产品质量要求、劳工成本与人员素质、行业类型及技术发展等。从事国际经营活动的国际企业为了获取竞争优势,时常要设法从国际上引进先进技术;同时,有些企业为了谋取最大利益,考虑将本企业所拥有的技术使用权有偿转让出去。因此,国际技术转让也是企业国际经营活动的重要内容。国际企业技术转让的主要方式有许可证经营、技术服务、合作生产与合资经营、国际工程承包和补偿贸易。国际技术转让一般是有偿的,技术的价格主要由技术的研发成本、交易成本和利润补偿费三部分构成。技术的支付方式有一次总付、提成支付、入门费加提成三种方式,入门费加提成运用最广泛。

1. 国际生产系统的标准化和差异化是什么?它们分别体现在哪些方面?
2. 简述国际企业选择厂址时需要考虑的因素。
3. 请分析国际企业原材料、零配件选择自制还是外购的主要因素。
4. 简述国际企业全球采购供应商选择的条件。
5. 分析国际技术转让的概念,并说明国际技术转让的主要方式。

第十一章

国际企业财务管理

【学习目标】

- 理解国际财务管理概念、特点及其内容
- 了解国际企业的资金管理
- 掌握国际企业融资方法及其选择
- 理解国际企业财务风险管理

宝洁公司的全球财务管理

宝洁公司（Procter & Gamble，P&G）是世界最大的日用消费品之一，全球雇员近10万，在全球数十个国家和地区设有工厂和子公司，该公司拥有300多个品牌的纸品、清洁用品、食品、保健品和化妆品，这些商品销往全世界180多个国家和地区。在中国，宝洁的飘柔、海飞丝、潘婷、舒肤佳、玉兰油、护舒宝、汰渍、碧浪和佳洁士等已经成为家喻户晓的品牌。与其全球扩张不相称的是，宝洁公司有关投资、筹资、货币管理和外汇政策等财务运作，直到20世纪90年代初还是相当分散的。各主要国外子公司基本上自行管理投资、借款和外汇交易，位于美国辛辛那提市宝洁公司总部的国际财务管理部仅仅在外债方面对各子公司进行控制。

目前，宝洁公司总部在进行全球财务管理时，采用了更为集中的体制，密切关注着公司在全世界众多地区性财务管理中心的运作。这一由分散到集中的变化趋势，在一定程度上体现了宝洁公司国际交易量的日益上升以及由此引起的外汇风险的增加。与许多国际企业一样，宝洁公司一直在致力于将某些产品集中在有特定优势地点制造，而不是在其所在从事经营业务的国家制造，这样做的目的在于优化公司的全球生产系统以实现成本经济性。朝着这一方向，跨国海运的原材料、产成品在品种和数量上正跳跃式地快速增长。但这也引起宝洁公司外汇风险规模的相应增加，现在的交易金额往往高达几十亿美元。另外，宝洁公司1/3以上的外汇风险是非美元风险，交易中需要把欧元兑换为韩元或将英镑兑换成日元。

宝洁公司认为集中进行外汇交易的全面管理对于公司有重要意义。首先，考虑到许多子公司经常持有各自经营所在国货币的现金余额，宝洁公司可以在子公司之间开展内部外汇交易。由于这一交易过程没有银行的参与，因此降低了交易成本。其次，宝洁公司发现许多子公司每次购买外汇金额比较小，比如10万美元。倘若把每次小金额的购买合并成一笔大金额的购买，宝洁公司可以从其外汇交易商处获得更优惠的价格。最后，宝洁公司降低了为了对冲每次外汇风险而单独购入期权的费用。

除管理外汇风险交易外，宝洁公司全球财务管理还取代当地银行的职能来安排子公司之间的投融资，有多余现金的子公司可以贷款给其他需要资金的子公司，全球财务管理扮演了一个银行中介的角色。宝洁公司现已将与其有业务往来的当地银行从450家削减到200家。用公司内部贷款取代从当地银行贷款，就可以降低总的贷款成本，这将为公司每年节约几千万美元的利息支出。

资料来源：R. C. Stewart. Balancing on the Global High Wire[J]. Financial Executive, 1995(5), 35-39。

第一节 国际企业财务管理概述

一、国际财务管理的含义和内容

（一）国际财务管理的含义

国际财务管理一般是指国际企业财务管理，简称为跨国财务管理或国际财务管理。国际财务管理是财务管理的新领域，它是基于国际环境，按照国际惯例和国际经济法的有关条款，根据国际企业财务收支的特点，组织国际企业的财务活动、处理国际企业财务关系的一项经济管理工作。

国际财务管理与国内财务管理活动类似，主要也包括三大财务活动——投资管理、融资管理、营运资本管理，但研究的主体是国际企业，而一般的财务管理研究的主体是国内企业，是企业理财的一般理论和实践，研究的主体主要是上市公司。

国际财务管理研究的主要内容是因跨出国界引起的财务问题，它涉及国际金融市场，国际金融侧重于开发国际金融工具和理论研究，而国际财务管理侧重于金融工具的实际运用。需要注意的是国际财务管理强调国际企业在所处的不同文化、政治、法律和经济环境下理财，要处理好财务关系，防范外汇风险，因此外汇风险管理也是本章的主要内容。

（二）国际财务管理的内容

（1）按国际企业财务活动环节分，有国际筹资管理、国际投资管理、国际营运资本管理和国际利润管理。

（2）按国际财务管理的特殊内容分，有汇率预测和外汇风险管理、国际资金转移、货币衍生工具、国际税收等。

二、国际财务管理的主要目标

国际财务管理的财务目标可分为以下三个：①税后合并收益最大化；②全球税赋最小化；③公司收益、现金流量和可得现金有合理的头寸。

通常跨国财务管理的主要目标是税后合并收益最大化，即国际企业的各分支机构在不同经济环境获得的、用不同货币表示的利润经汇率调整后的合并利润最大化。

三、国际财务管理的特点

对国内企业财务管理而言，企业的财务活动发生在本国范围之内，其资金筹集、使用、结算以及收益的分配，都不跨越国界，而且一般不涉及外币的使用，因此管理起来相对简单。国际企业的经营与财务活动跨越国界，与其他国家或地区的企业、单位或个人发生了财务关系，因此涉及的问题更为广泛和复杂。

（一）更为复杂的理财环境

由于各国的经济、政治、法律、社会文化等存在很大差异，国际企业的财务经理在进行财务决策时，不仅要熟谙母公司本国的情况，还需要深入了解所涉国家的有关情况。国际企业每进入一个新的国家，都必然面临不同制度、文化、法律等的诸多冲突，而国际企业往往又同时在多个国家进行经营，因此需要应付不同的矛盾。

国内理财环境一是更具有稳定性，二是环境变化一般都比较容易被预见，能够及早做好应对环境变化的准备。而国外理财环境不同，一国政治或经济的变化，比如各国利率的调整、汇率的变化、外汇管理政策、税收政策等，波及国际企业某个经营所在国的可能性高，而跨国的信息来源相对国内有限，信息沟通存在时滞，环境变化预测困难等。企业对环境变化要加以缜密的分析，因为其对国际企业利润水平和财务状况可能产生直接的、重大的影响，这就要求国际企业财务管理在决策上具有更强的应变能力。

（二）资金筹集渠道广泛

国际企业的全球化经营使国际企业拥有国际资本市场、东道国金融市场、母公司所在国资金市场以及国际企业内部的资金调度等多元融资渠道和方式，从而使其资金融通具有渠道多、筹资方式灵活、融资选择余地大等特征，但各国政府的行政干预以及社会、经济、技术等方面的原因使得国际资本市场不断细分。各国资本的供求状况不同，获取资本的难易程度不同，从而使得不同来源的资本的成本和风险不同。除此之外，不同来源的资本的政府补贴、税负等也不相同，从而为国际企业实现总体融资成本最小化的战略目标提供良好的机会。这就要求国际企业凭借其全球化资金调度的能力和信息网络，抓住机会，从便于全球范围内权衡利弊，选择最适合公司整体利益的融资方案。

（三）资金投入的风险更高

国际企业的全球化经营，在其选择机会增加的同时，其所面临的国际政治、经济环境中的各种风险因素也在增加。

第一类是经济和经营方面的风险。包括：①汇率变动风险（如汇率波动企业要承受汇率变动所带来的交易风险、经济风险和换算风险等不同形式的外汇风险）；②利率变动风险；③通货膨胀风险；④经营管理风险；⑤其他风险。

第二类是上层建筑和政治变动的风险。包括：①政府变动的风险；②政策变动的风险；③战争因素的风险；④法律方面的风险。

在进行国际财务管理时，不但要熟悉和考虑母国环境因素，而且需要深入了解所涉及国家的政治、经济、文化和法律等政策和制度方面的重大变化，如各国利率的高低、汇率的变化、外汇管制政策等，如何规避这些因素对国际企业的财务状况有可能产生的负面影响成为国际财务管理必须面对和解决的重要问题之一。

四、国际财务管理的模式

国际企业财务管理依据决策权集中程度的不同而有三种管理模式可选择，即集权管理模式、分权管理模式、集权与分权相结合的管理模式。

（一）集权管理模式

集权管理模式又称为本国中心管理模式。该管理模式将海外业务看作国内业务的扩大和延伸，所有战略决策与经营控制权都集中在母公司总部，所有分支机构或子公司的决策只能在总部的详细政策和规定下做出，其财务管理活动如现金管理、资本预算、融资管理等都纳入母公司的计划和控制体系（如图11-1所示）。

国际企业之所以采用集中财务管理模式，主要有三个原因：①在国际经营管理中能集中富有经验的国际理财专家进行国际财务管理；②使经理们从整体的角度来看问题，使公司在整体范围内的财务活动保持一致，如获取资金调度和运用中的规模经济效益，优化资金配置，保证资金供应，同时借以对全球生产经营加强控制，降低融资成本，实行全球税收计划、资本预算；③在国际活动中起到监督作用。

集权财务管理模式的优点主要有以下四点：

（1）公司总部可以利用优秀的理财专家进行专业化理财管理，提高企业理财水平。

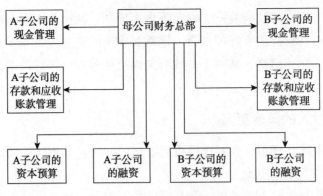

图 11-1 集权财务管理模式

（2）集权管理可以在全球范围内寻求低成本的资金来源，并通过内部转移渠道分配各分支机构所需资金，从而降低资金成本。这样，既可以满足资金需求，又可以提高资金使用效率。

（3）集权管理有利于外汇风险管理。母公司通过统一安排各单位的外汇头寸及其分类和结构，在国际金融市场上统一进行外汇套期保值，还可有效地利用提前或滞后、多边冲销等技巧以及风险管理创新工具。

（4）集权管理有利于税收管理。母公司综合考虑子公司所在国的税收环境，通过避税港建立子公司，统一规划企业的税收策略，可以使整个企业的税额降至最低。

集权管理模式也存在一定的弊端：

（1）财务管理决策权是各子公司和分支机构的一个重要组成部分，集权管理必然在一定程度上削弱各子公司的经营自主权，挫伤子公司经理的积极性，甚至可能因此丧失许多财务机会。

（2）集权管理是以企业整体利益为目标，它往往与具体子公司的直接利益相冲突，这种全局与局部之间利益的不一致，导致子公司当地股东及东道国政府的不满，进而可能引发一系列的冲突。

（3）实行集权管理不利于母公司考虑子公司的真实财务业绩，给子公司经营绩效考核增加了困难。由于考虑到企业的整体利益，有些子公司不得不放弃局部利益，而另一些公司可能获得本不属于它们的额外好处。

（4）由于国际企业规模庞大，在世界各地建立了许多分支机构或子公司，而各分支机构或子公司遇到的问题也不一样，因而集中管理使各分支机构或子公司的财务活动变得困难。

（二）分权管理模式

分权管理模式又称为多国中心管理模式。该模式是将财务管理决策权分散给各子公司，母公司起控股公司的作用，它把许多决策权授予各个国家和地区的分支机构或子公司（如图11-2所示）。由于各分支机构或子公司的经理最了解当地的情况，因此，他们可以非常及时和迅速地做出决策，使各分支机构或子公司更有效地经营，同时有利于评估各个经理的业绩。一般而言，这种模式主要适用于如下三种情况。

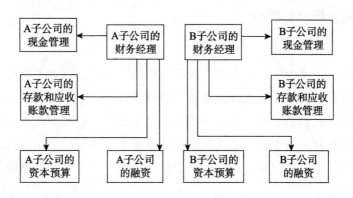

图11-2　分权财务管理模式

（1）在国外的分支机构或子公司是独立法人，并且经营活动相对于母公司来讲也是独立的；

（2）国外分支机构或子公司已经在外长期经营，并拥有强大的财务部门；

（3）国外分支机构或子公司已经拥有他们自己的财务人员，子公司相对于母公司的战略决策而言并不重要。

（三）集权与分权相结合的管理模式

为了充分利用集权与分权财务管理的益处，一些国际企业采取部分集权、部分分权的财务管理模式，即总部与分部的管理模式。重要决策集中，其他决策分散，对某些国家的子公司实行财务集中，对另一些国家的子公司实行财务分权。此外分权的选择还取决于子公司的特点，如果一个子公司的管理者的自主性和能力都强，分权是有利的。在这样的地方，可建立控股公司并实行多中心管理。相反，如果子公司管理者能力有限，则强化控制。

第二节　国际企业融资管理

国际企业的融资管理简称为国际融资管理，是指国际企业对国际资本的筹措与使用。与国内企业相比，国际企业筹集资金的渠道和方式更多，影响资金成本的因素更复杂。

一、国际企业资金来源

国际企业在世界各地的生产经营活动需要大量的固定资本和流动资本，如需要资金购置土地、设备和建设厂房,需要资金用于国际间产品运输、市场营销、其他经营支出。国际企业融资管理就是寻求各种有效资金来源,以低成本和低风险进行融资。国际企业的资金来源包括公司内部资金和外部资金两个部分。

(一)公司集团内部筹资

1. 企业内部积累

企业内部积累主要由保留盈余和折旧提成构成。企业赢利水平越高,保留盈余来源越充裕。但保留盈余的具体额度,取决于多种因素。一般来讲,企业总希望保留一定的利润,即使在赢利水平提高的情况下也尽量使股息上升水平低于赢利提高幅度,以增加企业内部积累,用于扩大企业和稳定股息水平。保留盈余再投资,可以减少这部分利润,如果作为股息发放时承担的所得税,也减少了对外发行新股的发行费用,因而资金成本较低。

折旧提成在一般企业资金来源中占40%左右比重,构成重要的资金来源。现在,有些国家采取加速折旧政策,企业也就乐于按法定最高折旧率提取折旧费,一方面加大成本,减少所得税支出,另一方面要尽早抽回物化在固定资产上的成本。

2. 母公司对子公司的股权投资

母公司在海外子公司进入运转后也可能进一步提供股权资本。一种情况是子公司规模扩大,需要增资;另一种情况是扩大自由资本比重,以扩大控制权或降低债务产权比率。母公司对海外子公司的后续投资,主要是将未分配的利润投资入股。

3. 集团公司内部各单位之间相互提供的资金

母公司通常以要求子公司定期上交管理费,联属企业之间也会因专利、技术、商标等无形资产的转让而发生授权费与提成费支付,这些费用构成企业内部资金转移和融通。集团公司内部各单位之间相互也可以通过贷款方式提供资金,这使得国际企业更易于利用不同金融市场的利率差异,获得成本较低的资金。如果海外子公司所在国对资金移动不加限制,母公司可以直接向子公司贷款,子公司之间也可以相互直接贷款。如果用款公司所在国实行外汇管制,则国际企业体系内跨国直接贷款风险太大或成本太高,宜采取迂回贷款方式。

(二)母国筹资

国际企业熟悉母国的金融市场,并与母国的金融机构有紧密的联系,因而能从母国较方便地筹措所需的资金。这些资金来源通常有:①在本国金融市场上发行股票和债券,为海外生产经营筹集资金;②从母国的政府机构、商业银行和金融机构获取贷款;③利用母国政府鼓励对外投资和商品出口的优惠政策,获取专项资金,如出口信贷等专项资金。

(三)东道国筹资

当内部资金和母国资金不能满足需要时,特别是东道国资金成本较低时,国际企业便会转向东道国筹措资金。可利用的东道国资金来源大致包括证券资金,从东道国政府机构、商业银行和其他金融机构获取的各类贷款,寻找当地居民或组织合资经营,从母国对东道国的援助项目中取得资金。

(四)第三国资金来源

公司资金来源于它们所在国之外的第三国称为国际资金。进入国际信贷市场和利用银团贷款,进入国际债券市场发行外国债券或欧洲债券,进入国际股票市场发行国际股票等。来自第三国的资金渠道多、规模大,可以为国际企业提供充足的资金和不同的选择机会。

1. 欧洲货币市场

国际企业可以从参与欧洲货币市场业务的银行取得贷款,这种贷款绝大多数为浮动利率,贷款期限比较灵活,从3个月以下到10年以上都有。如果贷款额度过大,则可采用银团贷款,由某银行出面组织若干家银行共同贷款。

2. 国际债券市场

国际债券分为外国债券和欧洲债券,前者是国际借款人在外国债券市场发行的、以发行所在国货币为面值的债券,后者是国际借款人在外国债券市场发行的、以第三国货币为面值的债券。欧洲债券市场是一个境外市场,不受任何国家金融当局的管辖,因而筹资者可以抓住有利的市场机会,在短时间内迅速投放欧洲债券。发行欧洲债券筹资最大的好处是成本低。

3. 国际金融机构资金

一些全球性或区域性国际金融机构出于不同的目的,为工程建设、设备采购和其他生产经营活动提供资金。这些资金来源通常条件优惠,但申请和使用要求严格。例如,世界银行的贷款对象是各国特别是发展中国家能源、农业和基础设施项目,私人的投资计划在得到当地政府的保证的情况下,就可以获得世界银行的贷款。类似的,亚洲开发银行、非洲开发银行、欧洲投资银行等区域性国际金融机构也提供较优惠的贷款。

二、国际企业融资策略

(一)国际融资的优势

国际企业融资简称国际融资,由于国际企业的触角可遍及全球,较之于国内企业,其融资优势也相对较大。

首先，国际融资来源广泛。国际企业在不同的国家或地区进行投资，资金来源渠道广泛，不仅包括母国、东道国金融市场，还包括第三国金融市场及国际金融组织等。国际企业更易进入日趋成熟的国际资本市场，充分利用欧洲债券、外国债券、欧洲票据、欧洲商业票据等市场，在全球范围内筹措资金。在美国、日本、英国等国设有子公司的国际企业，还可以利用东道国国内规模巨大的金融市场。

其次，国际融资方便国际企业转移资金。国际企业内部一般都有非常发达的内部资金结算系统，可以很快将内部资金从一个子公司转移到另一个子公司，也可将在一个金融市场筹集的资金，通过内部财务系统，转移到另一个需要资金的地方。

最后，国际融资促进了国际贸易。从事国际贸易业务的国际企业可以利用国际贸易融资这项高度发达且结构完善的融资方式。同时，国际贸易融资又促进企业之间的国际贸易，推动国际贸易的发展。

（二）国际融资的目标及策略

国际企业制定融资战略的目标：在充分考虑外汇风险和政治风险的基础上，以最低的成本满足母公司和子公司的资金需求。要达到国际融资目标。国际企业可采取的国际融资策略包括以下三类。

1. 融资成本最小化

（1）减少纳税。各国的税制、税率有很大差别，即使在一国之内，不同的纳税对象所承受的税负也各不相同，因此，国际企业可以通过选择适当的融资方式、融资地点和融资货币以减少纳税负担。例如，国际企业子公司支付债务的利息，一般来说，不论是支付给母公司还是其他金融机构，都可享受税收抵免，但因为股息是从税后利润中获取，所以股息发放不能抵免税负。因此，母公司若以债务融资而非股本注入的形式向其国外子公司提供所需资金，就可能使企业的总体税负得到某种程度的减少。

（2）尽可能利用优惠补贴贷款。各国政府为了鼓励本国产品出口、优化产品结构、扩大劳动力就业等目的，往往提供一些优惠补贴贷款。例如，大多数国家的政府为了扩大本国出口和改善国际收支，都设置了专门的金融机构（如进出口银行）向本国境内的出口企业提供低息的长期贷款，这种优惠信贷也可给予购买本国商品的外国企业。国际企业可以利用其全球经营网络，做出适当的投资与购销安排，以充分利用这些优惠信贷。

（3）绕过信贷管制，争取当地信贷配额。为了诱导投资方向，或是为了刺激抑制信贷资金的增长，各国政府经常对本国金融市场实施一定程度的干预。当一国处于外资流入过度的状况时，该国政府就可能规定新借外资的一部分必须存入政府指定的某一机构或采取类似措施，使筹借外资的实际成本上升；当一国政府发现资金外流过度时，其政府可能对外资企业在当地金融市场筹措资金实施信贷配额管理。因此，如何绕过这些信贷管理措施，并争取尽可能多的配额，是国际企业财务管理人员的一大职责。

2. 避免或降低各种风险

国际企业融资战略的另一重要目标是避免或降低各种风险，可采取三种策略实现。

（1）降低外汇风险。外汇风险是指由于意外的汇率波动而导致企业资产或收益遭受损失的可能性。国际企业可以通过外汇市场供给，或配套的融资安排来消除或减少外汇风险。

（2）避免或降低政治风险。政治风险是指东道国或其他国家政府的政治、经济政策的变化所导致的企业经营风险。为了规避政治风险，国际企业尽可能选择在政治稳定的国家进行投资。在政治风险较高的国家投资时，应尽可能利用外部资金。如果东道国政府或其他方面特别要求母公司必须提供内部资金，则尽可能以贷款的形式予以提供。此外，国际企业就坚持以子公司或外国投资项目的盈利作为偿还贷款的资金来源。

（3）保持和扩大现有融资渠道。国际企业应努力拓宽融资渠道和方式，不可过于依赖单一或少数几个金融市场，这样，可减少企业融资的总体风险。此外，到国际金融市场上以发行股票、债券等方式来筹措资金，还可提高企业的知名度，扩大企业产品在销售市场上的影响力。

3. 建立最佳的资本结构

一是国际企业的总体资本结构要合理，即建立合理的全球范围内的最佳资本结构。二是为各子公司选择合适的资本结构。一个企业的资本结构包含较多的内容，如负债、股票比率。负债可分为长、中、短期，而股票又有普通股和优先股之分。不过一般来说，对一个企业的财务结构的风险程度作大体的判断，最重要也最常用的指标是企业的债务与股本的比值。财务杠杆理论表明，当一个企业的财务杠杆程度较高，也就是债务与股本比值比较高时，其每股利润可能较高，但它的财务风险也较大。三是考虑母公司的担保与债务合并。

三、国际企业融资方式

国际企业筹资渠道广泛，可选择的融资方式有股权融资、债券融资、贷款融资、国际贸易信贷融资及国际租赁融资等。

（一）股权融资

国际企业可以通过海外发行上市的方法筹集资金。其优点：①突破本国资金市场的限制；②取得股本融资多样化的利益；③降低发行成本，提高股票市价；④扩大在国际上的宣传，提高知名度。

国际企业海外发行上市分直接和间接两种，直接上市是指企业可以采取发行股票或发行证券存托凭证来上市。间接上市是指以收购一家已经在海外市场上市的"壳公司"并注入企业自身资产和业务的方式来上市。

（二）债券融资

正如国内企业一样，国际企业可以通过在本国市场发行债券得到长期资金。国际企业还可以在国际债券市场发行债券得到长期资金。国际债券可分为外国债券和欧洲债券两类。

外国债券是指国际借款人（债券发行人）在某一个国债券市场上发行的，以发行所在国的货币为面值的债券。外国债券主要集中在美国（纽约）、瑞士（苏黎世）、德国（法兰克福）和日本（东京）的金融市场发行。由于要跨越国界，发行时既要受本国外汇管理法规的约束，又要得到市场所在国的批准，在法律手续上比较烦琐。

欧洲债券是指国际借款人在其本国以外的债券市场上发行的不是以发行所在国的货币为面值的债券。它一般同时在两个或两个以上国家的境外市场发行，不受各国金融政策、法令的约束,。对发行债券的审批手续、资料提供、评级条件的掌握不如其他债券市场严格，所以对借款人有很大吸引力。

（三）贷款融资

贷款可分为国内和国外贷款，国内贷款主要是国际企业母公司从当地获得的贷款，国外贷款则是从国际金融市场上获得的。对于国际企业，国际贷款是扩大融资的一个重要渠道。欧洲货币市场是国际金融市场的核心，在欧洲货币市场上，资金供应比较充足，而且贷款种类多，方式也比较灵活，是很好的筹资场所。

国际贷款按照贷款人可分为银行、政府、国际金融机构贷款。政府贷款和国际金融机构的贷款一般比银行要优惠，但对项目的要求比较高。

（四）国际贸易信贷融资

国际贸易信贷事实上是进出口商之间提供的一种商业信用。在国际贸易中，由于进出口商相距遥远，货物运输时间长，资金需要量大，因而进出口商在商品的采购、打包、存储、出运等各阶段都需要取得对方或第三方提供的信贷，以便资金周转，从而促进商品贸易。国际贸易信贷按贷款期限分为短期信贷和中长期信贷。短期信贷是一年以内的信贷，中长期信贷是指期限在一年以上的信贷，如出口信贷就属中长期信贷。

1. 国际贸易短期信贷

短期信贷是指期限在一年以内的信贷。分为对出口商信贷、对进口商信贷和承购应收账款（保付代理业务）三种方式。

（1）对出口商的信贷。包括三种主要形式：一是进口商对出口商的预付款。二是经纪人对出口商的信贷。通常以无抵押采购商品贷款、货物单据抵押贷款、承兑出口商汇票等方式提供。三是银行对出口商的信贷。通常以打包放款、出口票据押汇等方式提供。打包放款（packing credit）现指银行以国外开来的信用证为抵押，向出口商提供装船前的贸易融资。

（2）对进口商的信贷。包括两种主要形式：一是出口商对进口商的信贷。通常以开立贸易账户贷款和票据贷款等方式提供。二是银行对进口商提供的信贷。有以银行承兑汇票、放款和提货担保等方式提供信贷。

（3）保付代理业务。是出口商以商业信用方式出售商品。在货物装船后，将发票、提货单及汇票等有关单据，卖断给保理商如财务公司、金融公司或其他专门组织，收进全部或部分货款的融资行为。有影响的国际保理机构如国际保理联合会（FCI）、国际保理协会和哈拉尔海外公司等。保付代理业务主要的内容和特点是名义上是出口商对进口商提供信用，实质上是保理商承担了信贷风险；保理商除向出口商预支货款外，还承担了资信调查、托收、催收账款等业务。

2. 国际贸易中长期信贷（出口信贷）

出口信贷（export credit）是一种对外贸易中长期信贷，是一国为了支持和扩大本国大型设备出口，增强国际竞争力，以对本国出口给予利息补贴并提供信贷担保的方法，鼓励本国银行对本国出口商或外国进口商提供利率较低的贷款，以解决本国出口商或外国进口商的对货款的资金需要的一种融资方式。出口信贷的主要类型有卖方信贷、买方信贷、福费廷等。

（1）卖方信贷（supplier credit）。卖方信贷是指在大型机械及成套设备等资本品的出口贸易中，为解决出口商以延期付款方式卖出设备时所遇到的资金周转困难，由出口商所在国银行向出口商提供的低利率优惠贷款的一种信贷方式。

卖方信贷的业务流程：①贸易洽谈，签订合同，出口货物，出口商赊销商品给进口商，并明确使用卖方信贷。②出口商与出口商所在地银行的卖方信贷洽谈，向出口商发放贷款。③贸易合同、卖方信贷合同的履行，进口商分期或延期支付货款给出口商。④贷款的偿还。出口商向出口商所在地银行分期还款（如图11-3所示）。

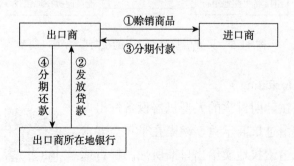

图11-3　卖方信贷示意图

小案例 11-1　卖方信贷案例

出口商向银行借取卖方信贷，除按出口信贷利率支付利息外，还需支付信贷保险费、承担费、管理费等。这些费用均加在出口设备的货价之中，但每项费用的具体金额不会体现。因此，延期付款的货价一般高于以现汇支付的货价，有时高出 3%~4%，有时甚至高出 8%~10%。

（2）买方信贷（buyer credit）。买方信贷指在大型机械及成套设备等资本品的出口贸易中，由出口商所在国的银行为进口商或通过进口商所在国银行为进口商提供的旨在扩大贷款国资本品出口的低利优惠贷款。

买方信贷包括出口方银行直接贷款给进口商（买方）和通过进口商银行贷款给进口商两种情形。第一种出口方银行直接贷款给进口商（买方），其流程示意图如图 11-4 所示。

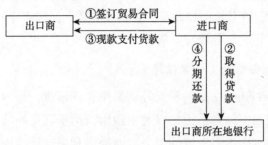

图 11-4　买方信贷流程——直接贷款给进口商

第二种出口方银行贷款给进口方银行后，进口方银行再向进口商（买方）提供信贷，这是一种间接提供出口信贷的买方信贷，其流程示意图如图 11-5 所示。

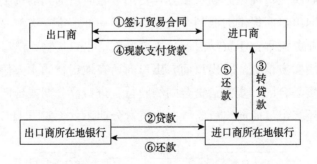

图 11-5　买方信贷流程——间接贷款给进口商

（3）福费廷（forfeiting）

所谓福费廷是在延期付款的大型机器设备进出口贸易中，出口商将由进口商承兑、期限在半年至五六年的远期汇票，无追索权地卖给出口商所地的银行或

小案例 11-2　买方信贷案例

大金融公司，提前取得现款的一种融资方式。

福费廷融资的特点：对出口商无追索权，固定利率融资，由银行或其他金融机构担保，对汇票或期票进行贴现，没有官方出口信贷机构或者私人保险公司的保险。

小知识 11-1 中国进出口银行简介

福费廷流程如图 11-6 所示。

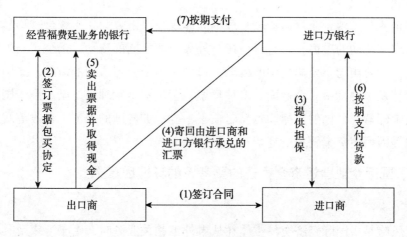

图 11-6 福费廷流程

（五）国际租赁融资

所谓租赁是出租人（财产所有者）将一定时期的财产使用权转让给承租人（财产使用者），承租人按期支付租金给出租人。所谓国际租赁是出租人与承租人分别属于不同国家或地区的租赁行为。国际租赁融资

小案例 11-3 福费廷融资案例

与银行贷款相比，其优点是融资期限长，可以获得足额的融资，每次偿还金额较小。缺点是租金总额大于贷款本息，手续相对复杂。

第三节 国际企业营运资金管理

一、国际企业营运资金管理概述

（一）营运资金管理的内容

营运资金是指企业流动资产方面的总额，包括现金、短期证券、应收帐款与存货这四种流动资产。

营运资金管理包括营运资金存量管理和营运资金的流量管理。营运资金的存量管

理着眼于各种类型的资金处置，目的是使现金余额、应收账款和存货处于最佳的持有水平。营运资金的流量管理着眼于资金从一地向另一地的转移，其目的是使资金得到合理的安置，确定最佳安置地点和最佳的持有币种，以避免各种可预见的风险和损失。

（二）国际企业营运资金管理的目标及特点

国际企业营运资金管理的目标是通过资金的合理流动和有效配置，实现各种流动资产持有的最优化。

国际企业与国内企业营运资金管理不同体现在以下方面：①资金转移具有更多的渠道。从现金流动的渠道看，有母公司与外界企业之间的流动，子公司与外界企业之间的流动，子公司与子公司之间的流动，母公司与子公司之间的流动。②国际企业的现金管理涉及多种货币，企业面临多种环境，营运资金管理更复杂。由于国际企业在多个国家中经营，各国的法律和贸易习惯不一样，如各国的外汇、税收等政策不同、汇率变动等因素使资金管理更复杂。

（三）国际企业营运资金管理的要考虑的环境因素

1. 外汇风险

外汇风险是指国际经济交易主体在从事外汇相关业务时，由于汇率及其他因素的变动而蒙受损失或丧失预期收益的可能性。实际上外汇风险可能导致两个结果——获得利益或遭受损失。

2. 资金转移的时滞

资金转移的时滞是指资金转移这一行为从启动到产生结果的时间段。因为国际企业资金转移常常是跨国转移，面临一些阻碍因素，不如国内企业资金转移的时效性，所以国际企业营运资金管理要考虑资金转移时滞问题。

3. 政府政策的限制

①外汇管制。外汇管制是指一国政府为平衡国际收支和维持本国货币汇率而对外汇进出实行的限制性措施。外汇管制针对的活动涉及外汇收付、外汇买卖、国际借贷、外汇转移和使用、该国货币汇率的决定、该国货币的可兑换性等内容。外汇管制的手段是多种多样的，大体上分为价格管制和数量管制两种类型。前者指对本币汇率做出的各种限制，后者指外汇配给控制和外汇结汇控制。②税收政策。各国的税收政策在调节经济方面具有不可忽视的作用，它与外汇管制相比，具有更大的弹性。③其他政策。

二、现金管理

现金管理（cash management）是国际企业营运资金管理的重要内容，我们将以现金管理为重点说明国际企业营运资金的管理。

现金管理的目标是在全球范围内迅速而有效地控制公司全部的现金，在保证资金安全的情况下，降低现金的持有量，加快资金的流动性，提高资金的利用效率，降低资金成本。

现金管理的方法，包括现金集中管理、多边净额结算、短期现金预算和多国性现金调度系统。

（一）现金集中管理

国际企业一般选择高度集中的现金管理体制，从总体利益出发对母公司及各国子公司现金余缺进行统一调度。即设立现金管理中心（一般选择在主要货币中心或避税地国家），要求每个子公司所持有的现金余额以仅能满足日常交易需要为限，超过部分必须汇往现金管理中心。各子公司需要对现金的需求进行预测，编制短期现金预算，建立系统的收付制度和现金转移的责任制度。

现金集中管理的优势是可以在保证满足公司内部需求的前提下以较低风险获得所需现金，同时，大量集中的资金也能发挥财务杠杆作用，以获取较高的利息。假设一种情况，母公司与子公司的资金往来都是按金融市场利率进行交易的，甲子公司需借款，银行贷款年利率 15%，同时乙子公司有短期存款，可以按 9% 的年利率获得利息。如果公司内部实行现金集中管理，则乙子公司可以以 12% 的年利率向甲子公司贷款，结果是，借款甲子公司和放款乙子公司都可以获益。

（二）多边净额结算

净额也称为收支冲销。净额结算是指有业务往来的多家公司参加的交易账款的抵消结算，一般设立中央结算中心，统一结算企业内部各实体的收付款。

多边净额结算的方法日益普及，主要优点：第一，可以取消许多不必要的货币转换和转移，从而降低交易成本，节约外汇兑换成本和资金转移成本；第二，减少运程中的资金数额，这等于相对增加了公司可用于投资的资金，从而增加公司的投资收益；第三，公司内部现金结算还有助于现金管理中心监督各子公司的现金状况，实现最佳的现金调度。

图 11-7 是一个子公司间多边净额结算前的现金流量，由于子公司间相互欠款，货币兑换成本就可能因为只要求支付净额而降低。图 11-8 是多边净额结算后的现金流量，即为最后的支付净额。

（三）短期现金预算

现金管理中心必须掌握各分支机构的每日信息，所以在大规模的国际企业中，一般要求子公司编制短期现金预算。

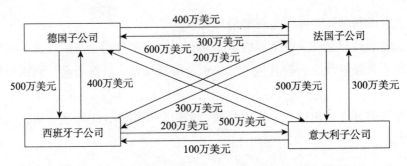

图 11-7　多边净额前的现金流量

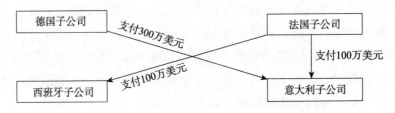

图 11-8　多边净额后的现金流量

子公司在提供报告中必须采用指定的货币记账,以现金管理中心规定的汇率为基础进行换算。

(四) 多国性现金调度系统

多国性现金调度系统是现金管理中心根据事先核定的各子公司每日所需现金额和子公司的现金日报表及短期现金预算,统一调度子公司的现金,调剂余缺,使国际企业的资金能得到最充分合理的运用。

三、应收账款的管理

按其来源,国际企业的应收账款可分为对企业内部其他单位的销售应收账款和对国际企业体系外独立客户的销售应收账款。两类应收账款的管理策略有所不同。

1. 企业内部的应收账款管理

对企业内部应收账款的管理原则与现金管理原则一致。应收账款的计值货币、金额及所在地,也是一个全球资源优化分配的策略性问题。在这方面的策略,主要是利用提前或延迟付款的技术,以及充分运用再开票中心。再开票中心负责收支业务,一般设在低税管辖区。

2. 企业体系外独立顾客的应收账款管理

(1) 计值货币的选择。企业的应收账款尽量采用相对坚挺的货币计值,这样可以避免货币贬值所带来的潜在损失。如果采用相对疲软的货币计值,则可以通过外汇远期市场、期权和期货等规避外汇风险。

（2）付款条件的确定。就付款条件本身而言，根据交易币种的强度确定。若应收账款是以相对疲软的货币计值，便应及时收回账项（即付款期尽可能短），以避免应收账款贬值；对于采用相对坚挺的货币计值的，则可以允许适当延长付款期。实际上，如果货款将以外汇支付，而卖方预料其本国货币即将贬值，可能愿意鼓励买方拖延付款时间，尤其是所在国政府要求所有出口外汇收入必须即时兑换成当地货币的话，倘若法律许可，这种情况，卖方可以将销售收益存入国外银行，而不急于收回国内。

（3）降低赊销风险。提供赊销信用固然可以增加销量、降低商品的单产成本，从而扩大利润和市场竞争能力。但赊销由于把将来的现金收入寄托在客户的信用之上，因而不可避免地会具有某些风险。为降低赊销风险，必须建立一套较完整的管理制度。比如，了解客户的资信历史，为老客户建立资信档案，对资信不佳的客户不予赊销，控制赊销额度，实行分批供货，分批收款等。

四、存货管理

国际企业存货的周转、转移要跨越国界，需要考虑的是：一方面，不同的国家生产成本和贮藏成本有差别；另一方面，关税和其他壁垒又限制了存货的自由流动。

在一般情况下，存货管理的原则是综合考虑预期的销售额、订货成本、储运成本等因素以决定"经济订货量"，在此基础上，加上预防销售量额外增加的"安全边际量"，就是最佳订货量。

在通货膨胀及货币呈贬值倾向的经济情况下，对存货的购置可能需要做出一些调整。有时管理者可能决定囤积存货，并使再订货水平远远高于所谓的经济订货量。具体而言，在当地货币有明显的贬值可能时，管理者必须决定是否累积进口品存货。贬值一旦发生，进口品以当地货币表示的价格便会上升。但累积存货也有一定风险：由于存货量的上升，储运成本和资金占用成本也随之增加；当地政府可能在贬值后实施物价冻结；预期的贬值也可能根本没有发生，而企业积压了大量存货；竞争者也采取同样的囤积策略的话，这些存货的处理就会非常麻烦。

五、转移价格

国际企业营运资金转移的方式包括股利汇付，特许权费、服务费和管理费的支付，转移价格，公司内部信贷。其中转移价格是国际企业营运资金转移的一项重要内容。

（一）转移价格的含义及形式

跨国经营时，存在着大量的母公司与子公司，子公司与子公司之间的商品、劳务以及其他资源的关联交易。这种内部贸易最为显著的特点是采用转移价格，而不是国际市场上供需关系决定的市场价格。国际企业可以借助转移价格积极影响其内部贸易，以实现其全球战略。根据不完全统计，国际贸易的三分之二是国际企业的内部贸易，因此转移价格也越来越受到各国政府的注意。

1. 转移价格的含义

转移价格，是指国际企业从其全球经营战略出发，为谋求公司整体利益最优，母公司与子公司间或各子公司之间进行内部贸易时购销商品或提供劳务时所采用的内部价格。由于买卖双方或进出口双方处于不同的国家，又称为国际转移价格。

2. 国际企业常用的转移定价形式

第一种是实物交易中的转移定价。实物交易中的转移定价具体包括产品、设备、原材料、零部件购销、投入资产估价等业务中实行的转移定价，这是目前转移定价最重要，也是使用最频繁的一种方式。其主要手段是采取"高进低出"或"低进高出"，借此转移利润或逃避税收。

第二种是货币、证券交易中的转移定价。主要是指国际企业关联企业间货币、证券借贷业务中采用的转移定价，通过自行提高或降低利率，在国际企业内部重新分配利润。

例如，某中美合资企业向其美国关联公司举借年利率高达15%的高息贷款，超过同期美国市场商业银行贷款利率一倍，贷款利息作为费用可免除所得税，纳税时应予以扣除，借此大量转移利润。

第三种是劳务、租赁中的转移定价。劳务、租赁中的转移定价存在于境内外关联企业之间相互提供的劳务和租赁服务中，它们高报或少报，甚至不报服务费用。更有甚者，将境外企业发生的庞大管理费用摊销到境内公司，以此转移利润，逃避税收。

第四种是无形资产的转移定价。主要指获得专有技术、注册商标、专利等无形资产过程中的转移定价。国际企业企业间通过签订许可证合同或技术援助、咨询合同等，以提高约定的支付价格，转移利润。

（二）转移价格的作用

1. 减少国际企业的整体税收

（1）降低企业所得税。国际企业的子公司遍布世界，而各子公司所在国的所得税税率和税则的规定有所不同。国际企业可以利用转移定价，通过低税国子公司以高转移价格向高税国子公司出口或以低转移价格从高税子国公司进口，把利润从高税率国子公司转移到低税率国子公司，降低整个国际企业的纳税总额。

【案例11-1】 假设一国际企业子公司 A 制成电路板 100 万件，每件成本 10 美元，将 100 万件电路板销售给兄弟子公司 B，B 子公司购进后以每件 22 美元销售给外界客户，在未考虑双方所得税前提下，所采取的转移价格无论高低，A、B 两子公司税前利润合计是一样的。子公司 A 将电路板以 15 美元的单价和 18 美元的单价出售给子公司 B，在不考虑所得税前提下，两公司的合计利润情况如表 11-1 所示。

表 11-1 A、B 子公司税前利润　　　　　　　　　　单位：万美元

项　目		A 子公司	B 子公司	合计
15 美元/件	销售收入	1 500	2 200	2 200
	销售成本	1 000	1 500	1 000
	毛利	500	700	1 200
	营业费用	100	100	200
	税前利润	400	600	1 000
18 美元/件	销售收入	1 800	2200	2 200
	销售成本	1 000	1800	1 000
	毛利	800	400	1 200
	营业费用	100	100	200
	税前利润	700	300	1 000

假设 A、B 两子公司所在地的所得税税率不同，A 子公司所在地为 30%，B 子公司所在地为 50%，转移价格会影响税后的利润合并利润额，如表 11-2 所示。

表 11-2 A、B 子公司税后利润　　　　　　　　　　单位：万美元

项　目		A 子公司	B 子公司	合计
15 美元/件	低价税前利润	400	600	1 000
	所得税	120	300	420
	税后净利	280	300	580
18 美元/件	高价税前利润	700	300	1 000
	所得税	210	150	360
	税后净利	490	150	640

【案例分析】由于售出电路板公司 A 所得税率为 30%，买进的公司 B 所得税率为 50%，因此 A 公司高价售出产品可获得较高利润，A 公司又以低税率 30% 计缴所得税，故公司的总体税负降低，可以获得较高的税后利润。同理，因 B 公司将承担较高税负，通过转移价格将其利润空间压缩，B 公司虽获利较低，但公司整体利润有所提高，从表 11-2 可以看到，内部转移价格为 15 美元时，公司总利润为 580 万美元，而内部转移价格为 18 美元时，公司总利润为 640 万美元。由此，归纳两条原则：如果售出产品公司的所得税税率低于买入公司，以高价售出为好；如果售出产品公司的所得税税率高于买入公司，以低价售出为好。

(2)减少关税负担。关税是从价比例计征的,而且主要是征进口税。因此出口货物公司即卖方公司以偏低的价格向进口公司即买方公司发货,则可减少纳税基数,降低进口公司所应负担的进口关税。

2. 转移资金

有些国家对当地子公司汇出利润有一定的限制,国际企业就通过转移价格将它赚得的利润调回母国。有些子公司因投资法令等原因的限制,在当地筹集资金遇到困难,国际企业就通过转移价格使它的子公司得到资金融通。

3. 获得竞争优势

国际企业利用转移价格来支持国外子公司的竞争。在市场竞争激烈的地区,母公司往往以极低的价格向子公司供应原料、零配件或成品,使子公司在价格竞争中击败劲敌。反之,母公司对于那些少数股权控制的子公司往往索取较高的价格,以限制这些子公司的活动。转移价格可以作为加强企业对市场渗透、对付激烈市场竞争的有力工具。

4. 逃避风险

很多情况下通货膨胀使该国的货币贬值,使国际企业蒙受损失,因为通货膨胀使得公司的金融资产购买力下降,所以国际企业通常都是尽可能快地将多余资金或利润转移回母国或位于其他国家的子公司,这就要依靠转移价格手段。

如果国际企业的子公司面临东道国政治动荡的风险,这时,国际企业就以高价卖给该子公司商品,索取高昂的服务费,将资金转移出该国,从而耗空子公司的积蓄,使其陷入财政赤字状态,达到从东道国调回资本的目的。

(三)转移价格的确定方法

根据调查,国际转移价格的确定有三种基本的方法和一种混合的方法,即以成本为基础的定价、以市场为基础的定价、交易自主定价和双重定价。

1. 以成本为基础的定价方法

以成本为基础的定价方法,其转移定价是以供货企业的实际成本、标准成本或预算成本为基础,加上一个固定比率的毛利作为确定的价格。

这种方法的优点:数据易得;易向有关当局说明解释;规则明确,减少公司内部矛盾;能够较为灵活地改变转移价格,一是可根据需要改变毛利比率,二是可根据需要改变成本构成。其不足:成本加成法中,如果毛利率是按成本数额的一定百分比计算的,则各子公司可能人为提高成本以提高毛利,将导致成本一路水涨船高,最终的销售价格大大提高,损害整个公司利益(特别是在多阶段生产的公司)。实践中许多国际企业为解决这个问题,使用基于标准成本确定的内部转移价格。公司计算出子公司转移商品的统一标准成本，内部转移价格一律按标准成本计算，以促进子公司加强成本管理，降低各个环节中间产品的成本。

2. 以市价为基础的定价方法

以市价为基础的定价方法就是以转移产品时外部市场价格作为企业内部转移定价的一种基础方法。采用这种方法所确定的转移价格基本上接近于正常的市场交易价格，但最后的内部售出价格要从市价中减去一定百分比的毛利。这是因为公司在对外销售产品时会发生一些销售费用，而在国际企业内部销售时就省去了这些费用。

这种方法有利于发挥子公司的主观能动性，也排除了人为因素的影响，较为客观公平，另一方面为子公司提供可追求的目标，促使其改善经营提高利润。但是，一些中间产品无市场价格，无法比较，另一些商品的市场价格由于交易双方数量少，可能仅是协商价格，不能公平反映商品价值。此外，相对于以成本为基础的定价法，市场基础法的灵活性较低，难以为公司改变转移价格提供空间。

3. 交易自主的定价方法

在交易自主的定价方法下，每个利润中心都被认为是一个独立经营的企业，它们可以自主交易定价。这种操作方法也比较简单，转移定价决定了购买利润中心是否愿意内购，也决定了销售利润中心是否愿意内销，总部基本上不予干涉。例如上游部门提出转移价格报价及相关交货条件，下游部门可接受，或争取更低的价格与更好的交货条件，或拒绝并与外部供应商协商购买等。

这种定价方法有利于企业的分权化经营，使各子公司经理人员权责相结合，也利于企业管理当局对各子公司进行业绩考评和奖惩。但是由于交易是自愿的，对于子公司有利的价格可能对企业整体不利，不利于实现企业全球战略目标和整体利益极大化。因此，有些企业运用双重定价方法。

4. 双重定价方法

双重定价方法，是指企业管理当局对购买利润中心采取以完全成本为基础的定价方法，对销售利润中心则采取以市场价格为基础的定价方法。

这种方法不会产生完全成本定价方法下销售利润中心既作为成本中心，又作为利润中心的矛盾；也不会出现在以市场价格为基础的定价法下购买利润中心不愿意内购的情况。这种定价方法不以任何方式改变各利润中心的职权，却减少了它们的责任。当然，这种方法也有自身的缺陷。在这种定价方法下，公司整体的收益小于各利润中心的收益之和，甚至当公司整体表现亏损时，某些利润中心仍然显示为盈利。而且，双重定价法可能出现责任不明的问题。

实践中，政府倾向于国际企业使用以标准成本为基础或市价基础法来确定转移价格，原因是国际企业在这两种方法下随意转移公司内部的利润和避税的行为将受到限制。国际企业使用这两种方法时，子公司将对成本控制和利润给予极大的重视，经营效率将得到提高，母公司也将从中获益。

【案例 11-2】 某跨国一经营企业下设一个销售利润中心和购买利润中心，销售利润中心的产品单位成本为 100 美元/件，一个时期内的间接费用为 80 000 美元，其 2 000 件产量一半用于外销，市价为 150 美元/件，另一半用于内销。购买利润中心对购买的 1 000 件产品进行加工，追加成本为 200 美元/件，期间费用为 80 000 美元。购买利润中心加工后的产品售价为 400 美元/件。请分别以成本为基础定价法、市场为基础定价法、双重定价方法制定转移价格并分析各利润中心及企业整体收益。

【案例分析】 （1）如果以完全成本为基础制定内部转移价格，则销售利润中心、购买利润中心及企业整体合并收益计算如表 11-3 所示。

表 11-3　按成本定价的有关收益计算　　　　　　　　　　　单位：美元

项　目	销售利润中心	购买利润中心	企业整体
销售收入	外销 150 × 1 000 = 150 000	400 × 1 000 = 400 000	550 000
	内销 100 × 1 000 = 100 000		
直接成本	100 × 2 000 = 200 000	内购 100 × 1 000 = 100 000	
		追加 200 × 1 000 = 200 000	400 000
间接费用	80 000	80 000	160 000
收益	−30 000	20 000	−10 000

可见，以完全成本为基础制定内部转移价格，则交易后销售利润中心的最终收益表现为亏损 30 000 美元，购买利润中心却表现为盈利 20 000 美元，合并收益为亏损 10 000 美元。

（2）如果以市场价格为基础制定内部转移价格，则销售利润中心、购买利润中心及企业整体合并收益计算如表 11-4 所示。

表 11-4　按市场价格定价的有关收益计算　　　　　　　　单位：美元

项　目	销售利润中心	购买利润中心	企业整体
销售收入	外销 150 × 1 000 = 150 000	400 × 1 000 = 400 000	550 000
	内销 150 × 1 000 = 150 000		
直接成本	100 × 2 000 = 200 000	内购 150 × 1 000 = 150 000	
		追加 200 × 1 000 = 200 000	400 000
间接费用	80 000	80 000	160 000
收益	20 000	−30 000	−10 000

可见，以市场价格为基础制定内部转移价格，则交易后销售利润中心的最终收益表现为盈利 20 000 美元，购买利润中心却表现为亏损 30 000 美元，合并收益为亏损 10 000 美元。

（3）如果采用双重定价方法制定内部转移价格，则销售利润中心、购买利润中心及企业整体合并收益计算如表 11-5 所示。

表 11-5 按双重价格定价的有关收益计算　　　　　　　　　单位：美元

项　目	销售利润中心	购买利润中心	企业整体
销售收入	外销 150×1 000 = 150 000	400×1 000 = 400 000	550 000
	内销 150×1 000 = 150 000		
直接成本	100×2 000 = 200 000	内购 100×1 000 = 100 000	400 000
		追加 200×1 000 = 200 000	
间接费用	80 000	80 000	160 000
收益	20 000	20 000	−10 000

按双重定价法制定内部转移价格，交易后销售利润中心和购买利润中心的最终收益均表现为盈利 20 000 美元，而企业合并收益却为亏损 10 000 美元。在这种方法下企业整体的合并收益小于各利润中心收益之和，甚至当企业整体收益表现为亏损时，各利润中心表现为盈利。

第四节　外汇风险管理

国际企业财务管理的另一个战略目标就是避免国际投资中的外汇风险。由于外汇汇率往往是变动的，而且资金价值频繁地上下变动，国际企业在国际经营过程中就会面临汇率变化带来的风险，因此国际企业的外汇风险管理也是财务管理的重要内容。

一、外汇风险管理概述

（一）外汇风险的含义

外汇风险（exchange risk），又称汇率风险（exchange rate risk），是指因汇率的变化而导致企业的赢利能力、净现金流量和市场价值发生变化的可能性。财务经理的一项重要职责就是预估外汇风险并及时管理，以使企业的赢利能力、净现金流量和市场价值最大化。

外汇风险属于投机性风险，作为风险主体既有损失的可能性，也有获利的可能性，但本书主要关注其损失的可能性，原因在于企业外汇风险管理的目标是保障正常经营利润的实现，而非通过外汇投机获得投机收益。

（二）外汇风险形成的决定因素

外汇风险主要由四个因素引起：一是汇率变化；二是时间因素，主要是指汇率变化需要一定时间；三是货币因素，是指汇率的变化涉及本币与外币；四是敞口头寸，即未平仓头寸，是指由于没有及时抵补而形成的某种货币买入过多或某种货币卖出过多。只要有一个因素不存在，就不会发生外汇风险，如图11-9所示。

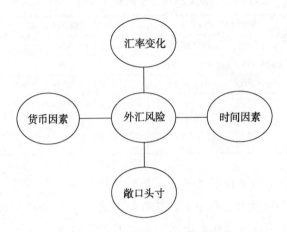

图11-9　外汇风险形成的决定因素

（三）外汇风险的种类

1. 交易风险（transaction risk）

交易风险是指在使用外币进行计价收付的交易中，经济主体因计价外汇汇率变动而造成的实际收益与预期收益不一致的可能性。交易风险主要包括国际贸易结算风险、国际投融资风险、外汇买卖风险等三种形式。

2. 折算风险（translation risk）

折算风险，又称会计风险，是指企业在会计处理或外币债权债务决算时，把不同的外币余额，按一定的汇率折算为本国货币的过程中，由于交易发生日的汇率与折算日的汇率不一致，存在使会计账簿上的有关项目发生变动的风险。

3. 经济风险（economic risk）

经济风险，又称经营风险，当企业经常进口商品或出口商品时，由于意外的汇率变动而使企业出现收入不断减少或成本不断增加的持续性风险，这种在一定时间内长期存在的外汇风险被称作经济风险。分为直接经济风险和间接经济风险。直接经济风险与交易风险不同，直接经济风险只与价格尚未确定的未来交易相关。间接经济风险是指不利的汇率变动削弱企业成本竞争力与价格竞争力的可能性。

（四）外汇风险对企业的经济影响

（1）交易风险对企业的影响。交易风险很可能导致企业现金收入的减少或者现金支出的增加，从而降低企业的预期利润。

（2）会计风险对企业的影响。会计风险主要影响企业资产负债的账面价值。

（3）经济风险对企业的影响。经济风险可能削弱企业的竞争优势，最严重时可能迫使企业退出市场。

（五）外汇风险管理的基本原则

（1）综合衡量原则

在风险识别的基础上，应对所有外汇风险进行综合衡量。

（2）资产保值增值原则

在充分控制外汇风险的前提下，要让资产在运动中增值，将风险损失与资产收益综合考量，实现资产收益的最大化。

（3）经济性原则

在安全保障一定情况下追求成本的最小化，或者在风险管理成本最小的情况下追求安全保障的最大化。

（六）外汇风险管理的过程

1. 识别风险

企业在对外交易中要了解究竟存在哪些外汇风险，是交易风险、会计风险，还是经济风险。企业还应了解面临的外汇风险哪一种是主要的，哪一种是次要的；哪一种货币风险较大，哪一种货币风险较小。同时，要了解外汇风险持续时间的长短。

2. 度量风险

综合分析所获得的数据和汇率情况，并将风险暴露头寸和风险损益值进行计算，把握这些汇率风险将达到多大程度，会造成多少损失。汇率风险度量方法可以用直接风险度量方法和间接风险度量方法，根据风险的特点，从各个不同的角度去度量汇率风险，这样才能为规避风险提供更准确的依据。

3. 规避风险

规避风险是在识别和衡量的基础上采取措施控制外汇风险，避免产生较大损失。汇率风险规避方案的确定需要在企业国际贸易汇率风险规避战略的指导下选择具体的规避方法，企业应该在科学的风险识别和有效的风险度量的基础上，结合企业自身的性质、经营业务的规模和发展阶段等，选择全面规避战略、消极规避战略、积极规避战略。各种规避战略的适用条件不同，并没有优劣之分。

二、交易风险的管理技术

企业防范规避交易风险的方法灵活多样，企业交易风险管理不以赚取汇差为目的，而是从自己的经营战略出发，通过预测汇率，选择最恰当的保值措施，来获取经营利润。管理交易风险主要有两类方法，一是调整经营决策规避交易风险，二是运用金融工具进行套期保值。

（一）通过经营决策来避免交易风险

1. 选择有利的计值货币

（1）币种选择法。在国际金融市场上，有软、硬货币之分，硬货币是指货币汇率比较稳定，并且有上浮趋势的货币；软货币是指货币汇率不稳定，并且有下浮趋势的货币。原则上，进口时用软货币计价结算，出口时用硬货币计价结算，即付汇用软货币，收汇用硬货币。也就是说，在进口贸易中应选择在付款期内汇价相对疲软的货币作为计值货币，而在出口贸易中则应以相对坚挺的货币计值。但用何种货币计值，常受交易双方谈判地位的影响，因为谈判的双方也会考虑到自己的外汇风险。因此，一方在接受对方提议的计值货币的同时，常以提价或降价等作为交换条件。

（2）本币计价法。交易商可以力争以本币计值以完全避免外汇风险，但在出口商所在国货币相对疲软的情况下，以本币计值可能会给出口商带来较低的经济效益。因此，在管理外汇风险时应牢记，既要使外汇风险降至最低，又要考虑为了保值而承担的机会成本。

（3）选用一篮子货币计价法。一篮子货币（basket of currencies）是多种货币按一定权重所构成的组合。由于"篮子"中的货币价值有升有降，其汇兑收益或损失相互抵消，因此一篮子货币的币值是相对稳定的。在有些大宗交易里，交易者可以选择组合货币单位，如特别提款权的欧洲货币单位等，作为计值货币，以降低外汇风险。

2. 货币保值措施

货币保值措施是指买卖双方在交易谈判时，经协商，在交易合同中订立适当的保值条款，以预防汇率变化的风险。常用的有黄金保值条款、硬货币保值条款和一篮子货币保值条款。

（1）黄金保值条款。是指订立贸易合同时，按当时的黄金市场价格将应支付货币的金额折合成一定量的黄金，到实际支付日，如果黄金价格变动，则支付的货币金额也相应增加或减少。

（2）硬货币保值条款。是指在交易合同中订明以硬货币计价，以软货币支付并标明两种货币当时的汇率。在合同执行过程中，如果支付货币汇率下浮，则合同金额要等比例地进行调整，按照支付的汇率计算，使实收的计价货币价值与签订交易合同时其价值相同。

（3）一篮子货币保值条款。是指交易双方在合同中明确用支付货币与多种货币组成的一篮子货币的综合价值挂钩的保值条款，即订立合同时确定支付货币与一篮子货币中各种货币的汇率，并规定汇率变化的调整幅度，则按支付当时的汇率调整，以达到保值的目的。

3. 提前与延迟

提前与延迟就是在外币坚挺时，对外币应收账款应延期收回，对外币应付账款则应提前支付；当外币疲软时，对外币应收账款应提前收回，对外币应付账款则应力争延迟支付。

【案例 11-3】 美国某进口商从德国某出口商处进口一批货物，双方签订了一个以欧元计价、3 个月后付款的贸易合同。假定合同签订后，美元对欧元持续贬值，估计 6 个月内不会得到改观。这时，美国进口商不需要等到 3 个月后付款，只要收妥货物，可以提前用美元兑换欧元支付给德国出口商。虽然有些利息损失，但是比美元贬值带来的汇兑损失要小得多。

4. 借款法或投资法

此类方法是指创造一个货币、金额和期限均相同的反向资金流动，以防范外汇风险。

（1）借款法。借款法是指借入一笔与未来外汇收入等值的、期限与币种一致的资金，并立即将其兑换成本币使用或进行投资，在借款到期日用未来外汇收入进行偿付。

【案例 11-4】 德国某公司预计 6 个月后有一笔 800 万美元的外汇收入，如果美元在 6 个月内发生贬值，该公司将遭受外汇风险损失。为此，该公司向银行借入期限为半年的 800 万美元贷款，并立即在即期外汇市场兑换为欧元使用。6 个月后，该公司利用收回的 800 万美元归还银行的贷款。由于货币兑换时间提前了 6 个月，因而避免了外汇风险，但是要付出 6 个月银行贷款利息的代价。

（2）投资法。投资法与借款法刚好相反，适合于未来有外汇支付的情况。这一方法与借款法在本质上是一样的，都是将未来的货币兑换提前到现在，通过消除外汇风险的时间因素来避险。

【案例 11-5】 英国某公司有为期 6 个月的 1 000 万日元应付账款，如果在 6 个月内日元升值，该公司将遭受外汇风险损失。为防范外汇风险，该公司立即用本币在即期外汇市场上购买了 1 000 万日元，并将这笔日元在货币市场上进行为期半年的投资，6 个月后用收回的日元投资偿付应付账款。

5. 国际信贷法

国际信贷法是指在中长期国际收付中，企业利用国际借贷形式，一方面获得资金融通，另一方面转嫁或抵消外汇风险。主要有三种形式。

（1）出口信贷。出口信贷是国际贸易中最常用的资金融通形式，由出口方银行直接或间接地向进口商提供垫付贷款，以促进本国商品的出口，包括买方信贷和卖方信贷。买方信贷能使出口商及时得到货款，卖方信贷则使出口商对银行的负债与出口商对进口商应收货款轧平。这样，利用出口信贷，出口商把外汇风险转嫁给银行或抵消了。

（2）福费廷业务。是指在延期付款的大型机器设备交易中，出口商开列以进口商为付款人的中长期汇票，经一流银行担保和进口商承兑后，出售给出口地银行，取得扣除贴息和其他费用后的金额。由于福费廷业务对出票人无追索权，出口商在办理此业务后，就把外汇风险和进口商拒付的风险转嫁给了银行或贴现公司。

（3）保理业务。保理（factoring）是保付代理的简称，指出口商将国外的外币应收账款无追索权地出售给保理商（主要为银行），提前收回货款并兑换成本币以避免外汇风险的行为。

6. 贸易策略法

（1）调整贸易价格法。就是在国际贸易中出口用软货币，进口用硬货币时，以加价保值或压价保值的方法来弥补外汇风险。加价保值用于出口贸易，出口商在接受软货币计价时，将外汇损失摊入出口商价格中，以转嫁外汇风险。压价保值用于进口贸易，进口商在接受硬货币计价时，将汇价损失从进口商品价格中剔除，以转嫁外汇风险。

【案例11-6】 国内某公司以软货币美元计价出口一批货物，总价为100万美元，按合同签订时的汇率（1美元兑6.650 0元人民币）计算，该公司可结汇人民币665万元。为防止美元对人民币贬值产生的损失，该公司与银行续作一笔远期外汇合约，3个月远期汇率为1美元兑6.517 0元人民币（贴水率为2%）。3个月后收回100万美元，按远期合约可兑换人民币651.7万元人民币，亏损13.3万元人民币。该公司可将美元贴水率计入美元报价，即美元报价应为100×（1+2%）=102万美元，若按这一报价，该公司基本上可以弥补外汇风险带来的亏损。

（2）调整国内合同法。调整国内合同法是一种向国内交易对象或消费者转嫁外汇风险的方法。办理进口业务的公司，把进口的商品卖给国内生产厂家或商家时，以外币计价，把外汇风险转嫁给国内其他企业。

（3）对销贸易法。进出口商利用易货贸易、清算协定贸易和转手贸易等进出口相结合的方式来防范外汇风险。

清算协定贸易是指双方约定在一段时间内，双方的贸易往来和非贸易往来都用同一种货币计价，每笔交易的数额只在账面上划拨，到规定期限才清算。这种交易方式交易额的大部分都可以相互轧抵，只有差额部分才用现汇支付，外汇风险很小。

易货贸易是指贸易双方直接或同步进行等值货物的交换。这种交易无须支付外汇，外汇风险可以被完全抵消。

转手贸易是在清算协定贸易基础上发展起来的，用多边货物交换，用双边账户进行清算结算的贸易方式。这种交易不涉及实际的货币支付，各方事前规定好商品价格，各方都不用承受汇价波动的风险。

7. 选用有利的结算方式

一般而言，即期 L/C 结算方式，最符合安全及时收汇的原则，远期 L/C 结算方式，收汇安全有保证，但不及时，因此汇率发生波动的概率就高，从而削弱了收汇的安全性。托收结算方式，由于商业信用代替了银行信用，安全性大大减弱。

（二）运用金融工具管理交易风险

1. 远期外汇交易保值

远期外汇交易就是具有外汇债权或债务的公司与银行签订出卖或购买远期外汇的合同以消除外汇风险。具有外汇债权或债务的公司与银行所达成的远期外汇交易本身同样具备外汇风险所包含的时间与本币、外币诸因素。利用远期外汇交易，通过合同的签订把时间结构从将来转移到现在，并在规定的时间内实现本币与外币的冲销，以消除外汇风险。

远期外汇交易保值法的优势是对时间和金额确定的交易能提供一个精确的保值。其劣势是买卖汇差可能较大，特别是对到期日较长，或是远期市场上不常交易的货币。

【案例 11-7】 国内某外贸企业出口一批货物，总价为 1 000 万美元，货款结算日在 3 个月后，该企业为防止人民币对美元升值带来的外汇风险，与银行签订了 3 个月远期外汇合约，交易金额与货物总价相同，约定汇率为 1 美元兑 6.612 0 元人民币。假定 3 个月后即期汇率为 1 美元兑 6.592 0 元人民币，我们可以计算出该企业通过远期交易可以避免的汇兑损失：

$$1\,000\times(6.612\,0 - 6.592\,0) = 200\,000（元人民币）$$

2. 期货市场套期保值

期货市场套期保值是指在金融期货市场，根据标准化原则与清算公司或经济人签订货币期货合同，用以防止外汇风险的一种方式。期货市场套期保值类似远期外汇交易套期保值，只是期货合约大都在固定的交易所交易，并且合约金额和到期日也是固定的。另外，期货合约双方都得缴纳保证金，采取盯市原则，每天结清市场差价。采取期货合约套期保值还得考虑基差风险，即期货市场价格与即期市场价格变动幅度不一致而导致套期保值的不完美。

期货市场套期保值的优势是如果金额和到期日与期货合约相匹配，套期保值成本较低；由于采用每日盯市原则，套期保值风险较低。其劣势是所交易的期权仅限于有限的币种和到期日；期货是标准化合约，每日盯市原则可能会引起现金流量的不匹配，导致再融资风险。

【案例 11-8】 2010 年 1 月 1 日，我国一家国际企业将其英国子公司的 100 万英镑调回国内使用 5 个月，然后再汇回子公司。该公司通过期货市场进行套期保值以避免外汇风险，具体操作见表 11-6。

表 11-6　期货交易套期保值具体操作

交易日期	现汇市场	期货市场
1 月 1 日	卖出调回的 100 万英镑，即期汇率为 1 英镑 = 13.6 元人民币，收入 1 360 万元人民币	买入 40 份 6 月份到期的英镑期货合同，每份 2.5 万美镑，共计 100 万英镑，汇率为 1 英镑 = 13.7 元人民币，共支付 1 370 万元人民币
6 月 1 日	买入 100 万英镑汇回子公司，汇率为 1 英镑 = 13.8 元人民币，需支付 1 380 万元人民币	卖出 40 份 6 月份到期的英镑期货合同进行对冲，汇率为 1 英镑 = 13.88 元人民币，可收入 1 388 万元人民币
盈亏	-20 万元人民币	18 万元人民币

上表中，由于英镑升值，母公司在现汇市场上出现汇兑损失 20 万元人民币，但在期货市场上取得了 18 万元人民币的盈利，净损失为 2 万元人民币。如果该公司不运用期货交易套期保值，那么最终的损失将达 20 万元人民币。

3. 外汇期权交易保值

外汇期权交易是以外汇买卖的选择权（option）为标的的交易，即买卖双方达成一项远期外汇买卖合同，期权买方在向期权卖方支付一定期权费之后，有权在到期日或到期日之前要求期权卖方执行所签合同或放弃所签合同。

外汇期权对于购买方而言是一项权利，有预计收益时可以执行，不需执行时也可放弃，期权出售方只能按购买方要求办理。与远期外汇交易不同的是，外汇期权在防范外汇风险的同时保留了从汇率变动中获利的机会，而且当远期外汇收支不确定时，使用期权交易比远期外汇交易更有优势。从事外汇期权交易，对期权购买方而言，期权费反映了期权价值，因而使用期权保值成本较高。

【案例 11-9】 国内某企业从英国进口一批仪器，合同约定 3 个月后支付英镑。目前即期汇率为 1 英镑兑 13.6 元人民币。在付款前，如果英镑升值，该国内企业就需要更多的人民币购买等量的英镑，从而遭受损失；相反，英镑贬值时该企业只需付出更少的人民币。于是，该国内企业按 1 英镑兑 13.6 元人民币的协定价格并支付 0.05 元人民币/英镑的期权费，买入一笔看涨期权（买入选择权）。3 个月后，英镑升至 13.8 元人民币，该企业行使期权，按 13.6 元人民币/英镑的协定汇率购买英镑，获得 0.15 元人民币/英镑的利益[（13.8-13.6）（收益）-0.05（期权费支出）]。可见，该企业通过购买看涨期权有效地规避了英镑升值带来的外汇风险。

三、折算风险的管理技术

管理折算风险的主要方法是资产负债表保值法,此外还有签订远期市场或期权、期货合同以及调整现金流量等方法。

(一)资产负债表保值

资产负债表保值这种方法设法使国际企业合并资产负债表上外币暴露资产和外币暴露负债在币种与金额上趋于一致,从而使各功能货币的敞口头寸为零,最终达到消除会计风险的目的。

(二)签订远期市场或期权、期货合同

国际企业可以利用远期市场或期权、期货合同市场,对折算暴露进行保值。但实质上,这样做并非保值行为,而只是企图在外汇市场或其他金融市场上获得投机性收益以抵补折算时的账面亏损。

(三)调整现金流量

调整现金流量即通过改变母公司及子公司预期现金流量的金额或币种,以降低企业使用当地货币的会计风险。

因为折算损益是纯粹会计上的损益,对企业的现金流量并无实质性的影响,所以许多国际企业对折算风险没有像对其他几类风险那么重视。

四、经济风险的管理策略

经济风险的管理是管理层的责任,原因是它不仅涉及企业的财务战略,还涉及营销战略、生产战略,并要求这些战略能协调一致。为应对经济风险的挑战,国际企业需要及时调整其营销策略、生产策略和财务策略。

(一)营销策略调整法

营销策略调整法就是根据汇率变动趋势调整企业的营销策略以获得更多的国际竞争优势。营销策略调整措施包括市场选择调整、定价策略调整、产品策略调整和促销策略调整。

(二)生产策略调整法

生产策略调整法主要是通过重组生产要素、改变生产布局及改进管理方法等措施降低汇率变动对商品生产成本的影响。

(三)财务策略调整法

财务策略调整法是对企业的业务活动与财务结构进行适当调整以分散、转移或消

除经济风险的方法。具体措施包括：①匹配外币资产与负债；②经营多元化；③充分利用转移价格。

上述方法可以单独使用，也可以搭配使用，究竟如何取舍应根据企业的基本情况及所要达到的经营目标而定。

本 章 小 结

1. 国际财务管理与国内财务管理活动类似，研究的内容也是筹资、投资、营运资本、利润分配等，但研究的主体是国际企业，它涉及国际金融市场。国际金融侧重于开发国际金融工具和理论研究，而国际财务管理侧重于金融工具的实际运用。通常跨国财务管理的主要目标是税后合并收益最大化。即国际企业的各分支机构在不同经济环境获得的、用不同货币表示的利润经汇率调整后的合并利润最大化。

2. 国际财务管理的特点是资金筹集渠道广泛，理财环境更复杂，资金投入的风险更高。依据决策权集中程度的不同，国际财务管理有三种选择模式，即集权、分权和集权与分权相结合的管理模式。

3. 国际企业的资金来源包括公司内部资金和外部资金两个部分。国际企业融资渠道包括公司集团内部筹资、母国筹资、东道国筹资以及第三国资金来源。国际企业制定融资战略的目标是：在充分考虑外汇风险和政治风险的基础上，以最低的成本满足母公司和子公司的资金需求。要达到国际融资目标，国际企业可采取的国际融资策略包括融资成本最小化、降低和避免各种风险、建立最佳的资本结构。

4. 国际企业筹资渠道广泛，可选择的融资方式有股权融资、债券融资、贷款融资、国际贸易信贷融资及国际租赁融资等方式。对于外贸企业来讲，国际贸易信贷融资是可以利用的一种有效方式。

5. 国际企业营运资金是指企业流动资产方面的总额，包括现金、短期证券、应收账款与存货这四种流动资产。国际营运资金管理的目标是通过资金的合理流动和有效配置，实现各种流动资产持有的最优化。现金管理是国际企业流动资产管理的重要内容。现金管理的目标是在全球范围内迅速而有效地控制公司全部的现金，在保证资金安全的情况下，降低现金的持有量，加快资金的流动性，提高资金的利用效率，降低资金成本。现金管理的方法，包括现金集中管理、多边净额结算、短期现金预算和多国性现金调度系统。

6. 国际企业营运资金转移的方式包括股利汇付、特许权费、服务费和管理费的支付，转移价格，公司内部信贷。其中转移价格是国际企业营运资金转移的一项重要内容。利用国际转移价格可以减少国际企业整体税收、转移资金、获得竞争优势、逃避风险等。

7. 国际企业财务管理的另一个战略目标就是避免国际投资中的外汇风险。由于外汇汇率往往是变动的，而且资金价值频繁波动，国际企业在国际经营过程中就会面临汇率变化带来的风险。外汇风险形成的条件有汇率变化、货币因素、时间因素、敞口头寸四个因素。外汇风险的类型有交易风险、折算风险和经济风险三类，其中交易风险因最为直接而最受企业重视。

8. 企业防范规避外汇风险的方法灵活多样。企业交易风险管理不是赚取汇差为目的，而是从自己的经营战略出发，通过预测汇率，选择最恰当的保值措施，来减少收益损失，获取经营利润。管理交易风险主要有两类方法，一是调整经营决策规避交易风险，二是运用金融工具进行套期保值。

1. 什么是国际财务管理？国际财务管理的特点有哪些？国际企业财务管理依据决策权集中程度的不同，有哪几种管理模式可供选择？如何选择？
2. 国际企业资金来源的渠道有哪些？国际企业融资策略有哪些？
3. 国际企业主要融资方式有哪些？为什么说国际贸易信贷融资促进了国际贸易？
4. 现金集中管理和多边净额结算是什么？各有何优点？
5. 什么是国际转移价格？国际企业制定转移价格有何作用？制定转移价格的方法有哪几种？
6. 什么是外汇风险？外汇风险形成的条件是什么？外汇风险分哪几种？
7. 什么是交易风险？管理交易风险的主要方法有哪些？

参 考 文 献

[1] G. Hofstede，Cultures and Organizations:Software of the Mind[M]. London: McGraw Hill，1991.
[2] F. Trompennaars，Riding the Waves of Culture[M]. London: The Economist Books，1993.
[3] 弗雷德·卢森斯, 乔纳森·P. 多. 国际企业管理. 第 8 版[M]. 周路路, 赵曙明, 译. 北京: 北京机械工业出版社, 2015.
[4] 保罗·克罗格曼, 茅瑞斯·奥伯斯尔德. 国际经济学. 第八版[M]. 海闻, 译. 北京: 中国人民大学出版社, 2010.
[5] 菲利普·科特勒, 凯文·莱恩·凯勒. 营销管理. 第十四版[M]. 王永贵, 译. 北京: 中国人民大学出版社, 2012.
[6] 菲利普·凯特奥拉, 约翰·格瑞汉姆. 国际市场营销学. 第十四版[M]. 赵银德, 等译. 北京: 机械工业出版社, 2010.
[7] 约翰·卡伦, 普拉文·帕博蒂阿. 国际企业管理. 第 6 版[M]. 崔新健, 闫书颖等译. 北京: 中国人民大学出版社, 2018.
[8] 马述忠, 廖红. 国际企业管理. 第三版[M]. 北京: 北京大学出版社, 2013.
[9] 王炜翰, 王健. 国际商务. 第 3 版[M]. 北京: 机械工业出版社, 2019.
[10] 谭力文, 吴先明. 跨国企业管理. 第四版[M]. 武汉: 武汉大学出版社, 2014.
[11] 金润圭. 国际企业管理. 第二版[M]. 北京: 中国人民大学出版社, 2009.
[12] 王朝晖. 跨文化管理原理与实务[M]. 北京: 北京大学出版社, 2014.
[13] 马述忠, 周夏杰. 国际企业管理[M]. 杭州: 浙江大学出版社, 2010.
[14] 甘碧群, 曾伏娥. 国际市场营销学. 第三版[M]. 北京: 高等教育出版社, 2014.
[15] 卡特. 国际营销战略（第二辑）[M]. 姚雯, 译. 北京: 经济管理出版社, 2011.
[16] 林新奇. 国际企业人力资源管理[M]. 北京: 清华大学出版社, 2015.
[17] [美]托马斯·G. 格特里奇. 有组织的职业生涯开发[M]. 李元明, 吕峰, 译. 天津: 南开大学出版社, 2002.
[18] 许晖, 许守任. 国际企业管理. 第二版[M]. 北京: 北京大学出版社, 2015.
[19] 程立茹, 周煊. 国际企业管理[M]. 北京: 对外经济贸易大学出版社, 2013.
[20] 赵曙明, 武博. 美、日、德、韩人力资源管理发展与模式比较研究[J]. 外国经济与管理, 2002, 24（11）: 6.

教师服务

感谢您选用清华大学出版社的教材！为了更好地服务教学，我们为授课教师提供本书的教学辅助资源，以及本学科重点教材信息。请您扫码获取。

》 教辅获取

本书教辅资源，授课教师扫码获取

》 样书赠送

企业管理类重点教材，教师扫码获取样书

 清华大学出版社

E-mail: tupfuwu@163.com
电话：010-83470332 / 83470142
地址：北京市海淀区双清路学研大厦 B 座 509

网址：http://www.tup.com.cn/
传真：8610-83470107
邮编：100084